POLYGLOTT Special

D1844186

Biourlaub in Deutschland

Natur erleben und genießen

Dietmar Scherf

Inhalt

Vorwort

Mit diesem Reiseführer entdecken Sie die schönsten Regionen zwischen Watt und Alpen, in denen das Erlebnis intakter, faszinierender Natur mit dem Genuss von Bioprodukten kombinierbar ist. Ein Nationalpark, Biosphärenreservat oder andere Schutzgebiete sind in den Regionen ebenso zu finden wie mehrere Biohotels, Biorestaurants oder Biobauernhöfe.

Die vielfältigen Tipps bereichern jeden Urlaub: In freier Wildbahn Murmeltieren auf die Spur kommen, tausende Möwen auf einer Vogelinsel besuchen, wissen, dass in der Wanderpause ein Biocafé am Dorfteich mit köstlichsten Rhabarberkuchen winkt, wissen, wo Bauernhöfe zu finden sind, auf denen Kühe noch Hörner und Namen haben und man nach Herzenslust Äpfel pflücken und direkt in Möhren beißen kann, ohne nachdenken zu müssen, ob Pestizidrückstände durch Abwaschen verschwinden.

Immer mehr Menschen möchten auch im Urlaub nicht auf Bioprodukte verzichten und, besonders in der Natur, den ureigenen, puren Geschmack umweltschonend hergestellter Speisen und Getränke erleben. Mittlerweile gibt es auf dem Land zahlreiche Möglichkeiten, Bio zu genießen, so dass für dieses Buch sogar eine Auswahl der Restaurants, Hotels und Bauernhöfe mit dem konsequentesten Bioangebot getroffen werden konnte. Küchen, die ausschließlich Bioprodukte verwenden, wurde der Vorzug vor solchen gegeben, die dies »soweit möglich« oder nur bei einem von zehn Menüs tun. Biobauernhöfe mit Ferienwohnung sollten einen eigenen Hofladen mit vielfältigem Sortiment haben, damit sich die Gäste auch dort mit Biolebensmitteln versorgen können. Viele der porträtierten Häuser sind außerdem nach baubiologischen Kriterien errichtet oder renoviert, setzen Wasser- und Energiespartechnik sowie regenerative Energien ein.

Ergänzend werden Einkaufsmöglichkeiten für Spezialitäten wie Biokäse, -wein und -honig vorgestellt.

Wer es ernst meint mit dem Urlaub im Einklang mit der Natur, möchte vielleicht zumindest im Urlaub auf umweltfreundliche Verkehrsmittel umsteigen. Ein Hin- und Rückflug von München nach Hamburg z. B. verursacht pro Passagier 340 kg Treibhausemisionnen (www.atmosfair.de, Emmissionsrechner), die Strecke in einem Mitelklassewagen ca. 250 kg. Das Bundesumweltamt hält einen Gesamtausstoß (Verkehr, Heizung, Strom, Konsum) von 2,5 t pro Person und Jahr für langfristig klimaverträglich. Aktuell liegt der Durchschnitt in Deutschland pro Kopf bei 11 t (weltweites Mittel: 3,8 t). Um die Planung mit öffentlichen Verkehrsmitteln zu erleichtern, runden ausführliche Infos zu Bus- und Bahnverbindungen den Reiseführer ab.

Kleines Tier- und Pflanzenlexikon

Vom Wattenmeer über Sumpflandschaften, dichte Wälder bis hin zu felsigen Gebirgsregionen: Jede Landschaft birgt eine faszinierende Tier- und Pflanzenwelt, die es zu schützen gilt.

› Diese Tiere und Pflanzen finden Sie …

› … an der Küste

Austernfischer

Der Austernfischer ist mit seinem schwarz-weißen Gefieder, dem langen orangeroten Schnabel und dem lauten »Kiep, Kiep«-Ruf einer der bekanntesten Küstenvögel. Als Brutplatz wählt der Austernfischer eine Mulde in den Dünen oder auf Salzwiesen. Bei Ebbe sucht er Nahrung, allerdings keine Austern, sondern vor allem Herz- und Miesmuscheln. In Schleswig-Holstein leben etwa 7000 Brutpaare.

Einsiedlerkrebs

Der Einsiedlerkrebs wohnt in Meerschneckenhäusern, die ihm guten Schutz bieten. Denn im Gegensatz zu anderen Krebsarten ist sein Körper nur teilweise gepanzert. Aus dem Schneckenhaus schauen seine orangerötlichen Scheren heraus sowie der Kopf mit seinen vier Antennen, auf denen die Sinnesorgane sitzen. Wächst der Einsiedlerkrebs, muss er sich ein größeres Schneckenhaus suchen. Als Untermieter nisten sich auf dem Dach oft rote Stachelpolypen ein, die ihn bei der Verteidigung mit ihren giftigen Nesselkapseln unterstützen.

Grünalge

Anfang der 1990er Jahre wurden Grünalgen zur Plage. Stickstoffe aus Landwirtschaft, Industrie und Abwässern ließen sie zu grünen Teppichen wuchern und riesige Wattflächen bedecken. Unter den Matten entstanden Faulgase. Würmer und Muscheln erstickten in Massen.

Die Sporen der Algen keimen auf Wattschneckenhäusern, wachsen schnell zu Fäden, die sich zu Büscheln oder meterlangen Strängen verbinden und auf dem Wattboden siedeln, bis sie von Stürmen mitgerissen werden.

Herzmuschel

Gewöhnliche Herzmuscheln gibt es in vielen Farbvarianten, beispielsweise gelbliche, weiße und braune. Sie sind 5 cm lang und haben kräftige, gewölbte, herzförmige Schalenklappen. Vom Wirbel gehen auf der Außenseite 20 bis 28 Rippen aus, die ringförmig gestreift sind. Die sehr beweglichen Tiere leben in Sand- und Schlickböden der Nord- und Ostsee. Wenn sie freigespült werden, können sie sich mit ihrem kräftigen Fuß schnell wieder eingraben. Stachelige Herzmuscheln sind größer (7 cm Schalenlänge) und können sich dank ihrer Stacheln auf der Schale besser im Boden verankern.

› Austernfischer auf Nahrungssuche

Knutt
Der mit 25 cm größte Strandläufer wirkt recht korpulent: runde Form, kurzer Hals, kurze Beine. Normalerweise ist der Watvogel grau gefärbt, mit dunklen Strichen. Zur Brutzeit legt er ein leuchtendes Kleid mit roten und weißen Tönen an. Knutts Brutreviere liegen in Kanada, Grönland und Sibirien. Nach Langstreckenflügen von bis zu 4000 km im April und August rastet er gern am Wattenmeer, zieht massenweise Würmer und Krebse aus dem Schlick, sodass sich sein Gewicht fast verdoppelt.

Kormoran
Großer schwarzer Vogel, der während der Brutzeit ein Prachtkleid mit einigen weißen Federn trägt. Seine weit hinten ansetzenden Flügel können eine Spannweite von 1,50 m erreichen. Kormorane kommen an der Küste, aber auch an Seen und Flüssen im Binnenland vor. Der »Meerrabe« frisst Fisch, hat allerdings kein wasserabweisendes Gefieder und muss es nach jedem Tauchgang mit ausgestreckten Flügeln trocknen lassen.

Lachmöwe
Was wäre ein Urlaub an der Küste ohne ihren lachenden Ruf? Gut zu erkennen ist die Lachmöwe, die im dichten Segelflug die Fähren begleitet, außerdem am weißen, schmalen, zur Spitze ihrer dunklen Flügel weisenden Keil. Beine und Schnabel sind rot, Körper und Kopf weiß. Zur Brutzeit trägt sie eine schokoladenbraune Maske. Die etwa 38 cm langen Möwen brüten in Kolonien, zunehmend wieder im Binnenland. Etwas größer sind die Sturmmöwen (gelbgrüne Beine), deutlich größer die Heringsmöwen (dunkelgrauer Mantel) und die Silbermöwen (58 cm, kräftiger gelber Schnabel). Silbermöwen sind gewitzt im Muschelknacken: Sie lassen ihre Beute einfach auf harte Böden fallen!

Ohrenqualle
Das wabbelige Wesen tritt in manchen Sommermonaten in Scharen an der Nord- und Ostseeküste auf. Durch den transparenten Körper, der wie ein umgedrehter Teller aussieht und einen Durchmesser von 20 bis 30 cm hat, sind die vier runden, braunroten Geschlechtsorgane der Ohrenqualle zu sehen. Mit feinen Tentakeln am Schirmrand und Wimpern auf der Körperunterseite fischt sie überwiegend Plankton aus dem Wasser. Die einzige Körperöffnung der Ohrenqualle befindet sich ebenfalls auf der Unterseite und fungiert als Mund und After.

Queller
Auf Salzwiesen und Schlickböden steht der sattgrüne Queller, der mit seinem verdickten und verzweigten Stämmchen aussieht wie ein kleiner Kaktus. In der Pflanze sammelt sich Salz an, das sie nicht mehr abgeben kann. Dadurch strömt Wasser ein, das sie aufquellen lässt. Im Spätsommer verfärbt sich der Queller dunkelrot und verwelkt.

Sanderling
Keiner kann so süß wie der Sanderling mit seinen zarten Beinen am Strand

entlangtippeln, blitzschnell auf den nassen Boden picken und zugleich der Brandung ausweichen. Auf Niederländisch heißt der drollige, helle Vogel »Drieteenstrandloper« (Dreizehenstrandläufer), weil er als einziger Strandläufer keine vierte Zehe, keine Hinterzehe, hat. Sanderlinge brüten in Sibirien, Spitzbergen, Grönland und der kanadischen Arktis. Die zur Familie der Schnepfen gehörenden Vögel sind am häufigsten im Oktober an der Nordsee zu beobachten, einige überwintern auch dort.

Schweinswal

Die schnellen Schwimmer mit den scharfen Zähnen werden auch »Kleine Tümmler« genannt. Ab Juni ist vor Sylt die Chance am größten, einen Schweinswal zu sehen, der äußerlich dem Fernsehdelfin Flipper ähnelt. Schweinswale werden ca. 1,50 m lang, wobei die Weibchen größer als die Männchen sind. Ihr Rücken ist dunkelgrau, der Bauch hell. Beeindruckend neben der typischen dreieckigen Rückenfinne und dem Blasloch auf der Oberseite des Kopfes ist ihr Echolotsystem. Sie geben hohe Töne ab, fangen die reflektierten Schallwellen wieder auf und können sich so orientieren.

Seehund

Ein ganz schön dicker Hund. Bei 1,80 m Länge bringt das putzige Säugetier mit dem rundlichen Kopf und den faustartig eingekrümmten Vorderflossen 110 kg auf die Waage. Kein Wunder, denn schon als Baby bekommt ein Seehund Milch mit 45 %

› Sieht aus wie ein Kaktus, ist aber keiner: der Queller

Fettanteil. Im Juni bringen die Weibchen bei Ebbe ihre Jungen zur Welt, bei der nächsten Flut planschen die Kleinen bereits im Wasser. Ist die Mutter allein unterwegs, geben kleine Seehunde einen Klagelaut von sich, daher der Name »Heuler«. Menschen sollten unbedingt einen großen Bogen um sie machen.

Neben dem Seehund ist an Deutschlands Küste eine zweite Robbenart heimisch, die noch größere Kegelrobbe. Ein Kegelrobben-Männchen kann 2,20 m lang sein und 320 kg wiegen.

Seepferdchen

Das zu den Fischen gehörende, aufrecht im Wasser schwimmende Tier erinnert mit der Form seines Kopfes und dem geschwungenen Hals an ein Pferd, daher sein Name. Seepferdchen-Pärchen schwimmen und »tanzen« tagelang durchs Meer, legen ihre Ringelschwänze umeinander, bis es zur eigentlichen Paarung kommt, die nur Sekunden dauert.

An Deutschlands Küste galten Seepferdchen als ausgestorben, bis 2001 ein Seepferdchen-Männchen, »Pelle«, gefunden und aufgepäppelt wurde. 2003 ging einem Fischer bei St. Peter-Ording ein 11 cm großes Weibchen ins Netz, das nach dem Fundort »St. Petra« heißt. Beide sind in einem Aquarium im Multimar Wattforum in Tönning zu bewundern.

Seestern

Sein scheibenförmiger kopfloser Körper und fünf Arme machen den Seestern unverwechselbar. Der bis zu 40 cm (Eisseestern bis zu 70 cm) große Stachelhäuter hat je nach Lebensraum eine andere Farbe, überwiegend rötlich, in größeren Tiefen gelblich. Die Lieblingsspeise des Seesterns sind Miesmuscheln, die er mit Hilfe seiner kräftigen Arme und seiner Saugfüßchen auf der Unterseite öffnet. Der Stachelhäuter hat eine illustre Verwandtschaft: Seeigel, Seewalzen und Seegurken.

› Stark gefährdet: die Stranddistel

Stranddistel

Die pieksende Stranddistel wächst in den Dünen an Nord- und Ostsee. Sie kommt gut mit Wind, Sonne und Flugsand zurecht, ist aber trotzdem durch Abpflücken und Kaninchenverbiss stark gefährdet. Ab Juni blüht sie blauviolett. Trotz ihres Namens und der Dornen an der Spitze ihrer großen, rauen Blätter ist die Pflanze wissenschaftlich keine Distel, sondern gehört zur Familie der Doldenblütler.

Strandhafer

Eine weit verbreitete Pionierpflanze auf dem vom Wind angewehten Flugsand. Da sich zwischen den Grasbüscheln neuer Sand ablagert und der ausdauernde Strandhafer ein weit verzweigtes Wurzelwerk ausbreitet, trägt er zur Dünenbildung und -befestigung bei. Die Ähren dieses Süßgrases sind dick und gelblich, die Blätter grün und schmaler als beim Strandroggen.

Strandkrabbe

Der seitwärts laufende Krebs wird auch »Dwarslöper« (Querläufer) genannt. Erstaunlich: Aus einer Larve im Plankton wird eine gestandene Strandkrabbe mit zwei Scheren, acht Beinen und einem Panzer, die Muscheln und Schnecken knackt, Würmer und sogar Artgenossen verspeist. Wird ihr selbst ein Bein abgebissen, wächst es nach. Der Panzer wird in regelmäßigen Häutungen abgestoßen und neu gebildet.

Strandschnecke

Die 1–2 cm große Strandschnecke mit braunem Gehäuse hält sich am liebsten auf Miesmuschelbänken auf, die für sie wie eine Weide sind. Sie grast die Muschelschalen ab, frisst daran klebende Algen und Kleintiere.

Ähnlich geht die winzige Wattschnecke vor (maximale Schalenhöhe: 6 mm). Sie weidet Seegräser mit ihrer Raspelzunge ab.

Wattwurm

Wie Spaghetti sehen die Kothäufchen aus, die der Wattwurm auf Sand- und Schlickböden hinterlässt. Der orangerote, bis zu 40 cm lange Wurm baut sich nach unten eine U-förmige Wohnröhre, indem er Sand in sich hineinfrisst, die darin enthaltenen Mikroorganismen verdaut und den Rest ausscheidet.

› … an Seen und in Sümpfen

Biber

Der Baumeister unter den Tieren errichtet aus Schlamm, abgenagten Ästen und Gehölz aller Art Burgen und Dämme. Mit den Dämmen werden Gewässer aufgestaut, um den Wasserstand gleichmäßig hoch zu halten, damit der Eingang zur Burg stets unter Wasser bleibt. Biber sind Pflanzenfresser und haben stark entwickelte Schneidezähne. Die Hinterfüße sind mit Schwimmhäuten versehen, Nase und Augen mit Hautfalten, um sie bei Tauchgängen zu verschließen. Biber sind von gedrungener, wühlmausähnlicher Gestalt und haben einen markanten, langen, abgeplatteten Schwanz. Zu Beginn des 20. Jhs. gab es weltweit nur noch wenige Exemplare

› Kann sich perfekt tarnen: der Eisvogel

dieser Spezies. Das Fell und ihr Duftstoff waren sehr begehrt – wie auch das Fleisch, das sogar zur Fastenzeit gegessen werden durfte, weil man die Nager zu den Fischen zählte.

Eisvogel

Sein schillerndes Gefieder macht den Eisvogel so faszinierend. Die Oberseite des »fliegenden Edelsteins« ist türkisfarben, was ihn gut am Wasser tarnt, die Unterseite orangebraun, perfekt, um unauffällig auf einem Baum zu sitzen. Sein hoher, pfeifender Ruf ist weithin hörbar. Kopfüber und pfeilschnell schießt der Eisvogel aufs Wasser zu und schnappt mit seinem dolchartigen Schnabel nach Fischen.

Fischadler

Sauber und fischreich muss das Wasser sein, an dem der fast ausschließlich Fisch fressende Vogel lebt. Aus 30 m Höhe stürzt er aufs Wasser zu und packt mit den spitzen Krallen seiner Füße einen nahe der Oberfläche schwimmenden Karpfen oder Hecht. Das Nest in Wassernähe wird auf einem frei stehenden Baum oder auf einem Hochspannungsmast errichtet.

› Der Moorfrosch liebt Tümpel

Fischotter

Der über Jahrzehnte gnadenlos gejagte wendige Wassermarder ist heute vom Aussterben bedroht. Jäger verfolgten ihn wegen seines Pelzes, Fischer als Konkurrenten. Dabei frisst der Otter nicht nur Fische, sondern auch Vögel, Lurche, Krebse, Insekten und Ratten. Die kurze, glänzende, schwarzbraune, auf der Unterseite etwas hellere Behaarung schützt das Tier vor Kälte und Nässe. Zwischen den Zehen hat es Schwimmhäute. Die nach dem Dachs zweitgrößte heimische Marderart ist dämmerungs- und nachtaktiv, einzelgängerisch und sucht sich in seinem Revier ufernahe Unterschlüpfe.

Grauer Kranich

Weltweit gibt es 15 Kranicharten, in Europa nur den Grauen Kranich. Der langhalsige und langbeinige graue Vogel erfreut uns mit seinem trompetenartigen Ruf und seinem kunstvollen Balztanz. Dabei schreiten Weibchen und Männchen umeinander, springen empor, stellen die Flügel auf, verbeugen sich und schmettern lange und kurze »Gruh«-Laute. In Deutschland brüten etwa 4000 Kranichpaare. Sie bleiben meist ein Leben lang zusammen. Die europäischen Populationen überwintern in Frankreich, Spanien und Nordafrika. Zu den Lieblingsspeisen der Kraniche gehören Insekten, Regenwürmer, aber auch Beeren, Gemüse und Kartoffeln. Weil sie in Sumpfgebieten brüten, könnten ihre Brutreviere in Mitteleuropa durch die Klimaerwärmung und zunehmende Trockenheit bald rar werden.

Moorfrosch

Zur Paarungszeit machen sich die Männchen schick und sind bläulich bis himmelblau gefärbt statt dunkelbraun wie gewöhnlich. Dann sitzen die »Blaumänner« im flachen Wasser oder auf Pflanzen am Ufer und rufen »Uog uog uog«. Der 5–7 cm große Moorfrosch liebt Gebiete mit hohem Grundwasserstand, Sumpfwiesen, Bruch- und Auwälder oder feuchtes Grünland. Die Amphibie frisst Insekten, Spinnen, Käfer und Schnecken. Bei Gefahr taucht sie einfach unter, an Land flüchtet sie ins Dickicht und schmiegt sich an den Boden.

Rotbauchunke

Bei Gefahr zeigt sie ihre ganze Pracht und schiebt ihre schwarze Unterseite mit den großen grellen orangeroten Flecken nach vorne, für Angreifer ein klares Signal, lieber nicht zuzubeißen. Bis April hält die Rotbauchunke Winterruhe in einem Quartier an Land, danach beginnt die Paarungszeit. Bäche, Seen und Sümpfe sind der Lebensraum der Amphibie. Durch den Straßenverkehr, den Klimawandel und Gewässerverschmutzungen ist die Rotbauchunke in Deutschland vom Aussterben bedroht.

Schwarzerle

Die Schwarzerle hat stets nasse Füße, denn sie siedelt in Gegenden, die regelmäßig überschwemmt werden oder einen hohen Grundwasserstand haben. Öffnungen in der Rinde und Luftkanäle im Holz gewährleisten die Luftversorgung der Wurzeln. Auf einem Baum kommen männliche und weibliche Blütenstände vor (Einhäusigkeit), die bereits im Vorjahr angelegt werden, ungeschützt überwintern und im nächsten Frühjahr blühen. Ungewöhnlich für einen Laubbaum: Beim Heranreifen der Früchte verholzt der Fruchtstand und bildet Zapfen. Als Charakterbaum in sumpfigen Gebieten war die Erle den Menschen lange Zeit unheimlich und wurde mit der Moorhexe in Verbindung gebracht.

Weiße Seerose

Die strahlend weiße Rose mit der goldfarbenen Mitte scheint mit ihren runden Blättern auf dem Wasser zu schwimmen. Dabei ist die Schwimmblattpflanze durch einen bis zu 3 m langen Stiel im Boden verankert. Über die Blätter nimmt die Seerose Nährstoffe auf und atmet durch Spaltöffnungen auf der Oberseite. Bei Dunkelheit und schlechtem Wetter schließen sich die Blüten.

Wollgras

Rasen voller weißer Wollbüschel sind typisch für moorige Gebiete. Die Büschel werden von den Blütenhüllfäden des Wollgrases gebildet und dienen als eine Art Flug- und Schwimmapparat bei der Verbreitung der Samen. Das Wollgras wächst auf sauren, feuchten, basen- und kalkarmen Böden. Es gibt fünf einheimische Arten, von denen das Zierliche Wollgras nur selten, das Schmalblättrige Wollgras am häufigsten vorkommt.

› ... im Wald

Bärlauch

Dass Bärlauch mit Knoblauch verwandt ist, macht schon der ähnliche und genauso intensive Geruch deutlich. Die Pflanze wächst auf feuchten, nährstoffreichen Böden 20–40 cm hoch und blüht von April bis Juni. Die weißen, sternförmigen Blüten stehen in doldenähnlichen Gruppen beieinander. Die schwarzen glänzenden Samen werden von emsigen Ameisen abgeholt und im Wald verteilt.

Bärwurz

Heilkräfte werden der Kultpflanze des Bayerischen Walds zugeschrieben. Von Mai bis Juni blühen ihre weißen Blütendolden. Die Wurzeln des bis zu 60 cm hohen Gewächses werden zum Brennen von Bärwurzschnaps verwendet. Das Destillat, meistens in schlanke braune Steingutflaschen abgefüllt, hat einen kräftigen, würzigen Geschmack nach Wald und Moos und eine wohltuende Wirkung.

Bergahorn

Die am meisten verbreitete Ahornart in Deutschland wächst am besten in Mittelgebirgen, in Schlucht- und Auwäldern, aber auch in Hochgebirgslagen bis zur Laubwaldgrenze. 40 m hoch können die stattlichen Bäume mit breiter, gewölbter Krone werden. Ihre bräunliche Rinde ist glatt, bei älteren Bäumen schuppig. Die Blätter mit langem Stiel sind handförmig gelappt. Beim Fallen beschreiben die geflügelten Früchte (»Schraubenflieger«) eine schraubenförmige Bahn und können so leichter vom Wind mitgenommen werden.

Buntspecht

Schwarzer Rücken, weiße Schulterflecken, roter Unterschwanz und schwarzer Schnabelbart – der Buntspecht ist wahrlich ein kontrastreicher Vogel. Der Schnabel ist sein Ein und Alles: Schlagzeug für einen Trommelwirbel bei der Partnersuche oder um das Revier zu markieren, Meißel beim Höhlenbau in einem Baumstamm, Bohrer, um an Käferlarven und Saftbahnen in der Rinde zu kommen. »Ringeln« wird diese Technik zum Abzapfen des Baumsaftes genannt, auf die sich auch der Begriff »Schluckspecht« bezieht. Mit Hilfe seines kräftigen Stützschwanzes und einer Wendezehe kann der Buntspecht exzellent klettern.

Ein weiterer heimischer Vertreter aus der Familie der Spechte ist der Grünspecht, ein Ameisenspezialist. Seine lange Leimrutenzunge kann er 10 cm tief in Ameisenbauten hineinstecken.

Fichte

Typisch für die gewöhnliche Fichte ist die rötlich braune, fein geschuppte Rinde, die ihr auch den irreführenden Zweitnamen Rottanne eingebracht hat. Sie gehört zur Familie der Kieferngewächse. Der immergrüne Nadelbaum kann 50 m, in Einzelfällen 70 m hoch werden. An den Zweigen stehen rundum kantige, spitze, nach vorne gerichtete Nadeln und hängen hellbraune Zapfen. Da die Fichte schnell wächst und »geerntet« werden kann, bauen Forstleute den Baum seit Jahrzehnten weit außerhalb natürlicher Standorte in Monokulturen an. Dem Boden bekommt das gar nicht und die Fichte ist als Flachwurzler häufig auf großen Feldern von Windbruch betroffen.

Frauenschuh

Schöne Orchidee mit schon tropischer Farbenpracht. Gelb und rot leuchtet die Blüte, die einen Durchmesser von bis zu 8 cm hat. Zur Bestäubung lockt sie mit Farbe, Glanz und Aprikosenduft Bienen an, die durch die glatte, schuhförmige Lippe ins Innere rutschen. Der Frauenschuh gedeiht auf kalkreichen Böden in lichten Wäldern und ist vor allem durch verbotenes Abpflücken und Ausgraben stark gefährdet.

Kuckuck

Mit seinen zweisilbigen, manchmal auch dreisilbigen »Kuckuck«-Rufen ist er wohl der bekannteste Waldvogel. Taubengroß, schlank, langer Schwanz und spitze Flügel – so sieht der Kuckuck aus. Auf der Oberseite ist er blaugrau, selten bräunlich gefärbt, auf der Unterseite weißlich mit einer dunklen Querbänderung. Der Kuckuck ist ein Brutschmarotzer. Das Weibchen legt 10–20 Eier in die Nester anderer Vögel und lässt sie von ihnen ausbrüten und die Jungen aufziehen. Die kleinen Kuckucke werfen später die restlichen Eier der Wirtseltern aus dem Nest.

Luchs

Den Spitznamen »Pinselohr« hat das katzenartige Raubtier dank der dunklen Haarbüschel an den dreieckig zugespitzten Ohren. Selten bekommen Menschen einen Luchs in freier Wildbahn zu Gesicht, weil er durch sein geflecktes Fell gut getarnt und überwiegend nachtaktiv ist. Außerdem gibt es nur noch wenige Luchse in Deutschland. Das als Einzelgänger lebende Tier braucht weitläufige zivilisationsferne Streifgebiete, ist beispielsweise im Bayerischen Wald wieder heimisch, wurde in den letzten Jahren aber auch im Schwarzwald beobachtet. Zur Paarungszeit (Ranzzeit) macht die große Raubkatze (Schulterhöhe 65 cm) mit kehlig heiseren Rufen auf sich aufmerksam. Auf ihrem Speiseplan stehen v. a. Gämsen, Rehe, Hasen und Füchse.

Rotbuche

Welch große Bedeutung die Buche in der Geschichte und für die Kultur hat, belegt schon die hohe Zahl von Ortsnamen, ca. 1500, die auf den Baum zurückzuführen sind, und Wörter wie Buch, benannt nach dem Holz, aus dem früher Schrifttafeln gefertigt wurden. Die Buche braucht ein feuchtes, mildes Klima, ist schattentolerant und ihre Nussfrüchte, die braunen, dreikantigen Bucheckern, sind Dunkelkeimer, keimen also nur, wenn sie vom Laub bedeckt sind.

› Der Buntspecht, ein Kletterkünstler

Zur Bestimmung der Rotbuche, des bekanntesten Buchengewächses: Der Baum wird bis zu 45 m hoch, hat eine breite, rundliche Krone, eine glatte, graue Rinde und elliptische, am Rand bewimperte Blätter mit starken Seitennerven. Das Holz ist rötlich.

Rotfuchs

Wenn es Nacht wird, verlässt das schlaue Tier seinen Bau und zieht durch Wald und Stadt. Dass »Reineke Fuchs« in vielen Fabeln als listig dargestellt wird, rührt von seiner Sinnesschärfe und Reaktionsschnelligkeit her. Den Erdbau mit mehreren Fluchtröhren gräbt er sich selbst. Manchmal übernimmt er aber auch einen Dachsbau oder gründet eine Wohngemeinschaft mit einem Dachs. Die Körpermaße: Kopf-Rumpf-Länge bis zu 80 cm, dazu ein bis zu 50 cm langer Schwanz. Beim typischen Rotfuchs ist das Fell oberseits rotbraun, auf Brust

› Der Rotfuchs, ein Einzelgänger

und Bauch weißlich gefärbt. Abgesehen von der Paarungszeit lebt das sehr anpassungsfähige Tier einzelgängerisch. Sein größter Feind ist der Mensch, der den Fuchs wegen seines Pelzes und aus Angst vor Tollwut jagt.

Rothirsch

Der König der Wälder und größte wild lebende Vegetarier der Republik. Zwischen Mitte September und Mitte Oktober ist sein lautes Röhren und das Klacken stoßender Geweihe in den Wäldern zu hören. Dann ist Brunftzeit. Der Platzhirsch wird von anderen Hirschen herausgefordert und muss seinen Posten als Haremsleiter verteidigen. Ein Rothirsch wird 1,70–2,50 m lang und wiegt 70–150 kg, einige Männchen deutlich über 200 kg. Das Fell ist sommers rotbraun und winters graubraun. Die Männchen tragen ein Geweih, dessen Größe von der Ernährung und vom Alter abhängt.

› Stieleichen werden bis zu 1000 Jahre alt

Schwarzstorch

Im Gegensatz zum Weißstorch ist der Schwarzstorch scheu und besiedelt zivilisationsferne Laub- und Mischwälder mit nahen Bächen, Teichen und Sümpfen. Sein Nest baut er auf einer hohen Eiche oder Buche und schnappt sich mit seinem zur Brutzeit roten Schnabel in seichtem Wasser Fische, Amphibien und Insekten. Der Schreitvogel mit den langen Beinen, die auch Ständer genannt werden, wiegt bei 1 m Körpergröße nur 3 kg. Das überwiegend schwarze Gefieder schillert bisweilen grünlich, purpurn und violett.

Stieleiche

Der Inbegriff von uriger Natur sind die knorrigen, bis zu 1000 Jahre alten Baumriesen. Stieleichen können 50 m hoch wachsen und haben breite Kronen. Die Rinde ist gräulich und in Leisten und Furchen gegliedert. Die Blätter mit Lappen und Buchten haben einen sehr kurzen Stiel, im Gegensatz zum langen Stiel der Früchte (Eicheln). Umgekehrt ist es bei der verwandten Traubeneiche: kurz gestielte Früchte, lang gestielte Blätter.

Waldkauz

Wenn nachts ein unheimliches »Hu, hu-u-u, hu« durch den Wald schallt, sitzt ein Kauz auf hoher Warte und wird sich gleich auf ein Eichhörnchen, eine Ratte oder einen Kleinvogel stürzen. Die Eulenart wird 39–42 cm groß, hat einen runden Kopf mit großen schwarzbraunen Augen. Das Brustgefieder ist graubraun oder rostrot mit deutlichen dunklen Längs- und schwachen Querstreifen. Der Waldkauz lebt monogam und reviertreu.

Waldkiefer

Es riecht nach Urlaub, wenn einem der würzige Duft eines Kiefernwaldes in die Nase steigt. Die Waldkiefer, auch Föhre genannt, wurde 2007 zum »Baum des Jahres« gekürt. Der immergrüne Nadelbaum kommt auf Lehm-, Kalk-, aber auch auf Sandböden vom Flachland bis in 2100 m Höhe vor. Als Tiefwurzler erreicht die Waldkiefer die tiefer liegenden Wasserschichten unter oberflächlich trockenem Terrain. Ganz unterschiedlich geformt sind die Kronen. Die Rinde ist bräunlich, die Zapfen sind dunkelbraun und eiförmig, die Nadeln blaugrün, zugespitzt und 3–8 cm lang.

Weißtanne

Bergidylle, im Wind rauschende Baumriesen, Winter, Weihnachten, das sind die Bilder, die das Wort »Tanne« in uns weckt. Der Name »Weißtanne« bezieht sich auf ältere Exemplare, die eine weißgraue Borke haben und eine rundliche Storchennest-Krone. Als junger Baum ist die Weißtanne schmal kegelförmig mit waagerecht abstehenden Ästen. Auf den Zweigen stehen die Zapfen. Die flachen, weichen, stumpfen Nadeln gehen zweizeilig von den Zweigen aus. Der Baum kann über 50 m groß werden und kommt in Höhen von bis zu 2000 m über dem Meer vor. Nach Blattlausbefall werden die Ausscheidungen der Blattläuse von Bienen eingesammelt und vom Menschen zur Herstellung des begehrten Weißtannen-Honigs genutzt.

Wildschwein

Eines der größten Tiere, die in unseren Breitengraden noch in freier Wildbahn leben. Sein borstiges Fell ist dunkelgraubraun. Seine Schnauze endet in einem Rüssel, mit dem das Wildschwein nach Knollen, Bodentieren und Wurzeln wühlt. Bei den Männchen (Keilern) ragen die kräftigen Eckzähne aus dem Mund. Ältere Keiler sind Einzelgänger, ansonsten sind die Wildschweine gruppenweise unterwegs, außerhalb der Fortpflanzungszeit (Rauschzeit) die Weibchen (Bachen) allein mit den Jungtieren (Frischlingen). Wildschweine bevorzugen als Lebensraum Wälder mit sumpfigen Stellen und guten Verstecken.

› ... im Gebirge

Alpendohle

Die Flugkünstlerin ist eigentlich näher mit der Krähe als mit der Dohle verwandt und ein wenig die Möwe der Alpen, wenn sie auf Gipfeln um Touristen kreist, um sich füttern zu lassen. Insekten, Aas, Beeren, Obst, Knospen

› Leben im Hochgebirge: Gämse

und Pausenbrote, Alpendohlen fressen alles. Der Lebensraum der glänzend schwarzen Vögel mit dem geraden gelben Schnabel sind Hochgebirge in den gemäßigten Breiten, wo sie in Felshöhlen und Felsspalten nisten.

Alpenmurmeltier

Wohl das possierlichste Alpentier. Murmeltiere beschnuppern sich, putzen sich gegenseitig das Fell, raufen miteinander, machen Männchen und schlafen knapp sieben Monate lang, im mit Heu ausgepolsterten Familien-Winterbau. Ist der Schnee geschmolzen, paaren sich die Nager und fressen sich auf den Almwiesen Speck für den Winter an. Naht ein Feind, gibt's Alarm. Ein lang gezogener Pfiff bedeutet: »Achtung Steinadler!«, mehrere kurze Pfiffe: »Vorsicht, Fuchs!«.

Alpensalamander

Ein ganz besonderer Lurch, der zwar Feuchtigkeit braucht, aber ansonsten sein Leben, vor allem die Fortpflanzung, weitgehend vom offenen Wasser abgekoppelt hat. Der Alpensalamander bringt keine kiemenatmenden Larven zur Welt, die sich im Wasser weiterentwickeln, sondern voll ausgebildete, lungenatmende Jungtiere. Zum Revier gehören kühlfeuchte Bergwälder, Alpenweiden und Felsfluren bis über 2000 m Höhe, wo sich das Tier gern unter Steinplatten, Holz und in Felsspalten versteckt. Alpensalamander sind zwischen 9 und 14 cm lang, glänzend schwarz und zierlicher als Feuersalamander. Ähnlich wie beim Feuersalamander verläuft die Paarung: Das Männchen kriecht unter das Weibchen und umklammert seine Vorderbeine.

Edelweiß

Die symbolträchtige, streng geschützte Alpenpflanze musste sich an widrige Bedingungen an ihren Standorten in 2000–3000 m über dem Meer auf trockenem, nährstoffarmem, kalkigem Gebirgsrasen anpassen: Eiseskälte, Temperatur- und Luftfeuchtigkeitsschwankungen, niedriger atmosphärischer Druck, starke UV-Strahlung. Das Edelweiß wird auch »Silberstern« genannt. Den Stern bilden weißfilzige, um die Blüte angeordnete Hochblätter, auf denen Luftbläschen, strahlend weiß schillernd, das Sonnenlicht reflektieren.

Gämse

Eine Kletterspezialistin, die sich mit ihren weit spreizbaren, scharfkantigen Hufen optimal felsigem und zugeschneitem Gelände anpasst. Die ziegengroße Art der Horntiere lebt in Mittelgebirgen (u. a. Schwarzwald) und Hochgebirgen und ernährt sich vegetarisch von Gräsern, Kräutern und Beeren. Beide Geschlechter tragen Hörner. Das Fell ist rotbraun, im Winter dunkler gefärbt. Übrigens: Die Gämse hat keinen Bart. Der Gamsbart, ein Hutschmuck, wird aus Rückenhaaren einer Gämse gebunden.

Gelber Enzian

Die begehrte Alpenpflanze hat eine sternförmige goldgelbe Krone mit schmalen Zipfeln. Gelber Enzian wächst sehr langsam, bevorzugt auf kalkhaltigen Böden, und wird zwischen 50 und 100 cm hoch. Die Wurzel enthält verdauungsfördernde Bitterstoffe und wird zu Likören und Schnaps verarbeitet. Vor allem durch die Sammlung der Wurzeln wird die Wildpopulation allmählich zerstört. Gelber Enzian ist in Deutschland stark gefährdet.

Rostblättrige Alpenrose

Hübsch, aber giftig ist die Rostblättrige Alpenrose. Der immergrüne, verzweigte Kleinstrauch aus der Familie der Heidekrautgewächse gedeiht auf kalkfreien, sauren, feuchten Böden in der Voralpen- und Alpenregion bis auf 2800 m über dem Meer. Rosarot und purpur leuchten die in Trauben stehenden Blüten, rostrot die Unterseite der lanzettlichen, ledrigen Blätter.

Steinadler

Schon im Flug ist der nach dem Seeadler zweitgrößte Adler in Deutschland gut zu erkennen. Die Flügel sind V-förmig nach oben angehoben, der Kopf weit nach vorn gestreckt. Über 2 m beträgt die Flügel-Spannweite der knapp 1 m langen Weibchen, die etwas größer als die Männchen sind. Das Gefieder ist dunkelbraun, bei einigen Tieren der Kopf goldbraun gefärbt. Steinadler haben einen kräftigen, gekrümmten Schnabel und können sich aus großer Höhe auf ihre Beute stürzen. Während sie früher in weiteren Regionen Deutschlands verbreitet waren, leben sie heute nur noch in den Alpen.

Steinbock

Der »König der Alpen« mit den großen, nach hinten gebogenen Hörnern lebt oberhalb der Baumgrenze bis in Höhen von 3000 m. Selbst im Winter bleibt der Wiederkäuer ganz oben im Gebirge, wo er den Gefahren von Steinschlag und Lawinen ausgesetzt ist. Im Dezember und Januar pflanzt er sich fort. Seit dem 17. Jh. war der Steinbock immer wieder vom Aussterben bedroht, vor allem weil die Volksmedizin das Blut als Mittel gegen Blasensteine und die zerriebene Hornspitze bei Potenzproblemen verschrieb.

› Der Gelbe Enzian steht auf der Liste der stark gefährdeten Arten

Was ist »Bio«?

Warum »Bio«?

Biolebensmittel sind besser für Mensch, Tier und Natur. Sie punkten schon mit ihrem puren, ureigenen Geschmack, der nicht durch Zusatzstoffe verfälscht oder einen zu großen Wassergehalt vermindert wird.

Obst und Gemüse aus ökologischem Anbau ist deutlich weniger mit Nitrat und Rückständen von Pflanzenschutzmitteln belastet (ganz auszuschließen ist dies wegen verunreinigter Böden und Abdrift von konventionellen Feldern nicht). Dagegen enthält es mehr Vitamine, Mineralstoffe, Spurenelemente und sekundäre Pflanzenstoffe, die zweifelsfrei gesund sind.

Antibiotika-Rückstände in konventionell produzierten Eiern und Fleisch stammen von Tieren, die bis zum Schlachttermin gemästet und mit Leistungsförderern vollgepumpt werden – in Ställen angebunden, wo sie sich nicht drehen, oft nicht einmal hinlegen können, oder in Käfigen zusammengepfercht sind. Doch auch Tiere haben ein Recht auf Bewegung, Tageslicht und frische Luft.

Durch die ökologische Landwirtschaft wird das Tier- und Pflanzenleben in seiner Qualität gefördert, aber auch in seiner Vielfalt. Statt durch Überdüngung und chemisch-synthetische Mittel alles zu vernichten, was auf Feldern wächst, kreucht und fleucht, fördern Öko-Bauern eine reiche Wildkrautflora, erhalten Hecken und Feuchtbiotope, alte Kultursorten und Nutztierrassen.

Was bedeutet »Bio«?

Die Begriffe »Bio«, »Öko«, »biologisch« und »ökologisch« sind gesetzlich geschützt und dürfen nur für Produkte verwendet werden, die mindestens dem Standard der EG-Öko-Verordnung entsprechen. Kurz gesagt müssen laut dieser Verordnung mindestens 95 % der Zutaten aus ökologischem Landbau stammen. Dafür, dass der Kunde die so erzeugten Produkte schnell erkennt, gibt es das Biosiegel, ein Sechseck mit saftig grünem Rand und großem »Bio«-Schriftzug. Mittlerweile tragen über 47 000 Produkte das Zeichen. Zusätzlich sind die meisten mit dem Label eines Anbauverbandes (Demeter, Bioland, Naturland etc.) und/oder eines Lebensmittelhändlers ausgestattet, z. B. »Alnatura« (Biosupermarktkette) oder »BioBio« (Biomarke eines großen Discounters). Die Supermarktketten kaufen ihre Bioware bei Betrieben der Anbauverbände und bei Bauernhöfen ein, die nach der EG-Öko-Verordnung produzieren. Dabei sind die Vorgaben der EG-Öko-Verordnung als Mindeststandards zu verstehen, die Richtlinien der der Bio-Anbauverbände gehen weiter.

Die EG-Öko-Verordnung

Die Verordnung schreibt Erzeugern und Verarbeitern vor, wie und mit welchen Stoffen pflanzliche und tierische Biolebens- und Futtermittel produziert werden müssen. Von den Bundesländern zugelassene und überwachte

private Öko-Kontrollstellen überprüfen die Einhaltung der Richtlinien. Die Regeln gelten EU-weit, und auch Einfuhren aus Nicht-EU-Ländern müssen den Anforderungen genügen.

Vorgeschrieben ist, dass mindestens 95 % der Zutaten landwirtschaftlichen Ursprungs aus ökologischem Anbau stammen. Als nicht landwirtschaftlichen Ursprungs gelten z. B. Wasser, Salz und Hefe, die also bei dieser Berechnung ausgeklammert werden. Verboten sind chemisch-synthetische Pflanzenschutzmittel, leicht lösliche mineralische Dünger, gentechnisch veränderte Organismen, das Bestrahlen und der Zusatz von Farbstoffen, Stabilisatoren, Geschmacksverstärkern, künstlichen und naturidentischen Aromen und synthetischen Süßstoffen. Vorgeschrieben sind abwechslungsreiche Fruchtfolgen auf den Feldern, die maximale Zahl der Tiere bezogen auf die Betriebsfläche sowie artgerechte Tierhaltung und Futtermittel ohne Zusatz von Leistungsförderern.

› Bioanbauverbände

Bioland, Demeter, Naturland und weitere Bioanbauverbände haben deutlich schärfere Vorschriften zur Erzeugung und Verarbeitung von Bioprodukten. Dass ein Landwirt sein Gemüse fortan biologisch anbaut, die Mastschweine aber weiterhin konventionell hält, ist laut EG-Öko-Verordnung möglich, nicht aber bei den Anbauverbänden, sie verlangen eine Umstellung des gesamten Betriebs. Gestattet sind beispielsweise 10 Mastschweine, 280 Masthühner oder 140 Legehennen je Hektar landwirtschaftlicher Fläche, der EG-Standard erlaubt

dagegen 14 Schweine, 580 Hühner oder 230 Hennen. Die EG-Öko-Bauern dürfen außerdem höhere Anteile an konventionellen Futtermitteln einsetzen und konventionelle Gülle (Flüssigmist), die bei den Anbauverbänden tabu ist.

Bioland

Bezogen auf die Fläche und die Mitgliederzahl (über 221 000 ha, über 4700 Landwirte) ist Bioland der größte ökologische Anbauverband in Deutschland. Zwölf Frauen und Männer gründeten 1971 den »Bio-Gemüse e. V.« in Honau bei Reutlingen, die Umbenennung in Bioland wurde Ende der 1970er Jahre beschlossen. Zu ersten Richtlinien für die Erzeugung von Pflanzen kamen Verarbeitungsvorgaben für Milchprodukte, Backwaren, Fleisch u. a. hinzu. Ein Grundprinzip bei Bioland ist der geschlossene Betriebskreislauf, beispielsweise dürfen nur so viele Tiere gehalten werden, wie mit Futter von den hofeigenen Flächen versorgt werden können. Erkrankt ein Tier, werden zuerst homöopathische Mittel und Naturheilverfahren eingesetzt. Vielseitige Fruchtfolgen, sorgfältige Bodenbearbeitung und die Förderung von Wildkräutern und Nützlingen tragen zum Erhalt der Artenvielfalt bei und schaffen ein stabiles Ökosystem, das ohne synthetische Herbizide, Pestizide und Düngemittel auskommt. Und »Bio« heißt bei Bioland, dass 100 % der Zutaten ökologischer Herkunft sind.

Demeter

Der älteste und konsequenteste Bioanbauverband trägt den Namen der griechischen Fruchtbarkeitsgöttin Demeter. Rudolf Steiner, auch Initiator der Waldorfpädagogik, legte 1924 mit seinen Vorträgen zur biologisch-dynamischen Wirtschaftsweise den Grundstein für die Richtlinien, nach denen heute in Deutschland über 1300 Landwirte mit etwa 60 000 ha Fläche, weltweit über 3500 Betriebe in 38 Ländern arbeiten. Demeter-Bauern säen, pflegen und ernten im Rhythmus der kosmischen Kräfte, weil beispielsweise Möhren nach der Aussaat vor Vollmond besonders gute Erträge bringen und optimal lagerfähig sind. Mit selbst hergestellten Präparaten aus Kamille, Baldrian, Eichenrinde, Schafgarbe und fein zerriebenen Quarzkristallen wird die Fruchtbarkeit des Bodens gefördert. Tierhaltung ist auf Demeter-Höfen obligatorisch. Mit dem Mist der Tiere werden die Wiesen und Felder gedüngt, von denen die Tiere wiederum ihr Futter beziehen – 100 Prozent Biofutter. Das weit verbreitete schmerzhafte Enthornen der Kühe ist bei Demeter nicht erlaubt.

Naturland und Gäa

Naturland, der 1982 gegründete »Verband für ökologischen Landbau«, engagiert sich weltweit über die Lebensmittelproduktion hinaus, z. B. in den Bereichen ökologische Waldnutzung, Kosmetik und Textilherstellung. Im Zentrum der Arbeit steht die Entwicklung von Richtlinien und ihre Umsetzung in die Praxis. So hat Naturland Prinzipien für die ökologische Aquakultur, die Zucht und Haltung von Fischen in Teichen, Netzgehegen und Einfriedungen, geschaffen, von der Standortwahl bis zu tiergerechten Besatzdichten (maximale Anzahl von Tieren auf die Größe der Anlage bezogen). Sozialrichtlinien geben Mindeststandards zu Arbeitsbedingungen und sozialer Absicherung aller Arbeiter vor. In Deutschland bewirtschaften mehr als 1860 Naturland-Betriebe eine landwirtschaftliche Fläche von über 89 000 ha.

Gäa, der Name stammt aus der altgriechischen Mythologie und bedeutet »Urmutter Erde«, ging in den 1980er Jahren aus der Umweltbewegung der ehemaligen DDR hervor und setzt sich vor allem in Ostdeutschland für die Umstellung konventioneller Agrarbetriebe auf biologische Wirtschaftsweise ein. Leitgedanke ist ein würdevoller Umgang mit Natur, Tieren und Menschen.

› Biohotels

Vergleichbar mit den Bioanbauverbänden in der Landwirtschaft gibt es seit 2001 auch in der Hotellerie einen Verein, der Richtlinien für Biolebensmittel in den Mitgliedshäusern erarbeitet hat. Der Gast kann sich darauf verlassen, dass ein Biohotel dieser Gruppe (fast) ausschließlich Biospeisen und -getränke anbietet. Einzelne Softdrinks und Weine sowie Gewächse aus dem Hausgarten und selbst gepflückte Kräuter, Pilze und Beeren dürfen auch ohne Biosiegel verwendet werden. Eine staatlich autorisierte Biokontrollorganisation überprüft die Einhaltung der Vorgaben. Die Hotelgruppe arbeitet u. a. in Richtlinienfragen mit dem Bioland-Verband zusammen. Viele Biohotels bieten nicht nur in der Küche Ökologisches, sondern nutzen regenerative Energien und Regenwasser, sind mit Naturmaterialien isoliert, haben Zimmer mit metallfreien Betten, Naturtextilien und reduzieren Elektrosmog.

Geschützte Natur

› Nationalparks

Grandiose, ursprüngliche, vom Menschen unbeeinflusste Ökosysteme von besonderer Eigenart können als Nationalpark geschützt werden. Sie repräsentieren das nationale Naturerbe und sind als Rückzugsraum für wild lebende Pflanzen und Tiere bedeutsam für die biologische Vielfalt der Erde. In Deutschland, wo eine Mindestgröße von 10 000 ha empfohlen wird, gibt es 14 Nationalparks, die einen Flächenanteil von 0,54 % des Bundesgebiets umfassen. »Natur Natur sein lassen« lautet das Gebot für diese Zonen, doch Verkehr, Landwirtschaft, Küstenschutz, Fischerei, Forstwirtschaft und Jagd verhindern vielerorts die Einhaltung internationaler Richtlinien. Eigentlich müssen mindestens drei Viertel der Flächen eines Schutzgebiets seinem Hauptziel entsprechend verwaltet werden. In Deutschland behilft man sich mit sog. Kern- und Entwicklungszonen, wobei der Flächenanteil der unberührten und tatsächlich ungenutzten Kernzonen in mehreren Nationalparks unter 50 % liegt.

› Naturschutzgebiete

Für die Vielfalt von Biotopen und wild lebenden Tier- und Pflanzenarten haben diese Schonzonen eine ähnlich große Bedeutung wie die Nationalparks, nur sind die meisten Naturschutzgebiete wesentlich kleiner. Wegen ihrer Seltenheit, besonderen Eigenart oder hervorragenden Schönheit genießen sie auch raumordnerisch Vorrang, störende Nutzungen wie Verkehr, Land- und Forstwirtschaft können eingeschränkt oder ausgeschlossen werden. Etwa 3,3 % der Gesamtfläche Deutschlands hat Naturschutzgebiets-Status. Die durchschnittliche Größe dieser behüteten

Räume liegt bei 151 ha, wobei 60 % kleiner als 50 ha und so nicht genügend gegen negative Einflüsse wie Entwässerung und Schadstoffeintrag abgepuffert sind.

› Biosphärenreservate

Von der UNESCO anerkannte Biosphärenreservate sind international repräsentative Modellregionen. Sie zeichnen sich aus durch ökologischen Reichtum sowie ein gewachsenes Zusammenleben von Mensch und Natur, das durch nachhaltige Entwicklung beispielhaft zukunftsfähig ist. So sollen typische Landschaften, genetische Vielfalt und Arten erhalten werden – auch wirtschaftlich genutzte Tier- und Pflanzenarten. Im Biosphärenreservat Schorfheide-Chorin geschieht dies beispielsweise durch Ökolandbau auf 25 % der landwirtschaftlichen Flächen (zum Vergleich: bundesweit 6 % der Felder).

› Naturparks

Die großen Erholungsgebiete für Mensch und Natur decken etwa ein Viertel der Landesfläche Deutschlands ab. Allerdings sind in ihnen vielfältige Nutzungen möglich, auch wenn eine umweltverträgliche Weiterentwicklung angestrebt wird. Wirkungsvollen Schutz für Biotope und Arten bieten lediglich die Naturschutzgebiete innerhalb der Naturparks, die durchschnittlich nur etwa 4,5 % ihrer Fläche abdecken. Die Erarbeitung einheitlicher Konzepte und Regelwerke für Naturparks wird dadurch erschwert, dass Landesumweltverwaltungen, andernorts Zweckverbände oder Vereine die Trägerschaft für diese Schutzgebiete übernommen haben.

› Schutzgebiete in Gefahr

Intakte Wälder, Watten und Moore sind für die Entwicklung, das Wohlergehen und das Überleben der Menschheit entscheidend. Sie sorgen für frische Luft und sauberes Wasser, speichern Kohlendioxid und sind Rettungsinseln für vom Aussterben bedrohte Tier- und Pflanzenarten, deren Verschwinden wiederum das Funktionieren der Ökosysteme gefährden würde. In Deutschland ist vom Menschen unbeeinträchtigte Wildnis rar: Laut einer Studie des World Wide Fund For Nature (WWF) ist die Zahl bedrohter Biotope zwischen 1994 und 2006 von 68,7 auf 72,5 % gestiegen. Die großen Landschaftsschutzgebiete und Naturparks sind demnach nahezu wirkungslos, einheitliche, weitgehende Schutzstandards fehlen. Selbst mitten im Nationalpark Wattenmeer wird Öl gefördert. Belastungen müssten eingeschränkt, wirklich ungenutzte Gebiete erweitert und miteinander verbunden werden. Zu den gravierenden Gefahren für geschützte Gebiete gehören die industrielle Landwirtschaft und der Straßen- und Siedlungsbau. Die Zerstörung der Natur führt außerdem in einen verhängnisvollen Kreislauf, denn durch Veränderungen der Vegetationsdecke wird der Klimawandel beschleunigt, der wiederum die Vernichtung von Biotopen und Arten mit sich bringt. Die Rote Liste bedrohter Arten und bedrohter Lebensräume wächst, Raum und Zeit für eine Wende werden knapp.

Wildnis-Knigge

› In Schutzgebieten

Der Mensch als Gast in der Natur sollte sich behutsam bewegen, besonders im Lebensraum gefährdeter Tiere und Pflanzen. Querfeldein geht nicht, Wanderer bleiben auf den markierten Wegen, erfreuen sich an Edelweiß oder Strandflieder, ohne sie abzubrechen, und hinterlassen nichts außer Fußspuren. Hunde müssen an die Leine. Und weil schon ein einziger Funke Gras, Laub und ganze Wälder in Brand setzen kann, ist Rauchen und Feuermachen in Wald, Heide und Moor verboten. Wird einsames Jungwild gefunden, gilt: Auf keinen Fall berühren – oft wird es sonst nicht mehr von der Mutter angenommen. Wanderer brauchen trittfestes Schuhwerk, Sonnenschutz, Kleidung für jedes Wetter, Proviant, Kompass und gute Karten.

› Am Meer

Dünen sind sensibel und wichtig für den Fortbestand der Inseln. Tiere wollen dort ungestört sein und Gräser versuchen, zu wurzeln, womit sie wiederum das Land befestigen. Deswegen gibt es auch hier ein Wegegebot. In Brut-, Aufzucht- und Mauserzeiten sind selbst einige gekennzeichnete Routen durch Dünen und über Salzwiesen gesperrt, weil Vögel dann besonders viel Ruhe brauchen. Junge Robben werden manchmal von ihrer Mutter vorübergehend am Strand zurück gelassen, manchmal haben sie sich auch verirrt. Dann heißt es für Menschen: Abstand halten, nicht ins Wasser scheuchen, nicht berühren und eine Naturschutzstation informieren. Wenn auf den weiten Wattflächen plötzlich Sturm, Gewitter oder Nebel heranzieht, aber auch, wenn bei Ebbe das Wasser ungewöhnlich langsam oder bei Flut schneller und höher als erwartet zurückkommt, kann es für Wanderer sehr gefährlich werden. Vertrauen Sie sich in diesem unberechenbaren Gelände besser einem erfahrenen Wattführer an. Als Fußbekleidung sind Turnschuhe oder dicke Socken geeignet.

› Im Kanu

Fürs Starten und Landen gibt es ausgewiesene Stellen. Schwimmweste anziehen und los geht's. Kanuten weichen Fischern aus und halten Abstand zu Schilfgürteln, zu Vorrangbooten wie Fahrgastschiffen und Vogelansammlungen mindestens 150 m. Aus Rücksicht auf Tiere ist die Einfahrt in Schilfgürtel absolut tabu. Rot-weiße Bojen, Tonnen oder Schilder kennzeichnen gesperrte Wasserflächen. Vorsicht geboten ist bei Wind, Wellen und aufkommendem Schlechtwetter auf großen Seen. Spätestens bei akustischen und optischen Warnsignalen (falls vorhanden) heißt es: sofort zurück ans Ufer.

› Im Gebirge

Wer hoch hinaus will, sollte sich, vor allem in den Alpen, genau über die Beschaffenheit der Wanderwege, die

Wetterlage und die Lawinengefahr informieren. Die Bergwacht, der Hüttenwirt oder die Informationsstellen in einem Schutzgebiet geben gern Auskunft. Auf vielen Routen sind Kondition, Trittsicherheit und Schwindelfreiheit absolut notwendig. Achtung bei Regen – Wege können dann glatt wie Eis sein, auf felsigem Gelände drohen Rutsch-, Bruch- und Steinschlaggefahr. Ist zusätzlich Sturm, können Äste herabfallen. Ungeübt und ungesichert können Kletterversuche lebensgefährlich sein.

› Im Winter

Müssen Tiere im Winter von ihrem Futterplatz flüchten, kann das dramatische Folgen haben, weil ihre Fett- und Energiereserven knapp werden. Also sollte man bei Schneeschuhwanderungen und Skitouren ebenfalls auf markierten bzw. gespurten Wegen bleiben, keinen Lärm machen, Schutzgebiete und Ruhezonen für Wildtiere beachten.

› Bei Tieren

Wer Tiere in freier Wildbahn beobachten oder fotografieren will, muss nicht unbedingt im Förster-Outfit, aber auch nicht im quietschgelben Regenmantel auflaufen. Schon von Weitem nehmen die meisten Tiere mit ihren hoch entwickelten Sinnesorganen Menschen wahr, übrigens auch über das Gehör und den Geruchsinn. Daher empfiehlt sich eine umsichtige, sachte und leise Fortbewegung unter Beachtung der Windrichtung. Das Wohl der Tiere genießt absolute Priorität. Vögel während der Brutzeit beispielsweise brauchen Ruhe – unnötiges Auffliegen kostet sie viel Ernergie. Eine Kamera mit Teleobjektiv, ein zehnfach vergrößerndes Fernglas oder ein Spektiv (Rohr mit vierzigfach vergrößernden Linsen, montiert auf einem Stativ) bringen spannende Ansichten, ohne zu stören. Beobachtungshütten an Vogelrastplätzen sind gut getarnt, einige sind sogar mit Fotos zur Tierbestimmung ausgestattet.

Ostfrieslands Küste und die Inseln

Watt erleben in Deutschlands Nordwesten, wo bis heute Tide und Teetied (Teezeit) den Lebensrhythmus der Menschen bestimmen.

»Wenn sich bei Ebbe das Nordseewasser von den Wattflächen zurückzieht, wird der Meeresboden sichtbar. Ein riesiges Sand- und Schlickfeld mit Millionen von Wattwürmern, Strandschnecken, Klaffmuscheln, Strandkrabben und Schlickkrebsen. Ein quirliges Biotop, spannend zu entdecken, wie die anderen Schätze der Küste: Seehundbänke, Vogelinseln, Dünen, Strand und Meer.

› Nationalpark Niedersächsisches Wattenmeer

Der 1986 geschaffene Nationalpark zwischen der niederländischen Grenze und der **Elbmündung bei Cuxhaven,** der seit 1993 auch Biosphärenreservat ist, besitzt eine Fläche von 2777 km^2 und schließt die großen Buchten **Dollart** und **Jadebusen** mit ein.

Watt entsteht, wo flach auslaufender Meeresboden das Wasser bremst und sich Sand und Schlick absetzen. Die Flächen werden zweimal am Tag im Wechsel der Gezeiten überflutet und fallen wieder trocken. Schwach überströmtes Watt ist schlickig, mehr dem Wasser ausgesetztes ist sandig und mit den typischen Strömungsrippeln strukturiert.

Dass das Watt lebt, zeigen schon die unzähligen Löcher, Sandkringel und Sandhäufchen. Wie winzige Spaghetti sehen die Häufchen der Wattwürmer aus, die Sand fressen, verdauen und wieder ausscheiden. Aus Sandkörnern und Muschelstücken zimmern Bäumchenröhrenwürmer einen kleinen Wald, dessen »Baumkronen« aus dem Boden ragen. Zu den Wattbewohnern zählen aber auch Herz-, Sandklaff- und Miesmuscheln und auf den nahen Salzwiesen brüten Austernfischer, Rotschenkel, Seeschwalben und Möwen.

Eine Besonderheit im Nationalpark ist das **»schwimmende Moor« bei Sehestedt,** ein weltweit einzigartiges Außendeichmoor in den Salzwiesen. Bei Sturmfluten werden immer wieder leichte Torfschichten abgehoben. Überhaupt modellieren Wind und Wellen ständig die Küstenlandschaft neu. Sturmfluten reißen Buchten ins Land, Sand wird weggespült und an anderen Stellen abgelagert.

Sehr gut zu beobachten an den **Ostfriesischen Inseln,** wo das Wasser überwiegend an der Westseite nagt, während die Inseln im Osten Zuwächse erhalten und so langsam aber sicher gen Osten wandern.

Jede der sieben Ostfriesischen Inseln hat ihren ganz eigenen Charakter und Charme, auch wenn allen kilometerlange Sandstrände und Dünen gemeinsam sind.

»**W**elcher **S**eemann **l**iegt **b**ei **N**anni **i**m **B**ett?« Mit dieser Frage kann man sich ihre Lage von Ost nach West am besten merken: Wangerooge, Spiekeroog, Langeoog, Baltrum, Norderney, Juist, Borkum. Die Anfangsbuchstaben der einzelnen Wörter entsprechen denen der Inseln.

Das ostfriesische Festland erinnert bisweilen an die benachbarten Niederlande: mit den stillen Kanälen, den weißen Ziehbrücken, alten Windmühlen und malerischen Fischerdörfern …

Naturerlebnis-Tipps

Ferien im Leuchtturm

Wasser und Weite, wohin man sich auch wendet in der kleinen Ferienwohnung im **Leuchtturm Roter Sand.** Der 1885 erbaute Turm steht mitten in der Nordsee, sechs Seemeilen nordöstlich der Insel Wangerooge. »Goliath«, ein alter Bergungsschlepper, bringt die Gäste in drei Stunden von Bremerhaven zu diesem einsamen Quartier, Position 53° 51´ 18 N/08° 04´ 54 E. Anlegen ist nur bei ruhiger See möglich. Zum Eingang führt eine senkrechte Steigleiter. Geschlafen wird in Kojen, kochen müssen die Gäste selbst, Lebensmittel und Trinkwasser sind im Preis enthalten. Es gibt weder Strom noch Heizung, trotzdem sind die Übernachtungstermine schnell ausgebucht.

Bremerhaven Touristik:
H.-H.-Meier-Str. 6, 27568 Bremerhaven,
Tel. 04 71/9 46 46 10,
www.bremerhaven-tourism.de
Neben 2-Tages-Reisen mit einer Übernachtung (457 €) und 3-Tages-Reisen mit 2 Übernachtungen (543 €) werden auch Tagesfahrten inkl. Leuchtturm-Besichtigung (69,50 €) angeboten.

Möweninsel Mellum

Mellum, auf der Wattwasserscheide zwischen Jade und Weser gelegen, ist im Frühjahr und Sommer Heimat Tausender Möwen. Etwa 10 000 Paare Silber- und Heringsmöwen brüten hier. Dazu kommen 400 Brutpaare Austernfischer und Hunderttausende rastende Wat- und Wasservögel. Die Insel mit dem angrenzenden Hohe-Weg-Watt ist zugleich auch ein wichtiger Lebensraum für Seehunde. Als Ruhezone des Nationalparks steht das Gebiet unter besonders strengem Schutz und darf nur mit einer Sondergenehmigung betreten werden, beispielsweise im Rahmen von Exkursionen, die das Nationalparkzentrum Wilhelmshaven durchführt.

Nationalparkzentrum Wilhelmshaven, Wattenmeerhaus:
Südstrand 110b, 26382 Wilhelmshaven,
Tel. 0 44 21/91 07 33,
www.wattenmeerhaus.de

› Die Stiftsmühle in Aurich

Aurich

Mitten in Ostfriesland liegt das einstige Residenz- und heutige Kreisstädtchen (40 000 Einw.) und überrascht mit hübschen Winkeln zwischen

Marktplatz, Schloss sowie altem Hafen und seinem bezaubernden Umland.

Reste einer begrünten Wallanlage schützen die überwiegend autofreie Altstadt auf drei Seiten. Aus den Gassen ragt die **Lambertikirche** empor, ein klassizistischer Backsteinbau von 1835. Ihr Schmuckstück im Inneren ist ein Schnitzaltar (um 1500) aus Antwerpen. Über die Burgstraße gelangt man zum **Schloss,** 1852 unter Georg V. von Hannover errichtet, und zwar an der Stelle, an der sich früher eine Häuptlingsburg des Cirksena-Clans befunden hat. Links vom Schloss führt ein Weg durchs Grüne zum zweiten Prunkbau Aurichs, dem **Haus der Ostfriesischen Landschaft,** einem mächtigen Backsteingebäude im Neo-Renaissance-Stil. Hier tagt das ostfriesische Kulturparlament, hier wird im Regionalmuseum Heimatgeschichte dokumentiert. Das kleine **Pingelhus** gegenüber stand einst am mittlerweile verlegten Hafen; die Glocke auf dem Dach bimmelte (plattdeutsch: pingelte) immer dann, wenn ein Schiff auf dem Kanal nahte oder verabschiedet wurde.

Sehenswert ist die **Stiftsmühle,** Ostfrieslands größte Kornmühle, in der auch heute noch Korn wie anno dazumal zu Mehl vermahlen wird. Die hölzernen Kammräder knarren und die Mühlsteine murmeln. Neben Mahl-Vorführungen wird in der fünfstöckigen Stiftsmühle die Geschichte der Mühlen und des Müllerhandwerks in Ostfriesland veranschaulicht. Ein Bäcker zeigt im Backhaus nebenan, wie Brot in einem torfbeheizten Steinofen gebacken wird (1. Sa im Monat) und in der Teestube »Kluntje« im alten Müllerhaus gibt's selbst gebackene Kuchen und ausgesuchte Ostfriesentees.

Bioprodukte in Aurich bieten sowohl der Biomarkt Baier als auch Gröön un Goot (s. S. 39).

Ein Abstecher ins 5 km westlich gelegene **Moordorf** gleicht einer spannenden Zeitreise: Das Moormuseum, auch »Museum der Armut« genannt, dokumentiert anschaulich den knochenharten Alltag der Moorkolonisten (Victorburer Moor 7a, Südbrookmerland, Tel. 0 49 42/27 34, www.moormuseum-moordorf.de, Frühlingsanfang bis Ende Okt. tgl. 10–18 Uhr).

› Naturerlebnis-Tipps

Auf dem Woldenhof

Nicht wundern, wenn auf dem denkmalgeschützten Woldenhof Silbermöwen gackern und Körner picken, denn »Silbermöwe« ist auch die Bezeichnung für eine alte ostfriesische Hühnerrasse. Der Woldenhof ist ein Zuhause für gefährdete Nutztiere, auch für die große Emder Gans, das Schwarzbunte Niederungsrind, das fast überall durch die Hochleistungskuh Holstein-Frisian abgelöst wurde, und für das Ostfriesische Warmblutpferd, das noch heute in der Region die Hochzeitskutschen zieht. Besuchergruppen werden nach Absprache über den Hof, den Gemüsegarten und die Streuobstwiese mit alten ostfriesischen Obstbaumsorten geführt. Kinder können freitags beim Kinder-Koch-Klub mitmachen und mit ihrer Schulklasse gleich eine ganze Woche auf dem Woldenhof verbringen, Tiere füttern, Ställe ausmisten, im Garten arbeiten, aus selbst gepflückten Äpfeln Kuchen backen und Saft pressen. Im Hofladen werden frische Wurst- und Fleischprodukte in Bio-Qualität angeboten, das ganzjährig am Wochenende geöffnete, gemütliche Café serviert hausgemachten Kuchen und in Ausstellungsräumen kann man sich zu verschiedenen Themen rund um die Natur informieren.

Der Hof liegt neben der Windmühle **Wiegboldsbur** (Gemeinde Südbrookmerland) nahe dem »Großen Meer«, Ostfrieslands größtem Binnensee.

Woldenhof: Forlitzer Str. 121, 26624 Wiegboldsbur, Tel. 0 49 42/99 03 94, www.woldenhof.de

Anfahrt: Ab Aurich bzw. Moordorf mit Bus 433 bis Georgsheil, zu bestimmten Zeiten bis zur Mühle Wiegboldsbur, ansonsten 3 km Fußweg ab Georgsheil.

› Kinderparadies Woldenhof

Radtour Aurich-Großefehn-Aurich (35 km, 3 Std.)

Kanäle, Klappbrücken, Windmühlen und plattes Land – bei dieser Radtour erfährt man, wie holländisch Ostfriesland ist. Von Aurich geht's auf einem lauschigen Uferweg links des Ems-Jade-Kanals nach Wiesens. Dort überquert man den Kanal und radelt nach Holtrop, biegt links ab und erreicht bald Ostgroßefehn. Rechts des Kanals geht die Tour weiter nach Mittelgroßefehn, dort biegt man links ab, radelt ein kurzes Stück an der B 72 entlang und biegt rechts nach Westgroßefehn ab. Hier folgt man der Friesen-Route »Rad-up-Pad«, also: in der Kurve am Ortsausgang links, durch Lübbertsfehn und weiter zum Ihlower Forst. Hinter dem Waldstück links abbiegen und kurz darauf rechts, um auf die Rad-Route »Treidelpad« zu wechseln. Sie leitet uns auf der K 140 nach Westerende-Kirchloog. Noch einmal rechts abbiegen und die Zielgerade ist erreicht. Sie misst 4,5 km und folgt wieder dem beschaulichen Ems-Jade-Kanal zurück nach Aurich.

› Der Fischerhafen von Greetsiel

› Greetsiel und Pilsumer Leuchtturm

Greetsiel, südwestlich von Norden, gehört zu den schönsten Orten an Deutschlands Küste. Zwei Mühlen, von Kastanienbäumen gesäumte Kanäle, mit Kopfsteinen gepflasterte Gassen, Giebelhäuser dicht an dicht um einen malerischen Hafen und bunte Krabbenkutter – da strömen und staunen die Touristen. Das aufpolierte, autofreie Fischerdorf mit knapp 1500 Einwohnern war von 1464 bis 1744 Stammsitz des Ostfriesen-Clans Cirksena. Am Kanal am südlichen Ortsausgang grüßen die Zwillingsmühlen, zwei Galerieholländer. Die rote von 1710 ist noch in Betrieb, drinnen werden Mühlenbrote, Bioprodukte und Tees verkauft. Die grüne Mühle aus dem 19. Jh. beherbergt heute eine Teestube, in der man sich bei ungemütlichem Wetter herrlich aufwärmen kann. Durch verwinkelte Gassen, an denen sich Friesenboutiquen und Souvenirshops reihen, geht's zum Marktplatz, dem Lindenkronen ein grünes Dach geben, und weiter zum lauschigen Hafen. Restaurierte Klinkerbauten mit schmucken Giebeln und Kapitänshäuser aus dem 17. und 18. Jh. bilden den prächtigen Rahmen für den schmalen Liegeplatz der Kutterflotte. Dank einer Schleuse seewärts ist der Hafen seit 1991 tideunabhängig.

Pilsum, ein Warfendorf mit roten Backsteinbauten und der St. Stephanus-Kirche (13. Jh.), liegt südwestlich von Greetsiel. Vielleicht kommt Ihnen der gelb-rot geringelte tonnenförmige **Pilsumer Leuchtturm** abseits vom Ort am Deich bekannt vor – er diente als Kulisse in Otto Waalkes' Film »Otto der Außerfriesische«.

› Naturerlebnis-Tipp

Radtour Greetsiel-Pilsum-Greetsiel (17 km, 1,5 Std.)

Die Spritztour beginnt am Hafen von Greetsiel, wo die Friesen-Route »Rad-up-Pad« den Weg am Deich hinaus zum Pilsumer Watt weist. Es geht vorbei am schönsten und bekanntesten Turm Ostfrieslands, dem Pilsumer Leuchtturm, dann am Windenergiepark links ab, weg vom Watt, hin nach Pilsum. Dort geht's rechts weiter, ein Stück auf

› Die Seehundstation Norddeich wildert regelmäßig aufgepäppelte Tiere aus – eine große Attraktion am Strand

der K 233 und hinter Neu-Etum (weg von der »Rad-up-Pad«-Route) links Richtung Visquard. Vor dem Ortseingang führt nochmals links ein Sträßchen durch die Siedlung Appingen zurück nach Greetsiel.

› Norden und Norddeich

Norden, die älteste Stadt Ostfrieslands (25 000 Einw.), liegt auf einer Geestinsel in der Marsch. Prächtige Bürgerhäuser rund um den riesigen baumbestandenen Marktplatz zeugen von Zeiten wirtschaftlicher Prosperität, als Norden im 16. Jh. ein bedeutender Handels- und Hafenort war. Deichbau und Verlandung schoben das Wasser mehr und mehr weg von Norden. Heute besitzt der 4 km nördlich gelegene Ortsteil Norddeich einen Hafen, von dem aus die Fähren zu den Inseln Juist und Norderney ablegen.

Das architektonische Schmuckstück ist die **Ludgerikirche** auf dem Marktplatz mit einem frei stehenden Glockenturm. Das Langhaus stammt aus dem 13. Jh., später wurde das gotische Querschiff angebaut. Im Inneren imponiert die Orgel des bekannten Hamburger Orgelbauers Arp Schnitger. An der Westseite des Markts beherbergt das Alte Rathaus aus dem 16. Jh. das **Museum für Volkskunde;** im Nachbarhaus ist das **Ostfriesische Teemuseum** eingerichtet. Die **Mennonitenkirche** ziert die Südseite des Platzes, nebenan steht das frühbarocke Häusertrio **»Dree Süsters«,** Drei Schwestern, Am Markt Nr. 12, 13, 14. Das **Schöninghsche Haus,** ein prächtiges Patrizierhaus von 1576, schmückt die Osterstraße.

Von einst 14 sind in Norden noch drei **Mühlen** erhalten: Am südlichen Ortseingang die Deichmühle von 1900 und die Frisia-Mühle von 1855, in der sich heute das **Muschelmuseum** befindet (Mitte Mai–Ende Okt. Di–Do 14.30–18 Uhr) und am westlichen Ortseingang die Westgaster Mühle, wohin ein Café und historische Mahl- und Backvorführungen locken.

Bioprodukte in Norden bieten der Bioladen Die Lahnung und der Biomarkt Norden (s. S. 38/39).

Norddeich wird von den modernen Ferienanlagen an der großzügigen Strandpromenade geprägt. Schietwetter muss die Urlaubsfreude nicht trüben, denn das Freizeitzentrum Wellenpark sorgt mit Spielplätzen und Erlebnisbad für Kurzweil.

› Naturerlebnis-Tipp

Seehund-Station Norddeich

In der Seehundaufzucht- und Forschungsstation Norddeich werden hilflos aufgefundene Seehunde und Kegelrobben aufgepäppelt, bis sie wieder fit für die Nordsee sind. Höhepunkt einer Besichtigung der Station (tgl. 10–17 Uhr) ist die **Fütterung der Meeressäuger,** jeweils um 11 und um 15 Uhr. Mitarbeiter des angeschlossenen Nationalparkzentrums organisieren zudem vogelkundliche **Exkursionen,** Salzwiesenführungen, Vogel- und Seehundbeobachtungen von Deck der Fähren nach Juist und Norderney und für Kinder ein Seehundspiel, bei dem ein Jahr der Seehunde im Wattenmeer im Zeitraffer nachgespielt wird.

Seehundstation Nationalparkhaus Norden-Norddeich:
Dörper Weg 22, 26506 Norden,
Tel. 0 49 31/89 19,
www.seehundstation-norddeich.de

› Insel Borkum

Die größte und für ihr Heilklima bekannte Ostfriesische Insel liegt 55 km westlich vom Festland. Die Fähre legt am Hafen im Inselsüden an, und eine Kleinbahn rumpelt auf einem Damm durch Heide und Dünen zum Hauptort. Vom Borkumer Bahnhof führt die Bismarckstraße zur Strandpromenade, wo blendend weiße Hotels des Fin de Siècle, aber auch viele graue Betonburgen stehen. Mit der Lüttje Meermaid hat Borkum eine nette Biopension (S. 38). Kurios: die kleinen Zelte am Strand, mit der Form von Wachhäuschen und der Funktion von Strandkörben. Musik im Promenaden-Pavillon, die Kurhalle und ein Erlebnisbad sorgen für Abwechslung. Im **Nordsee-Aquarium** am Südstrand kann man Seepferdchen und anderes Meeresgetier bestaunen und im östlichen **Altdorf** verwundert mancher Gartenzaun, der aus Knochen und Kinnladen von Walen gefertigt wurde. Borkum war im 18. Jh. die Insel der Walfänger, was im **Heimatmuseum Dykhus** anschaulich dokumentiert ist. Das Dykhus ist ein typisches ostfriesisches Gulfhaus mit Wohnung, Stall und Scheune unter einem Dach. Der Alte Leuchtturm, ein 42 m hoher umgebauter Kirchturm, sowie der Neue Leuchtturm, 60 m hoch, bieten herrliche Ausblicke auf die 36 km² große Insel. Im Ostland liegt der **Tüskendörsee** in einem Naturschutzgebiet, ein Brut- und Rastplatz für Möwen und Säbelschnäbler.

› Insel Juist

Die längste Insel Ostfrieslands hat einen 17 km langen Traumstrand mit feinstem Sand. Wo anderswo brummende Taxen am Hafen stehen, warten hier Kutschen. Mit 2 PS geht's gemächlich zum Ferienquartier. Egal, wo man wohnt, das Meer ist ganz nah, da die Insel nur 500 m schmal ist. »Dat Töwerland«, das Zauberland, nennen die Einheimischen zärtlich ihr autofreies Paradies. Vorbei am **Leuchtturm Memmertfeuer** kommt man zum Hauptdorf im Zentrum der Insel, das mit dem alten Kurhaus von 1798 prunkt. Die Strandpromenade, ein Klinkerweg, führt durch die Dünen westlich zum stillen Weiler **Loog,** dem früheren Hauptdorf. Westlich von Loog liegt das **Naturschutzgebiet Bill** mit dem **Hammersee.** Die Petriflut im 17. Jh. riss hier eine Mulde in die Insel. Nach Eindeichung der Vertiefung entstand ein mit Meerwasser gefüllter See, der durch Regen aber zum Süßwassersee verwandelt wurde.

Die **Domäne Bill** am Juister Westend ist Ziel vieler Ausflügler nach einer Kutschfahrt oder Wanderung, vorbei an Dünen, Salzwiesen, Sanddorn- und Holundersträuchern. Draußen warten die kräftigen Gäule auf den Rückzug, drinnen werden »Stuten« verspeist – mit Butter beschmierte Rosinenbrote.

Sandig und grün präsentiert sich Juist am Ostende, wo ständig neue Dünen entstehen. Für Vögel ist das **Kalfamer** genannte Gebiet ein wichtiger Brut- und Rastplatz. Damit sie nicht gestört werden, darf dieser Bereich während der Brutzeit (April bis Okt.) nur im Rahmen einer Führung betreten werden und von November bis März nur auf einem Weg (grüne Markierung auf Pflöcken) und nur bei

Bioadressen

» Haus Annatur (Biohotels)
Annegret Coordes, Dellertstr. 14, 26571 Juist, Tel. 0 49 35/9 18 10, www.annatur.de
Sorgsam und behaglich gestaltete Zimmer in einem allergikerfreundlichen Nichtraucherhaus. Unterm Dach ein »Junge-Leute-Nest«. Abends wird einem ein 4-gängiges vegetarisches Vollwertmenü serviert und im »Zauberbrunnen« kann man saunieren und sich bei Massagen und ayurvedischen Ganzkörperbehandlungen verwöhnen lassen. ❍❍❍
Anreise: Auf Wunsch wird man vom Schiff abgeholt.

» Pension Lüttje Meermaid/ Bioladen Natura
Neue Str. 40/Neue Str. 19, 26757 Borkum, Tel. 0 49 22/12 24, www.kastenborkum.de
Zentral gelegene Familienpension, 2007 modernisiert. Gemütliche Zimmer, Bio-Frühstücks-Buffet. Der nahe Bioladen »Natura« unter gleicher Regie bietet Naturkost, Frisches und Tiefgekühltes, leckere Käse und Brötchen. ❍❍
Anreise: Auf Wunsch Abholung vom Schiff.

» Oase Baltrum
Haus Nr. 187, 26579 Baltrum, Tel. 04 9 39/9 12 00, www.oasebaltrum.de
Zur Oase Baltrum gehören zwei Häuser am Eingang des Ostdorfes. Die Ferienwohnungen und Appartements sind teilweise mit Bio-Massivholzmöbeln eingerichtet. Im Aufenthaltsraum mit Klavier und Bibliothek wird auf Wunsch ein Bio-Frühstück serviert. ❍
Anreise: Die Gastgeber holen Sie gerne vom Schiff ab.

» Bioladen »Die Lahnung«
Westerstr. 5, 26506 Norden, Tel. 0 49 31/95 77 94, www.naturkost-norden.de, Mo–Fr 8.30–13, 14.30–18.30, Sa 7.30–13 Uhr.
Mit dem Label »Bioregional Nordseeküste« vertreibt die Lahnung-Handelsgesellschaft Delikatessen der Nordsee-Wattenregion aus Deutschland und

Niedrigwasser, damit man den Vögeln nicht zu nahe kommt.

Auf Juist lädt Haus Annatur zum Biourlaub ein, s. S. 38.

› Naturerlebnis-Tipp

Meeresleuchten

In einer lauen, windstillen Sommernacht, meist im Juli und August, können das Meer und der Strand in der Brandungszone plötzlich grün-bläulich schimmern. Das fantastische Naturphänomen inszenieren mikroskopisch kleine Einzeller mit dem wissenschaftlichen Namen »Panzergeißel-Algen« oder »Dinoflagellaten« – natürlich nicht nur auf Juist, sondern überall an der Nordsee und auf den Inseln. Sie können, wie Glühwürmchen, körpereigene Leuchtstoffe produzieren und werden dazu besonders durch Wellen und Bewegungen von Menschen im Wasser oder am Strand angeregt. Wunderbar, wenn dann noch die Sterne leuchten.

Zu Wattwanderungen s. Naturerlebnis-Tipp S. 41

den Niederlanden. Die Zutaten stammen überwiegend von der Küste, werden traditionell und schonend verarbeitet und sind bio-zertifiziert. Unter den Delikatessen mit intensivem Waterkant-Aroma sind z. B. Strandasterbrie, Groninger Aroniakraut und Demeter Ziegengouda. Im Bioladen am Marktplatz in Norden gibt es zudem ein umfangreiches Naturkostsortiment, Brot, Wurst, Gemüse und Obst. Di und Do Lieferservice nach Norderney.

» Biomarkt Norden
Groß-Schulenburger Polder 4,
26506 Norden, Tel. 0 49 31/1 60 11,
www.biomarkt-norden.de,
Mo–Fr 15–18, Di–Fr 10–12.30 und 15–18, Sa bis 12.30 Uhr.
Fachmarkt mit 1200 ökologischen Produkten. Viele Obst- und Gemüsesorten, Käsedelikatessen. Der Biomarkt liegt außerhalb der Stadt Richtung Pewsum. Lieferungen Di und Fr im Umkreis von 40 km, Mi nach Juist, Do nach Borkum (kommt Fr an). Weitere Insellieferungen nach Vereinbarung.

» Bio-Markt Baier
Fockenbollwerkstr. 15, 26603 Aurich,
Tel. 0 49 41/9 90 19 90,
www.bio-markt-baier.de,
Mo–Fr 9–18, Sa 8–13 Uhr.
Bioprodukte der großen Anbauverbände und täglich frisches Obst und Gemüse bietet der Bio-Markt Baier. Pfiffige Aktion: Alle Erstklässler in Aurich bekommen von Sponsoren einen »Bio-Sportbeutel« spendiert, gefüllt mit Lebensmitteln für ein gemeinsames Schulfrühstück.

» Gröön un Goot
Marktpassage 9, 26605 Aurich,
Tel. 0 49 41/39 95,
www.groen-un-goot.de,
Mo–Fr 9–18, Sa 8.30–14 Uhr.
Empfehlenswerter Naturkost- und Bioladen in der Auricher Marktpassage. Im Sortiment sind u. a. Obst und Gemüse, Molkereiprodukte, Backwaren, Wein und glutenfreie Produkte. Darüber hinaus bietet der Bioladen eine gute Auswahl an Naturkosmetik an.

› Barfuß im Watt

› Insel Norderney

»Baden-Baden am Meer« ist ein nobler Titel für das älteste deutsche Nordseebad, gegründet 1797 von Preußenkönig Friedrich Wilhelm II. Spätestens als Georg V. von Hannover 1836 Norderney zu seinem Sommersitz erkor, war die Insel in, alle wollten hin, und schwärmten dann wie Heinrich Heine: »Ich liebe das Meer, wie meine Seele.« Auf der meistbesuchten Ostfriesischen Insel herrscht heute noch mondänes Flair rund um den Kurplatz. Kurlauber lustwandeln im von Säulen gesäumten Laubengang des Kurhauses von 1840, vergnügen sich in der Spielbank oder im Kurtheater. Weiß gestrichene Gästehäuser mit verglasten Veranden geben auch den angrenzenden Straßen vornehme Akzente. Die asphaltierte Strandpromenade mit Bauklötzen der 1960er Jahre gehört dagegen zu Norderneys weniger königlich schönen Seite. Zahlreiche Kegelclubs verbringen auf der Insel feucht-fröhliche Wochenenden. Östlich vom Zentrum steht die einzige Windmühle der Ostfriesischen Inseln (heute Restaurant).

Während der Westen des Eilands von der Stadt dominiert wird, erstreckt sich im Osten nur noch eine weite Naturlandschaft. Autos müssen an der Ostheller Straße stehen bleiben, zu Fuß geht es weiter über einsame Dünen und weite Salzwiesen. Ganz im Osten erkennt man noch das Wrack eines 1967 gestrandeten Schiffs. Vom 55 m hohen Leuchtturm überblickt man »Nordernye Oog« (Nordens neue Insel), die die Sturmflut, der »Blanke Hans«, einst modellierte.

Norderney ist ideal für Kurztrips, am Bahnhof Norddeich-Mole starten fast stündlich Fähren zur Insel.

› Insel Baltrum

Das 6,5 km^2 kleine Eiland heißt im Volksmund auch »bald rum«. Keine drei Stunden dauert die Umrundung – zu Fuß. Räder sind tabu, Autos sowieso. Eine Ruhe-Insel, 550 Einwohner, das »Dornröschen der Nordsee«. Um Ostern herum wird sie von Urlaubern wach geküsst. Im Westen liegen zwei Siedlungen, das West- und das Ostdorf. Im **Westdorf** fällt neben der alten Kirche von 1826 ein hölzerner Glockenstuhl auf, Baltrums Wahrzeichen. Die Glocke hing einst auf einem Schiff und wurde während einer Sturmflut an den Strand gespült. Im Osten der Insel ist es grün und noch ruhiger. Straßennamen gibt es keine. Vom Fähranleger führt ein Weg zu Haus Nr. 177, dem **Nationalparkzentrum** und Inselmuseum. Im Osten locken auch **weiße Dünen, schilfbewachsene Feuchtgebiete** in den Tälern und graue Dünen, auf denen Schillerkraut und Sanddorn wachsen.

Die Bioferienanlage Oase Baltrum liegt im Ostdorf (s. S. 38).

› Naturerlebnis-Tipp

Wattwanderungen

Über den Meeresgrund zu einer Insel zu wandern, ist faszinierend, aber nicht ganz ungefährlich. Bei Ebbe kann das Wasser unerwartet langsam abfließen, bei Flut bedrohlich schnell zurückkommen. Sturm, Gewitter und Nebel sind zudem unberechenbare Begleiterscheinungen. Deswegen sollte man sich unbedingt kundigen Wattführern anschließen, die unterwegs auch noch Tiere aus dem Boden graben und nicht nur mit ihrem Watt-Wissen, sondern auch mit Anekdoten unterhalten.

Zum Schutz der Füße werden alte Turnschuhe oder dicke Socken empfohlen.

Legendär sind die Wanderungen mit den Juister Wattführern Heino und Ino Behring. Am Festland gilt **Neßmersiel** als Mekka der Wattwanderer, wo u. a. die Wattführerfamilie Ortelt nach Baltrum leitet. Je nach Tide gibt es Hin- bzw. Rückwanderungen, die andere Strecke bewältigt man per Fähre, Wanderzeit 2–3,5 Std., 6–10 km.

Heino und Ino Behring: Rosengang 1, 26571 Juist, Tel. 0 49 35/9 11 40, www.heino-juist.de

Wattführerfamilie Ortelt: Buchenweg 7, 26553 Dornum, Tel. 0 49 33/17 06, www.wattfuehrer.com

› Insel Langeoog

Joggen, Surfen, Segeln, (Wellen-)Reiten: Langeoog, die »lange Insel«, ist etwas für Aktive. Schon im April läuft sportlich das volle Programm. Radler können bei mehreren Verleihstationen ein Vehikel aussuchen und sich auf dem knapp 30 km langen Radwegenetz austoben, Reiter den endlos wirkenden, rund 14 km langen Strand entlanggaloppieren. Die **Melkhörn-Düne,** mit knapp 20 m einer der höchsten »Haufen« Ostfrieslands, ist in diesen Breiten schon eine Herausforderung für Kletterer.

Zwischen Hafen und Ort verkehrt eine Inselbahn. Die Hauptstraße verbindet den Bahnhof mit Langeoogs Wahrzeichen, dem weißen **Wasserturm,** der 1909 auf einer Düne erbaut wurde und der Trinkwasserversorgung diente.

Rechts hinterm Wasserturm geht's auf der Höhenpromenade zwischen Kurviertel und Strand zum Weg Gerksin-Spoor.

Der **Sonnenhof** (Haus-Nr. 6) war einst Wohnhaus von Lale Andersen (Lili Marleen), die auf dem Dünenfriedhof begraben liegt, und beherbergt heute ein Café.

Von einer **Aussichtsplattform** im Osten der Insel kann man häufig Seehunde beobachten.

› Insel Spiekeroog

Ein Dorf mit großen Bäumen, Teestuben in Fischerhäusern und einem Kirchlein von 1696. Kein Flugplatz, keine Autos, kein Radverleih. Dafür gibt's urwüchsige Natur und Ruhe. Man geht zu Fuß durchs Dorf und über den breiten, stellenweise bewaldeten Dünengürtel zum Strand, den Picknickkorb im Bollerwagen. Eine Pferdebahn fährt vom Dorf zum Westteil der Insel. Im Südwesten befand sich einst der Fähranleger, und nördlich davon erhebt sich eine Steilküste mit einem Campingplatz, nahe an der Abbruchkante.

Dass die Ostfriesischen Inseln langsam ostwärts wandern, lässt sich auf Spiekeroog besonders gut studieren. An der Ostküste hat sich erst in den letzten 200 Jahren der Großteil der Dünen und Flugsandfelder gebildet – über eine Länge von 8 km. Für Wanderer ist das Gebiet, in dem unzählige Vögel nisten, rasten und brüten, jedoch weitgehend gesperrt.

Das 2006 eröffnete **Umweltzentrum Wittbülten,** 2 km außerhalb des Ortes, informiert nicht nur über die Entstehung der Gezeiten, die speziellen Lebensräume auf Spiekeroog, das Wattenmeer und die Meeressäugetiere. Von hier aus starten auch naturkundliche Wanderungen, nach denen man sich stärken kann – im ökologisch angehauchten Café Wittbülten (Mo geschl.).

› Naturerlebnis-Tipp

Ausflüge ins Wattenmeer und zu Seehundbänken

Seesterne und Krebse baumeln im Schaunetz des Fischkutters »Gorch Fock«, wenn er von **Spiekeroog** zu einer Wattenmeer-Exkursion gestartet ist. Später beobachten die Teilnehmer Seehunde bei **Langeoog** und verlassen schließlich über eine Leiter das Schiff, durchqueren oberschenkeltiefes Wasser und kehren übers Watt nach Spiekeroog zurück.

Wattführer Carsten Heithecker:
Lütt Slurpad 8, 26474 Spiekeroog,
Tel. 0 49 76/6 51, www.watt-erleben.de
Dauer 3 Std., Mindestalter 8 Jahre, Mai–Okt.

Reederei Frisia:
Postfach 1262, 26534 Norderney,
Tel. 0 49 31/98 70,
www.reederei-frisia.de
Die Reederei bietet von April bis Oktober Ausflugsfahrten zu den Seehundbänken an, auch ab Norderney, Norddeich und Greetsiel.

› Insel Wangerooge

Eine bunte Bimmelbahn wartet am Hafen, ringsum Watt, Salzwiesen, Möwen, frische Luft: Willkommen auf Wangerooge! Auf der Fähre waren schon von Weitem zwei »High-Lights« der Insel zu sehen: der **Westturm** aus Klinkersteinen (1932), heute (unbeheizte) Jugendherberge, und der **neue Leuchtturm** (1969). Die Bahn tuckert entlang eines vogelreichen Gebiets zum modernen Kurort im Herzen der Insel.

In Bahnhofsnähe steht der rote, 39 m hohe Leuchtturm, der nicht nur Aussichtsturm ist, sondern auch ein Heimatmuseum beherbergt. Das **Rosenhaus,** das Informationszentrum des Nationalparks in der Friedrich-August-Straße, bietet u. a. Führungen in die Natur zu Fuß und per Rad an, außerdem verschiedene Aktivitäten für Kinder; spannend ist auch das dort eingezogene Medienlabor.

Die Strandpromenade lädt zum Flanieren und Schauen ein: Denn vor Wangerooge sind reihenweise große Pötte unterwegs. Sie steuern Bremerhaven, Wilhelmshaven, Hamburg oder das große weite Meer an ...

› Spiekeroog – ein Juwel für alle, die Ruhe und urwüchsige Natur suchen

Allgemeine Infos

Die Nordsee GmbH
Rheinstr. 13, 26506 Norden, Tel. 0 18 05/ 20 20 96, www.die-nordsee.de

Mit Bus, Bahn und Fähre

Mit Ausnahme von Borkum und Norderney sind alle Ostfriesischen Inseln autofrei.

Bahn: Norddeich-Mole ist Zielbahnhof zweier Intercity-Linien. Eine Strecke führt von Berlin bzw. Leipzig über Magdeburg, Oldenburg, Emden und Norden, die andere von Stuttgart bzw. Köln via Münster, Emden und Norden zu dem Bahnhof direkt am Hafen (Fähren nach Juist und Norderney). Wer via Oldenburg anreist und auf eine Ostfriesische Insel will, kann in Oldenburg eine Regionalbahn Richtung Wilhelmshaven nehmen und in Sande umsteigen, wo Züge über Jever nach Esens fahren. Von Jever und Sande gibt es Busverbindungen nach Harlesiel, von Esens nach Neuharlingersiel und Bensersiel.

Fähre: Fähren und ein Katamaran nach Borkum starten in Emden-Außenhafen (Zuganschluss ab Emden-Hbf. nach Emden-Außenhafen).

Bus: Die Bäderbuslinie 312 verkehrt entlang der Küste zwischen Norden und Harlesiel (Fähre nach Wangerooge) mit Halt in den Fährhäfen Neßmersiel (Baltrum), Bensersiel (Langeoog) und Neuharlingersiel (Spiekeroog). Ab Emden gelangt man mit Buslinie 421, ab Norden mit Buslinie 417 nach Greetsiel. Von März bis Oktober können Kur- und Gästekarteninhaber in der Region Aurich/Emden für 1 € pro Person und Richtung Bus fahren (www.urlauberbus.de).

Niedersachsen-Ticket: Mit diesem Ticket (27 € an Automaten oder im Internet, 29 € in Reisezentren) fahren bis zu 5 Personen einen Tag lang (Mo–Fr ab 9, Sa, So ab 0 Uhr) in Bussen und Bahnen des Nahverkehrs kreuz und quer durch Niedersachsen, Bremen und Hamburg, Busse und Bahnen der Verkehrsverbünde inklusive. Das Niedersachsen-Ticket Single für Einzelreisende gibt's ab 19 €.

Weser-Ems Busverkehr GmbH:
Friedrich-Rauers-Str. 9,
28195 Bremen, Tel. 04 21/30 89 70,
www.weser-ems-bus.de

Deutsche Bahn: Tel. 08 00/1 50 70 90,
www.bahn.de

Nordfrieslands Inseln und die Küste

Ich will Meer! Der Strand von Westerland auf Sylt, das Sehnsuchtsziel gestresster Städter, liegt nur drei Zugstunden von Hamburg entfernt.

» **Hier beginnt der Urlaub schon vor der Ankunft auf der Insel, mit einem dunklen Tuten, wenn die Fähre ablegt und ihre kurvige Spur zwischen bunten Bojen zieht. Der Blick schweift über die Weite von Himmel und Meer und plötzlich ist es wieder da, das Gefühl von Freiheit. Die Luft bekommt einen guten Geschmack, frisch und würzig. Die Möwen kreisen und gleiten Richtung Horizont, wo die Halligen wie Perlen in der Abendsonne schimmern. Doch auch das nordfriesische Festland, das man hinter sich lässt, bietet herrliche Naturerlebnisse.**

› Nationalpark Schleswig-Holsteinisches Wattenmeer

Wie wichtig, grandios und zugleich sensibel das Ökosystem Wattenmeer ist, lässt sich gut am Beispiel der Brandgänse beobachten: Fast alle der 200 000 Exemplare aus Nordwesteuropa versammeln sich alljährlich im Juli und August im südlichen **Dithmarscher Watt,** um das Gefieder zu wechseln. Während der Mauser sind sie flugunfähig und besonders empfindlich. Von einer Störung des Ökosystems hier wäre mit einem Schlag die gesamte Population betroffen.

Nebenan, vor **Friedrichskoog,** steht mitten im Nationalpark die Bohrinsel Mittelplate, wo der Energiekonzern RWE/Dea Öl fördert. 1985 wurde vor der Westküste Schleswig-Holsteins, **zwischen Elbmündung und dänischer Grenze,** der Nationalpark gegründet. Kurz vorher war noch schnell die Genehmigung für die Bohrinsel erteilt worden. Doch bald werden die Ölvorkommen unter der Mittelplate erschöpft sein, deshalb plant der Energiekonzern für 2009 Probebohrungen in der näheren Umgebung. Bei neuen Funden soll Öl über kilometerlange Schrägbohrungen an Land oder zur Mittelplate gefördert werden – die Naturschützer laufen Sturm. Ebenfalls im Jahr 2009 will die UNESCO über den Antrag der Niederlande und Deutschlands entscheiden, das Wattenmeer zum Weltnaturerbe zu erklären. Im Nominierungsantrag wird die Bedeutung der Biodiversität im Ökosystem betont, die genetische Vielfalt innerhalb der Arten und die Artenvielfalt.

Allein 1300 Arten von Bodentieren leben im Watt. Auf und in einem Quadratmeter Wattboden sind 50 000 Klein- und Kleinstlebewesen unterwegs, u. a. Würmer, Krebse und Schnecken. Über 10 Mio. Zugvögel rasten am Wattenmeer. Kegelrobbe, Schweinswal und Seeregenpfeifer sind hier heimisch.

Die Artenvielfalt ist jedoch gefährdet: durch Fischerei, Düngung – und Öl! Und das nicht nur wegen der Förderung in einem so sensiblen Gebiet, sondern auch weil der Brennstoff maßgeblich die Erderwärmung beschleunigt und diese wiederum ist die größte Bedrohung für das Wattenmeer. Was, wenn der Meeresspiegel noch dramatischer ansteigt? Forscher beobachten schon jetzt einen Rückzug des Schlickwatts und eine Ausdehnung grobkörniger Sandböden. Über Jahrtausende konnte der Wattboden dem langsamen Anstieg des Meeresspiegels folgen, weil sich genügend neue Sedimente ablagerten. Nun ist das Gleichmaß zerstört, der Meeresspiegel steigt schneller. »Das verändert nicht nur die Ökologie des Wattenmeeres«, sagt Prof. Dr. Karsten Reise, Leiter der Wattenmeerstation Sylt, »auch der Mensch muss seine Besiedlung an der Küste dieser neuen Situation anpassen.«

› Naturerlebnis-Tipps

Schutzstation Wattenmeer

Die Naturschutzgesellschaft bietet jährlich über 6000 naturkundliche Veranstaltungen entlang der Schleswig-Holsteinischen Nordseeküste und auf den Inseln und Halligen an. Von 17 Stationen und Informationszentren aus werden Wattwanderungen, vogelkundliche Exkursionen, Salzwiesen- und Dünenführungen, Spülsaumerkundungen und meeresbiologische Kutterfahrten organisiert. Ergänzend dazu gibt es für Kreative Mal- und Naturfotokurse sowie Vogelzug-Wochenenden. Das aktuelle Programm findet man unter www.schutzstation-wattenmeer.de sowie auf den Pinnwänden der Tourist-Informationen und der einzelnen Schutzstationen. Hier eine Auswahl:

Schutzstation Amrum:
Kurverwaltung, Mittelstr. 34, 25946 Wittdün/Amrum, Tel. 0 46 82/27 18.

Wattwerkstatt Föhr:
Villa Konrad/Nordseekurpark, 25938 Wyk auf Föhr, Tel. 0 46 81/13 13.

Schutzstation Hörnum/Sylt:
Kuno-Ehlfeldt-Haus, Rantumerstr. 27, 25997 Hörnum, Tel. 0 46 51/88 10 93.

Wattenmeerhaus auf Hallig Hooge:
Hanswarft 2, 25859 Hallig Hooge, Tel. 0 48 49/2 29.

Wattenmeerhaus auf Hallig Langeneß:
Peterswarf 2, 25863 Hallig Langeneß, Tel. 0 46 84/2 16.

Schutzstation Pellworm:
Villa Wattwurm, Osterschütting 9, 25849 Pellworm, Tel. 0 48 44/7 60.

Schutzstation St. Peter-Ording:
Infozentrum im Tourismus Service Center, Schulstr. 1, 25826 St. Peter-Dorf, Tel. 0 48 63/70 31 60.

Seehundstation Friedrichskoog

Durch einen heftigen Sommersturm, unachtsame Wattwanderer oder ein Motorboot kann ein Seehundbaby den Kontakt zu seiner Mutter verlieren. Dann ruft es klagend nach ihr. Daher stammt der Name Heuler. Ein Seehundjäger entscheidet, ob ein mutterloses Jungtier gute Überlebenschancen in einer Aufzuchtstation hat und bringt es gegebenenfalls zur Seehundstation Friedrichskoog, die für das Gebiet des Nationalparks Schleswig-Holsteinisches Wattenmeer zuständig ist. Im Sommer werden hier bis zu 70 Heuler aufgepäppelt, mit Milch und püriertem Hering gefüttert, später mit Fischen pur, bis sie 15 kg wiegen und ins naturnahe Auswilderungsbecken gebracht werden. Wiegen die Heuler 25 kg und sind gesund, werden sie ausgewildert.

Infos: An der Seeschleuse 4, 25718 Friedrichskoog, Tel. 0 48 54/13 72, www.seehundstation-friedrichskoog.de, März–Okt. tgl. 9–18, Fütterungen: 10.30, 14, 17.30 Uhr, Nov.–Febr. tgl. 10 bis 17.30, Fütterungen: 10.30, 16 Uhr.

Anfahrt: Mit der Bahn bis St. Michaelisdonn, weiter mit Buslinie 2509 nach Marne und dort mit Buslinie 2510 nach Friedrichskoog.

› St. Peter-Ording und Westerhever Leuchtturm

Wahrzeichen des 12 km langen und bis zu 2 km breiten Strands von St. Peter-Ording sind die auf meterhohen Stämmen erbauten Restaurants. Bei Sturmfluten kann das Wasser unter den Stelzenhäusern hindurchfließen. Bei gutem Wetter sausen Reiter, Strandsegler und Kitebuggyfahrer über die imposante Sandpiste. Hinter Dünen, Salzwiesen und Kiefernwald liegt der lang gestreckte, aus vier Teilen bestehende Ferienort. Ganz im Süden Böhl mit einem Leuchtturm auf dem Deich und weiter nördlich St. Peter-Dorf mit dem Eiderstedter Heimatmuseum in einem altfriesischen Haus (Mo geschl.) und der Kirche St. Peter (13. Jh.), die dem Nordseeheilbad seinen Namen gab. Im benachbarten Ortsteil Bad pulsiert das Kurleben. Gäste vergnügen sich im großen Erlebnisbad »Dünen-Therme« oder flanieren auf der Promenade und über die 2005 eröffnete wellenförmige, über 1 km lange Seebrücke. Ording im Norden ist der Hauptstützpunkt für Wassersportler. Dem Meer am nächsten, hatte dieser Ortsteil auch am schwersten unter Sturmfluten zu leiden.

Wer die Deiche entlang, vorbei an unzähligen Schafen, 10 km nordwärts radelt, erreicht das Wahrzeichen der Küste, das schon von St. Peter-Ording aus zu sehen ist: den **Westerhever Leuchtturm.** Er ist ganz und gar unverkennbar mit den beiden flankierenden baugleichen Wärterhäuschen und seinen breiten weißen Bauchbinden. 1907 wurde er auf einer Warft auf einer Sandbank vor dem Seedeich errichtet, 41,5 m hoch, 130 t schwer und ausgestattet mit einer Lichtbogenlampe, die in klaren Nächten 50 km weit strahlt. Nach dem gleichen architektonischen Entwurf, wenn auch ohne Wärter-

› Seepferdchen im Multimar

häuschen-Duo und mit nur einer Bauchbinde markiert, entstanden die Leuchttürme Hörnum auf Sylt und Süderkoog auf Pellworm.

Biounterkunft bietet das Haus am Watt, Biolebensmittel Naturkost Eiderstedt und die Friesische Schafskäserei (s. S. 50/51).

› Naturerlebnis-Tipps

Multimar Wattforum

Die Nordsee aus ungewöhnlichen Perspektiven erleben. Besucher können mit einer Kurbel Wellen in Gang setzen und gegen Felsen klatschen lassen, mit einer Unterwasserkamera ansonsten verborgenes Leben beobachten, in einem offenen Becken das Wattenmeer befühlen und seltenen Tieren wie Seepferdchen, die im Aquarium aufrecht schwimmen, ganz nahe kommen. Das größte Ausstellungsstück ist das präparierte 17,5 m lange Skelett eines 1997 in Dänemark gestrandeten Pottwals mit 157 Einzelknochen.
Infos: Am Robbenberg, 25832 Tönning, Tel. 0 48 61/9 62 00, www.multimar-wattforum.de, April–Ende Okt. tgl. 9 bis 19, Nov.–Ende März tgl. 10–17 Uhr.
Anfahrt: Tönning liegt an der Bahnstrecke Husum-St. Peter-Ording. Der Fußweg vom Bahnhof zum Wattforum (15 Min.) ist ausgeschildert.

Naturzentrum Katinger Watt

Das Katinger Watt liegt an der Eidermündung nahe Tönning am Südrand der Halbinsel Eiderstedt. Vor allem für **Vogelbeobachtungen** ist das Naturzentrum (Lina-Hähnle-Haus) eine hervorragende Basis. Besucher können sich ein Fernglas ausleihen und von Beobachtungshütten Enten und Watvögel in den nahen Flachgewässern heranzoomen. Der April ist die beste Zeit, Enten in ihrem Prachtkleid zu bewundern.
Im Mai, wenn Tausende Zugvögel im Katinger Watt rasten, finden **Naturerlebnistage** mit vogelkundlichem Schwerpunkt statt, und am ersten Oktoberwochenende ist das Naturzentrum stets Veranstaltungsort des »Westküstenvogelkieks«. Außerdem werden regelmäßig **Erlebnisschifffahrten** mit Seetierfang zwischen Tönning und dem Eidersperrwerk, Wattführungen und Fledermausexkursionen organisiert.
Zum Außengelände des Naturzentrums gehören Lehrbeete mit Kräutern, Sumpf- und Salzwiesengewächsen.
Infos: Katingsiel 14, 25832 Tönning, Tel. 0 48 62/80 04, www.nabu-katinger-watt.de
Anfahrt: Nächster Bahnhof ist Katharinenheerd. Von dort sind es noch 6,5 km, die man zu Fuß, mit dem Rad oder einem Taxi bewältigen muss.

Westküstenpark

Paula, Charly, Floh, Sammy und Sine heißen die Publikumslieblinge im Robbarium des Westküstenparks. Sie können von einer alten Schute (Transport-

boot) aus und durch die Fenster eines Unterwasserraums beobachtet werden. Ein begehbares Seevogelgehege, in dem sich beispielsweise Basstölpel tummeln, ist in die Seehundanlage integriert. Vor allem Kinder werden am Streichelgehege mit Ziegen und Schafen ihre Freude haben und gern den Hängebauchschweinen zugucken.
Infos: Wohldweg 6, 25826 St. Peter-Ording, Tel. 0 48 63/30 44, www.westkuestenpark.de, April–Okt. 9.30–18/19, Nov. und Mitte Febr.–März 10.30–16 Uhr.
Anreise: 10 Min. Fußweg vom Bahnhof St. Peter-Süd.

› Husum – Geburtsort Theodor Storms

› Husum

Theodor Storms Geburtsstadt »am grauen Strand, am grauen Meer«, wird nur bei Regen und Nebel der lyrischen Beschreibung gerecht. Bunt gestrichen sind die alten Giebelhäuser am Binnenhafen und im März verwandeln Millionen blühende Krokusse den Schlosspark in ein lila Blütenmeer.

Durch die Sturmflut von 1362 erhielt Husum einen direkten Zugang zum Meer und entwickelte sich bald zum wirtschaftlichen Zentrum der Region. Prächtige Häuser aus dem 16. und 17. Jh. säumen den **Marktplatz,** an der Ostseite ragt die klassizistische Marienkirche (1829–1833) empor. Hier, im Herzen der 22 000-Einwohner-Stadt, befindet sich das Geburtshaus des Dichters Theodor Storm (Markt 9). Eine weitere Sehenswürdigkeit ist der **Tine-Brunnen** mit einer Fischerfrau aus Bronze, den der Husumer Bildhauer Adolf Brütt schuf, im Zentrum des Platzes. Von hier aus führt der »Schlossgang«, eine Fußgängerzone, zum 1577–1582 unter dem Gottorfer Herzog Adolf erbauten **Schloss.** An der Schlossstraße prunkt das weiße Torhaus von 1612 mit einer schmucken Renaissancefassade. Etliche Geschäfte und Museen laden zum Bummeln und Staunen ein. Das **NordseeMuseum Husum im Nissenhaus** informiert über Wohnkultur, das Leben auf einer Hallig, das versunkene Rungholt, Natur, Küstenschutz und Klimawandel, das **Schifffahrtsmuseum** über Schiffbau, Seefahrt, Fischerei und Walfang. Auf Theodor Storms Spuren kommt man zum Alt-Husumer Kaufmannshaus in der Wasserreihe 31, heute **Storm-Museum,** wo der Dichter 1866–1880 wohnte. Im »Poetenstübchen« entstanden mehr als 20 seiner Novellen. In und um Husum liegen zahlreiche Romanschauplätze, beispielsweise in der **Hattstedter Marsch** das im »Schimmelreiter« beschriebene Wirtshaus (heute »Schimmelreiterkrug«). Der **Hauke-Haien-Koog** beim Fährhafen Schlüttsiel trägt den Namen des Deichgrafen, der Hauptfigur im »Schimmelreiter«. Theodor Storm ge-

Bioadressen

» Ütermarker Hof (Bioland)
Ütermarkerweg 11, 25849 Pellworm, Tel. 0 48 44/2 30, www.bio-hof.de
Besser könnte die Verpflegung mit Bio-Essen bei einem Urlaub auf dem Bauernhof nicht sein: Obst, Gemüse, Kartoffeln, Lamm- und Schweinefleisch sowie Geflügel aus eigener biologisch-organischer Produktion werden täglich frisch in der Küche des Ütermarker Hofs verarbeitet und im Hofladen neben zahlreichen anderen Bio-Waren verkauft. Die Gäste können leckere Bio-Frühstücks-, Mittags- und Abendbüfetts buchen und zwischen Hausmanns- und Vollwertkost wählen. Außer Ferienwohnungen für 4–6 Pers. in einem 1986 erbauten friesischen Haus werden auch Doppelzimmer (inkl. Frühstück) vermietet. Der Ütermarker Hof in ruhiger Alleinlage im Osten von Pellworm ist ein Bauernhof zum Anfassen, die Gäste können beispielsweise beim Gemüseanbau und bei der Obsternte helfen. ❍
Anreise: Abholung vom Hafen Pellworm möglich.

» Regenbogenhaus, Körnerladen und Café »Köla« (Bioland)
Regenbogenhaus: M.T. Buchholz-Stich 4, 25996 Wenningstedt/Sylt, Tel. 0 46 51/44 68 72, www.regenbogenhaus.de
Körnerladen und Café Köla: M.T. Buchholz-Stich 8, Tel. 0 46 51/4 44 75, www.koernerladen.de, Sommer: Mo–Fr 9–18.30, Sa 9–13 Uhr, Winter: Mo–Fr 9–12.30, 14.30–18, Sa 9–13 Uhr.
Zwei Appartements werden im Regenbogenhaus von Hof Dethlefs nahe dem Naturschutzgebiet Braderuper Heide auf Sylt vermietet. Die Wohnungen für bis zu 4 bzw. 6 Personen haben eine Terrasse mit Strandkorb. Brot, Gemüse und Milchprodukte kommen ganz frisch vom Biolandhof der Gastgeber. Andere Bio-Lebensmittel können im benachbarten Körnerladen gekauft werden. ❍–❍❍
Der Körnerladen, »Deutschlands nördlichster Bioladen«, besteht seit 1985 und besticht durch besonders sorgfältig ausgewählte Produkte, die überwiegend auf Bioland- und Demeter-Bauernhöfen der Region eingekauft werden. Das Café »Köla« auf der Terrasse beim Körnerladen offeriert Köstlichkeiten wie hausgemachten Kuchen und aus dem eigenen Obstsortiment frisch gepresste Säfte. Kostenloser Lieferservice.

» Ferienhof Ebsen (Bioland)
Hochacker 3, 25842 Langenhorn, Tel. 0 46 72/2 83, www.ferienhof-ebsen.de
Auf dem Festland nahe der dänischen Grenze gelegener Ferienhof mit 6 rustikalen Holzhäusern für bis zu 6 Personen und einem Appartement für 2 Personen. Die Gäste können im Hofladen einkaufen, am Tag der Anreise auch außerhalb der Öffnungszeiten. Dort gibt es alles, was Selbstversorger brauchen, in Bioqualität, u. a. Obst, Gemüse, Brot, Fleisch, Milchprodukte. Zu den Extras des Hauses gehören: Sauna, Spielwiese, Streichelzoo, Reitmöglichkeit, Fahrradverleih. ❍–❍❍
Anreise: Abholung vom Bahnhof nach Absprache.

» Haus am Watt
Heringsander Str. 4, 25764 Heringsand, Tel. 0 48 33/18 11, www.hausamwatt.de

Idyllisch: ein Reetdachhof allein auf einer Warft am Deich zwischen St. Peter-Ording und Büsum. Hinterm Haus lädt ein Garten mit Teich zu erholsamen Stunden ein. Die Zimmer sind geschmackvoll eingerichtet. In der alten Diele wartet morgens ein Bio-Frühstück mit frisch gebackenen Brötchen und Eiern von eigenen Hühnern und abends wird ein vegetarisches Bio-Menü angeboten. Im umgebauten ehemaligen Pferdestall finden Yoga-, Mal- und Qigong-Kurse statt. ○○

Anreise: Nächster Bahnhof ist Süderdeich auf der Strecke Heide-Büsum.

» Bioladen Bio-Düne

Inselstr. 24, 25946 Wittdün/Amrum, Tel. 0 46 82/18 28, www.bio-duene.de, April–Okt. Mo, Mi, Fr 9–18, Di, Do 9–13 und 14.30–18, Sa 9–13, So 10–12 Uhr, Nov.–März: eingeschränkte Öffnungszeiten.

Ein breit gefächertes Sortiment ökologisch erzeugter Waren bietet die Bio-Düne im Amrumer Haupt- und Hafenort Wittdün. Neben frischen Produkten wie Obst, Gemüse, Kräutern, Milch- und Backwaren, gibt es auch Kosmetikartikel, Schönes aus Holz und Borsten, Textilien, Spiel- und Schreibwaren.

» Naturkost Eiderstedt

Preestergang 15, 25826 St. Peter-Ording, Tel. 0 48 63/4 93 50 35, Mo–Fr 9–12.30, 15–18, Sa 9–12.30 Uhr, Mi nachmittags geschl.

Der von außen unscheinbare, aber große Bioladen ganz in der Nähe des Bahnhofs St. Peter-Süd versorgt die Badegäste am Westrand von Eiderstedt mit ökologisch erzeugten Köstlichkeiten aller Art.

» Ebbe und Flut Naturkost

Zingel 19, 25813 Husum, Tel. 0 48 41/6 24 86, www.ebbeundfluthusum.de, Mo–Fr 9–18, Sa 9–14 Uhr.

Feiner Bioladen zwischen Hafen und Marktplatz mit 1000 verschiedenen Bio-Artikeln, bevorzugt aus der Region.

» Friesische Schafskäserei (Bioland)

Kirchdeich 8, 25882 Tetenbüll, Tel. 0 48 62/3 48, www.milchundkaesestrasse.de/betrieb/809, Mo–Sa 8–12, 14–18 Uhr, Hofführungen: Mai–Okt. Fr 15 Uhr, Mai-Aug. auch Di 15 Uhr und nach Vereinbarung.

Im Herzen der Halbinsel Eiderstedt liegt auf einer historischen Warft derHof der Familie Volquardsen. Ihre friesischen Milchschafe haben Namen und fressen sich auf den umliegenden artenreichen Weiden satt. In der hofeigenen Käserei werden köstliche Schafskäse-Spezialitäten hergestellt. Schafsmilchlikör, Lammfleisch und Wurstwaren sowie Wollartikel und pflanzlich gegerbte Felle bereichern das Sortiment.

› Aus Schafsmilch werden sogar Liköre hergestellt

noss den Blick in die Ferne und schrieb sein Gedicht »Meeresstrand«: »Ans Haff nun fliegt die Möwe/Und Dämm' rung bricht herein/Über die feuchten Watten/Spiegelt der Abendschein./ Graues Geflügel huschet/ Neben dem Wasser her/Wie Träume liegen die Inseln/Im Nebel auf dem Meer ...«

Bioadressen in Husum sind Ebbe und Flut Naturkost und der Ferienhof Ebsen in Langenhorn, zwischen Husum und Dagebüll (s. S. 50/51).

Im Inneren birgt sie eine kostbare Orgel (1711) von Arp Schnitger. Im Süden erhebt sich der 41,5 m hohe Leuchtturm, gebaut auf 127 Eichenpfählen nach den gleichen Plänen wie die Leuchttürme Westerheversand auf der Halbinsel Eiderstedt und Hörnum auf Sylt. Das dreifarbige Leitfeuer des Pellwormer Leuchtturms strahlt 42 km weit Richtung Südwesten.

Biounterkunft Utermarker Hof (s. S. 50).

› Insel Pellworm

Urlaub unter Normalnull machen Feriengäste auf der Insel Pellworm, deren Oberfläche teilweise unterhalb des Meeresspiegels liegt. Ein 8 m hoher Deich umschließt das Eiland lückenlos, sonst wäre es der Gefahr ausgesetzt, bei jeder Sturmflut überschwemmt zu werden. Pellworm und die Nachbarinsel Nordstrand waren bis 1634 noch Teil der großen Insel Strand, die von einer Sturmflut überspült und auseinandergerissen wurde. Schafe grasen friedlich auf den Deichen. Die Häuser stehen auf Warfen, umgeben von Kornfeldern, Wiesen und Weiden. Viel mehr als der Tourismus prägt die Landwirtschaft das Bild der Insel. Von 50 Höfen aus wird Viehzucht und Ackerbau betrieben, wobei 12 % der landwirtschaftlichen Nutzfläche Ökobauern gehören.

Tammensiel heißt der Haupt- und Hafenort im Osten, der aus ein paar Häuschen besteht. Pellworms Landmarken: im Norden die Nordermühle und im Westen die Kirche St. Salvator mit einer Turmruine aus dem 12. Jh.

› Naturerlebnis-Tipp

Rungholt auf der Spur

Geheimnisvolles Watt, wo schon ganze Städte in den Fluten versanken. In der Flutkatastrophe »Grote Mandraenke« anno 1362 ging die Hafenstadt Rungholt unter, was der Dichter Detlev von Liliencron in seinem Epos »Trutz, Blanke Hans« beschreibt: »Ein einziger Schrei – die Stadt ist versunken, und Hunderttausende sind ertrunken. Wo gestern noch Lärm und lustiger Tisch, schwamm andern Tags der stumme Fisch.« Rungholt soll zwischen Nordstrand und Pellworm gelegen haben, ungefähr dort, wo sich heute die Hallig Südfall aus dem Watt erhebt. Andererseits wird immer wieder behauptet, Rungholt habe nie existiert, was wiederum diverse Fundstücke widerlegen sollen. Wer sich eingehender mit Rungholt beschäftigen möchte, dem sei der Besuch des **Rungholtmuseums** (unregelmäßig geöffnet) empfohlen. Hier sind Fundstücke untergegangener Siedlungen zu sehen, die ein Hobby-Archäologe im Laufe der Zeit zusammengetragen hat. Zudem finden alljährlich im Mai die

Rungholttage statt mit Vorträgen und Wattexkursionen zu den Spuren untergegangener Siedlungen.
Nähere Infos: Kur- und Tourismusservice Pellworm, Uthlandestr. 2, 25849 Pellworm, Tel. 0 48 44/1 89 40, www.pellworm.de.

› Hallig Hooge – Leben auf 5,6 km²

› Halligen

»Während sie hier drinnen lesen und arbeiten, steigt das Meer rings um die Häuser«, notierte Hans Christian Andersen 1844 nach einem Besuch der Hallig Oland. Die kleinen Inseln mit den künstlich aufgeworfenen Hügeln (Warften) sind ein weltweit einzigartiges Landschaftsphänomen. Mehrmals jährlich werden sie bei Sturmfluten überschwemmt und nur noch die Warften gucken aus dem Wasser. Auf den Warften stehen die Häuser dicht an dicht, typischerweise um einen Teich (Fething). Einst gab es über 100 Halligen, heute sind es noch zehn: Gröde, Habel, Hamburger Hallig, Hooge, Langeneß, Nordstrandischmoor, Norderoog, Oland, Süderoog und Südfall. Deiche schützen teilweise Hooge und Langeneß, wodurch die Zahl ihrer Überflutungstage reduziert werden konnte.

»Königin der Halligen« wird die 5,6 km² große **Hallig Hooge** auch genannt. In der Hauptsaison bringen die Fähren viele Tagestouristen an den kleinen Anleger, wo Fahrräder und Kutschen für Rundfahrten bereitstehen. Der Hauptweg führt zum Zentrum der Hallig, der Hanswarft. Dort drängen sich die Gäste im **Sturmflutkino,** das zeigt, wie Hooge bei »Land unter« aussieht, und im **Königspesel.** In der schmucken Seefahrerstube (Pesel = gute Stube) im Haus des Kapitäns Tade Hans Bandix von 1776 übernachtete 1825 König Friedrich VI. von Dänemark, der bei schwerer See seine Reise auf der Hallig unterbrechen musste. In der Mitte der Warft werfen hohe Bäume ihren Schatten auf einen kleinen Teich. Am Rand schweift der Blick über stille Salzwiesen zur Ockenswarft und auf der gegenüberliegenden Seite zur Kirchwarft mit der Backsteinkirche aus dem 17. Jh.

»De blanke Hanse – he givt und nimmt!«. »Blank« bedeutet »unter Wasser stehen«, »Blanker Hans« ist ein Spitzname für Sturmflut, und das Sprichwort von der durch Naturgewalten geänderten Landschaft passt gut zu **Langeneß,** denn die Hallig ist aus den einst getrennten Halligen Langeneß, Butwehl und Nordmarsch zusammengewachsen. Heute ist Langeneß mit 18 Warften die größte der Halligen. Vom Fähranleger im Westen führt eine 10 km lange Straße in den Inselosten, wo sich auch der Lorenbahnhof befindet. Bereits 1869 wurde eine Buhne (Schutzanlage am Strand) von Langeneß über die Hallig Oland zum Festland gebaut und 1924 durch

› Föhr hat traumhafte Strände

einen Steindamm mit Gleis ausgebaut, auf dem noch heute Loren (privat) verkehren.

In der Mitte von Langeneß erhebt sich die Ketelswarf mit einer rekonstruierten Halligbockmühle, mehreren reetgedeckten Friesenhäusern und dem **Kapitän-Tadsen-Museum.** Wand- und Deckenmalereien und mehr als 1600 holländische Fliesen schmücken das restaurierte Kapitänshaus von 1741 (Führungen Osterferien bis Okt. Mo–Sa 13.30, 15.30 Uhr). Hübsch anzusehen ist auch die Friesenstube auf der Hunnenswarf im Nordosten der Hallig (Führungen Di, Do 10.30 Uhr) und die aus dem Jahre 1894 stammende Kirche auf der Kirchwarf. Das erste Gotteshaus der Hallig entstand 1658 auf einer inzwischen untergegangenen Warf.

› Insel Föhr

Die grüne Insel liegt im Watt, südöstlich von Sylt. Fruchtbares Marschland mit saftigen Graswiesen prägt ihren Norden, höheres Geestland, umsäumt von einem 15 km langen Strand, ihren Süden. Etwa 9000 Menschen und 11 000 Kühe leben auf Föhr. Von 100 landwirtschaftlichen Betrieben beherbergt die Hälfte Urlauber. Schon das macht das Eiland so attraktiv für Familien. Auf Föhr werden spezielle Kinderwattführungen angeboten und sommers steigen die legendären Piratentage, bei denen nach Seemannsknotenkunde, Piratenchorgesang und Rumfassanstich jeder Teilnehmer ein Piratenpatent bekommt.

Der Haupt- und Hafenort **Wyk** wurde bereits 1819 Seebad, lange bevor Sylt en vogue war. Im 19. Jh., als ein Teil von Föhr zu Dänemark gehörte, waren dänische Könige unter den ersten Sommerfrischlern. Auf der Strandpromenade und in den hübschen Seitengassen mit vielen restaurierten Friesenhäusern und Restaurants herrscht stets reges Treiben. Im Rebbelstieg 34 befindet sich das **Friesenmuseum** mit seinem unübersehbaren Eingangstor, das aus 6,30 m hohen Kieferknochen eines Blauwals besteht. Besucher erwartet nicht nur eine urige Kapitänsstube, sondern allerlei Exponate rund um die Seefahrt und den Walfang sowie eine Föhringer Tracht. Den Museumsgarten zieren zahlreiche Rosen. Im Sommer, wenn sie in voller Blüte stehen und ihren herrlichen Duft verströmen, werden Rosenführungen angeboten.

Nieblum mit seinen niedrigen reetgedeckten Friesenhäusern, Rosenbüschen sowie Ulmen- und Linden-Alleen ist das schönste Dorf der Insel. »Friesendom« wird Nieblums mächtige und reich ausgestattete St. Johanniskirche auch genannt. Sie wurde im 12./13. Jh. errichtet, wie die beiden anderen bekannten Föhrer Kirchen, die St.-Nicolai-Kirche in Wyk-Boldixum und die St.-Laurentius-Kirche in Süderende. Die Grabsteine bei allen drei Gotteshäusern sind mit Symbolen und Szenen aus dem Leben der Seefahrer verziert.

Auf Föhr gibt es fünf Mühlen: zwei in Wyk, eine davon, eine Bockmühle, beim Friesenmuseum; in **Oldsum** und in **Wrixum** je eine Erdholländer, sowie eine 1992 neu gebaute Galerieholländer in **Borgsum.** Die Wrixumer Mühle kann besichtigt werden (Do-Vormittag geschl.). Auch hier werden kindgerechte Führungen angeboten (Mo, Mi, Fr 10 Uhr).

› Insel Amrum

Die südlich von Sylt gelegene Insel bietet viel Natur: Heideflächen, Fichten- und Kiefernwälder, eine ausgedehnte Dünenlandschaft und den Kniepsand. Diese feinkörnige Sandbank am Westrand der Insel ist 15 km lang und bis zu 1,5 km breit. Ans offene Meer ist da der Weg vielerorts weit, nur im Norden wird der Strand wieder schmaler.

Die Fährschiffe ankern im Süden, im Hauptort **Wittdün,** der auf drei Seiten vom Meer umgeben ist. Am Hafen werden Fahrräder verliehen. Da das Radwegenetz auf der Insel sehr gut ausgebaut ist und die Wege entsprechend gut ausgeschildert sind, ist dies eine hervorragende Möglichkeit, die Insel kennenzulernen. Vom Hafen führt auch eine schöne Wanderroute auf der Promenade um die Südspitze, am Wittdüner Hauptstrand vorbei und oberhalb des Kniepsands zu den Dünen. Über einen Bohlenweg geht es zum **Dünensee Wriakhörn** und weiter zum **Leuchtturm.** Der 41,8 m hohe, rot-weiß gestreifte Leuchtturm von 1875 thront auf einer 24 m hohen Düne und kann über 172 Stufen bestiegen werden – tolle Ausblicke belohnen die Mühe.

Am Strand gelangt man über Bohlenwege durch die Dünen oder durch den Kiefernwald nach **Norddorf,** einen besonders bei Familien beliebten Badeort. Die Nordspitze der Insel, **Amrum-Odde,** ist ein Vogelschutzgebiet. Wer sich für die Vogelwelt interessiert, sollte an einer vogelkundlichen Führung ab der Vogelwarte durch die Dünenlandschaft teilnehmen, die zwischen Mai und Oktober täglich außer Montag um 10 Uhr angeboten wird.

Grasgrünes Geestland prägt Amrums Osten am Watt. Dort liegt auch das idyllische Dorf **Nebel,** das mit seinen prächtigen karminrot oder weiß gestrichenen Seefahrerhäuschen mit Keitum auf Sylt und Nieblum auf Föhr um den Titel des schönsten Dorfs Nordfrieslands kämpfen könnte. Die weiß getünchte St.-Clemens-Kirche stammt aus dem frühen 13. Jh. Auf

› Rast im Café auf Amrum

dem Friedhof stehen kunstvoll mit Inschriften und Bildern aus der Walfängerzeit gestaltete Grabsteine. Das **Öömrang Hüs,** ein Kapitänshaus von 1736, veranschaulicht, wie die Menschen hier einst lebten (Frühjahr bis Herbst Mo–Fr 15–17 Uhr). Ein **Heimatmuseum** ist in der Mühle außerhalb von Nebel eingerichtet.

In Witdun können Sie sich im Bioladen Bio-Düne versorgen (s. S. 51).

› Insel Sylt

»An diesem erschütternden Meere habe ich tief gelebt«, schrieb Thomas Mann nach einem Urlaub in Kampen auf Sylt. Solche Worte zogen weitere Künstler an. Dann ließen die Betuchten hier die Hüllen fallen und schließlich folgten die Massen. Zu Deutschlands beliebtester Ferieninsel zählen heute Schampus schlürfende Schickimickis und dicke Schlitten vor den reetgedeckten Klinkerhäusern in **Kampen** genauso wie Touristen, die sich durch die Friedrichstraße und um die Betonklötze in **Westerland** schieben.

Zu Sylt gehört aber auch **Keitum** mit seinen hübschen Friesenhäusern, erbaut im 18. Jh., als ein Großteil der männlichen Dorfbewohner zur See fuhr und sich als Kapitäne oder Walfänger ein Eigenheim leisten konnte. Wie es sich unterm niedrigen Reetdach in gekachelten Stuben lebte, ist heute im fast original erhaltenen roten **Altfriesischen Haus** von 1739 zu sehen (Am Kliff 13). Das nahe Sylter **Heimatmuseum** in einem ehemaligen Kapitänshaus von 1759 dokumentiert anschaulich die Inselgeschichte.

Sylt, das wie eine riesige Sandbank an der Schleswig-Holsteinischen Westküste liegt, hat viel atemberaubende Natur zu bieten. Im Osten stilles Watt und im Westen die an einen 40 km langen Strand brandende Nordsee. An Sylts Südspitze nagt das Meer besonders heftig. Seit Jahrzehnten wird versucht, mit gigantischen Sandvorspülungen entgegenzuhalten.

Von der Kurhausstraße in **Hörnum** kann man zum Weststrand und weiter um die Südspitze **Hörnum-Odde** wandern (1 Std.), die seit 1972 unter Naturschutz steht. An der Wattseite gibt die »Schutzstation Wattenmeer« naturkundliche Informationen, bietet **Wattwanderungen** und **Hallig-Exkursionen** an. Hörnums Highlight ist der im Jahr 1907 erbaute Leuchtturm, dessen Hauptfeuer eine Reichweite von 20 Seemeilen hat. Deck 7 wird als Trauungs-Raum vermietet.

Im Seevogelschutzgebiet **Rantumbecken,** weiter nördlich, haben Ornithologen 180 Vogelarten gezählt. Die Nationalsozialisten hatten eine Bucht eindeichen lassen, um einen strömungsfreien Seeflugplatz daraus zu machen, so ist das Rantumbecken entstanden. Die vielleicht schönste Ecke liegt ganz im Inselnorden. Wie eine Schwanzflosse gewinnt Sylt auf Höhe des **Listlands** an Breite, das mit seinen imposanten Wanderdünen erst 1866 von Dänemark an Deutschland ging. Die Dünenlandschaft steht seit 1923 unter Naturschutz. Langsam, aber stetig bläst der Westwind die Sandberge gen Osten.

Am Hafen von **List** beginnt eine schöne Rundwanderung zur bogen-

› Trotz des Trubels – Sylt hat immer noch atemberaubende Natur zu bieten

förmigen Landzunge **Ellenbogen** und zurück (20 km, 5 Std.). Zunächst geht es am Seevogelschutzgebiet vorbei, ein Stück an der Straße entlang, bis zur Mautstelle, die den Eingang zum Ellenbogen markiert (für Fußgänger ist der Eintritt frei), und weiter am nördlichen Ufer des Königshafens entlang. Auf dem Ellenbogen stehen zwei Leuchttürme, beide wurden 1857 errichtet, beide sind beliebte Fotomotive. Turm List-West ist 10 m klein, sein Stamm ist weiß, sein Feuer-Top rot. 3 m höher ist der rot-weiß-geringelte Turm List-Ost am anderen Ende des Ellenbogens.

Auf die Nordseite der Landzunge lockt ein wunderschöner Strand mit besonders fein gemahlenem Sand. Baden ist dort allerdings wegen Strömungen und Untiefen stellenweise lebensgefährlich.

Radfreunde können ab Westerland auf der 1970 stillgelegten Trasse der Inselbahn Touren in den Norden oder Süden der Insel unternehmen.

Biounterkunft und -verpflegung bietet das Regenbogenhaus (s. S. 50).

› Naturerlebnis-Tipp

Imposante Kliffs

Auf Sylt gibt es mehrere imposante Steilhänge. Das 4 km lange und stellenweise fast 30 m hohe **Rote Kliff** zwischen Wenningstedt und Kampen macht in der Abendsonne seinem Namen alle Ehre und schillert glutrot. Es ist durch eine Aufschüttung in der Eiszeit entstanden, besteht aus relativ lockerem Material, deswegen brechen bei Sturmfluten immer wieder Stücke ab.

Das **Morsum-Kliff** ganz im Osten von Sylt ist geologisch ein Prachtexemplar, denn mit ihm treten vier verschiedene Erdschichten aus 10 Mio. Jahren zutage: als älteste ein schwarzer, auf dem damaligen Meeresgrund abgelagerter Glimmerton. Weiterhin ein Limonitsandstein sowie weißer Kaolinsand und brauner Geschiebelehm.

Auf dem 10 m hohen **Grünen Kliff** liegt der Ort Keitum, den Max Frisch »Das grüne Vergessen« nannte.

Und bei Braderup sind die Reste des schon zum Großteil eingestürzten **Weißen Kliffs** zu sehen.

Allgemeine Infos

Nordsee-Tourismus-Service GmbH
Zingel 5, 25813 Husum,
Tel. 0 18 05/06 60 77,
www.nordseetourismus.de

Mit Bus, Bahn und Fähre

Bahn: Sylt ist über den Hindenburgdamm (Bahndamm) mit dem Festland verbunden. Die Nord-Ostsee-Bahn bedient die Strecke von Hamburg-Altona über Friedrichstadt, Husum und Niebüll nach Westerland (Dauer ca. 3 Std.) im Stundentakt. Ergänzt wird das Angebot durch Intercitys, die zur Hauptsaison ab Frankfurt, Köln, Berlin und Hannover direkt nach Westerland fahren und auch in Husum und Niebüll halten. Auf der Strecke von Husum über Tönning nach St. Peter-Ording sind ebenfalls Züge der Nord-Ostsee-Bahn unterwegs.

Fähren: Die Fähren der Wyker Dampfschiffs-Rederei fahren ab Dagebüll-Mole nach Amrum und Föhr. Der Hafen Dagebüll wird ab Niebüll von Triebwagen bzw. Bussen der Norddeutschen Eisenbahngesellschaft angesteuert. An einzelnen Intercitys nach Sylt hängen Kurswagen nach Dagebüll, sodass der Fährhafen auch ohne Umstieg zu erreichen ist. Inklusive Fähre dauert die Fahrt von Hamburg nach Föhr etwa 4 Stunden, nach Amrum eine Dreiviertelstunde länger. Schifffahrtspreise: Hin- und Rückfahrt nach Föhr 12 €, Hin- und Rückfahrt nach Amrum 16,90 €. Hafen für eine Reise zu den Halligen Hooge und Langeneß ist Schlüttsiel, das mit einem Bus von den Bahnhöfen Husum und Bredstedt zu erreichen ist. Fahrtzeit: Hamburg-Hallig Hooge 4 Stunden, zur Hallig Langeneß eine halbe Stunde länger. Mitte März bis Ende Oktober gibt es eine Busverbindung zwischen Dagebüll-Mole und Schlüttsiel.

› Strandsegler in St. Peter-Ording

Bus: Von Husum fährt Buslinie Nr. 1047 bis Nordstrand, wo die Fähre nach Pellworm ablegt.

Schleswig-Holstein-Ticket: Für 29 € können bis zu 5 Personen einen Tag lang in Nahverkehrszügen durch Schleswig-Holstein, Hamburg und Mecklenburg-Vorpommern fahren. Das Ticket gilt auch in den Zügen der Nord-Ostsee-Bahn und der Norddeutschen Eisenbahngesellschaft Niebüll.

Nord-Ostsee-Bahn: Tel. 01 80/10 18 011, www.nord-ostsee-bahn.de

Wyker Dampfschiffs-Reederei: Tel. 0 46 81/8 00, www.faehre.de.

Norddeutsche Eisenbahngesellschaft Niebüll: Tel. 0 46 61/98 08 80, www.neg-niebuell.de

Deutsche Bahn: Tel. 08 00/1 50 70 90, www.bahn.de

Ostseeküste Ostholstein

Der Osten von Schleswig-Holstein, dem »Land zwischen den Meeren«, gibt es nicht nur Logenplätze zur Vogelbeobachtung, sondern auch einen Fledermausberg und einen »Liebesbaum«.

Vielfältige Naturerlebnisse und Urlaub auf Bio-Bauernhöfen oder gar in einem Öko-Stranddorf lassen sich in dieser Region gut verbinden. Ihre Koordinaten: im Norden die Insel Fehmarn, die Drehscheibe des Vogelzugs, im Süden die Lübecker Bucht, die »Badewanne Hamburgs«, und landeinwärts die Holsteinische Schweiz mit sanften Kuppen, Seen, Wäldern und den charakteristischen Hecken, den »Knicks«.

› Naturpark Holsteinische Schweiz

Die seen- und waldreiche Hügellandschaft rund um **Plön** wurde in der letzten Eiszeit geformt. Gletscherzungen schoben Gestein zusammen und schabten Rinnen und Becken aus. Wo Eisblöcke erst sehr spät schmolzen, sammelte sich Wasser und so entstanden die Seen. Bereits vor 150 000 Jahren wurde der **Bungsberg** (bei Schönwalde) aufgetürmt, den die Eismassen umflossen und nicht abschürften, so dass er mit seinen 167 m heute der höchste Berg Schleswig-Holsteins ist – er besitzt sogar einen Skilift.

Nahe dem Bungsberg entspringt die bei Paddlern äußerst beliebte **Schwentine,** von den Slawen einst »heiliger Fluss« genannt. Sie durchfließt die Holsteinische Seenkette und mündet bei Kiel in die Ostsee.

Neben dem kleinen schillernden Eisvogel kann man an den Gewässern den größten Greifvogel Nordeuropas, den Seeadler, beobachten. Haubentaucher und Reiherenten brüten hier, in den Schilfröhrichten leben Schilfrohrsänger und Rohrdommeln, in den feuchten Senken Moorfrösche und Rotbauchunken. Auch Fischotter lassen sich in der Gegend wieder nieder.

Der Naturpark **zwischen Bad Segeberg und dem Bungsberg** umfasst eine Fläche von 75 000 ha. Innerhalb des Naturparks liegen mehrere Naturschutzgebiete. So wurde 1992 ein Teil des **Großen Plöner Sees,** des größten Sees in Schleswig-Holstein, zum Naturschutzgebiet erklärt.

Der See mit seinen Inseln, den Binsensümpfen und dem Erlenbruchwald ist ein bedeutender Brut- und Rastplatz für Vögel. Im Sommer und Frühherbst mausern sich hier Scharen von Enten, Gänsen und Blässrallen und hungrige Kormorane kreisen über dem See, um dann blitzschnell einen Fisch zu erbeuten.

Der **Seedorfer See,** südlich des Plöner Sees, steht ebenfalls unter Naturschutz. Er liegt in einer langen, von einem Gletscher gehobelten Rinne und bietet mit den angrenzenden Röhrichten, Erlenwäldern und Feuchtwiesen einen Lebensraum für seltene Tiere und Pflanzen. 14 Fischarten, u. a. Hecht, Brasse und Schleie, sind im Seedorfer See beheimatet. Im Unterwuchs am nördlichen Ufer wachsen Schwertlilie, Sumpfdotterblume und Sumpffarn.

Charakteristisch für die Holsteinische Schweiz sind die »Knicks«, nach einem Gesetz aus dem 18. Jh. gepflanzte Wallhecken. Jeder Bauer sollte sein Land zur Abgrenzung und als Schutz vor Wind und Sandverwehungen mit »lebendem Pathwerk« einfassen. Ab und an wurden die Sträucher zur Holzgewinnung »geknickt«. Nachgewachsene Hecken und Bäume bieten heute Singvögeln und Kleinsäugern wie Igeln Unterschlupf.

› Spaß und Nervenkitzel

› Naturerlebnis-Tipps

Kanutour auf der Schwentine

Vom Kanu aus bieten sich auf der Schwentine die schönsten Landschaftsimpressionen. Eine 55 km lange Tour führt vom Redderkrug am Großen Eutiner See bis zur Kieler Förde. Zahlreiche Seen und sie verbindende Flussabschnitte werden durchfahren. Die Schwentine fließt beispielsweise durch den Kellersee bei Malente, den Diek-see, den Großen und den Kleinen Plöner See. Ein Höhepunkt der Tour ist das idyllische Schwentinetal hinter Preetz. Doch auch kürzere Touren in der Umgebung von Eutin oder auf dem Großen Plöner See haben durchaus ihren Reiz. Zwei von mehreren Kanu-Mietstationen:

Boote Keusen: Sielbecker Landstr. 17, 23701 Eutin-Fissau, Tel. 0 45 21/42 01, www.boote-keusen.de

Kanucenter Plön: Bunsdörp 8, 24306 Kossau/Plön, Tel. 0 45 22/41 43, www.kanucenter-ploen.de

Im Hochseilgarten

Ein kleiner Schritt kann eine echte Herausforderung sein, wenn er über eine Lücke in 12 m Höhe führt. Nervenkitzel ist auch beim Stand auf einem Baumstamm in 8,5 m Höhe garantiert. Zahlreiche Übungen dieser Art unter Anleitung erfahrener Kletterer bietet der Hochseilgarten Malente. Für Gruppen mit mindestens 8 Teilnehmern nach Vereinbarung, für Einzelpersonen, Paare, Familien und Kleingruppen an bestimmten Terminen zwischen Ostern und Ende Oktober (49 € für einen halben Tag pro Teilnehmer).

› Die zauberhafte Lage am See macht Plön zu einem beliebten Ausflugsziel

Hochseilgarten Malente: Ferienhof Radlandsichten, 23714 Bad Malente, Tel. 0 45 23/98 47 05, www.hochseilgarten-malente.de
Anfahrt: Malente liegt an der Bahnstrecke Lübeck-Kiel.

› Plön

Der schön zwischen den Plöner Seen gelegene Luftkurort (13 000 Einw.) ist ein beliebtes Ausflugsziel. Auf den Anfahrtswegen, zu Land und zu Wasser, kann man das strahlend weiße **Schloss** schon von Weitem sehen. Joachim Ernst, der erste Herzog von Schleswig-Holstein-Sonderburg-Plön, ließ den Dreiflügelbau im Stil der Spätrenaissance 1633–1636 errichten (Führungen Mi, Do, Sa, So alle halbe Stunde zwischen 16.30 und 18.30 Uhr). Als das Herzogtum im 19. Jh. zu Preußen gehörte, wurde im Schloss und in den Nebengebäuden eine Kadettenanstalt eingerichtet, in der u. a. die Söhne Kaiser Wilhelms II. die Schulbank drückten. Aus dieser Zeit stammt auch der **denkmalgeschützte Bahnhof,** damals »Kaiserliche Haltestelle«. Die Straße »Schlossberg«, die Klosterstraße und die Lange Straße führen durch Plöns **historisches Viertel** zum Schlossbezirk hinauf. Sie sind durch schmale Gassen, sogenannte Twieten, miteinander und mit dem Ufer des Großen Plöner Sees verbunden. Der Schlossbezirk lädt zum Flanieren ein, über die aussichtsreiche Schlossterrasse, zur Jugendstil-Schwimmhalle (heute Kunsthalle) und durch den Schlossgarten mit Lindenallee und Rokoko-Gartenschlösschen (Führungen Mai–Sept. Mi 11.30, Sa, So 15 Uhr). Das Gartenschlösschen heißt auch **Prinzenhaus,** weil hier die Söhne Kaiser Wilhelms II. unterrichtet wurden.

› Naturerlebnis-Tipp

Naturpark-Haus Plön

In der ehemaligen Reithalle des Plöner Schlosses ist eine Naturerlebnisausstellung eingerichtet. Besucher können das Innere eines Fuchsbaus, winzige Wassertierchen im Riesenformat und den Naturpark mit einem Flugsimulator aus der Vogelperspektive inspizieren und den Abenteuerberichten eines »spre-

chenden« Steins lauschen . Die Naturparkverwaltung veranstaltet Wildkräuterwanderungen, Seeadlerbeobachtungen und Kutschfahrten.
Naturpark-Haus: Schlossgebiet 9, 24306 Plön, Tel. 0 45 22/74 93 80, www.naturpark-holsteinische-schweiz.de, Di–So 10–17 Uhr.
Anfahrt: Fußweg, vom Bahnhofsgebäude links zum Schloss und weiter geradeaus.

› Eutin

Die ehemalige bischöfliche und herzogliche Residenz liegt auf einem niedrigen Hügel zwischen Kleinem und Großem Eutiner See. Vom Ufer des Großen Eutiner Sees zieht sich der Schlossgarten zum wuchtigen, von Wassergräben umgebenen Schloss. Der Lustgärtner Johann Christian Lewon gestaltete den Garten ab 1716 im französischen Barockstil. Um 1800 erhielt die Anlage ihr heutiges Aussehen im Stil englischer Landschaftsgärten. Jedes Jahr im Juli und August finden hier auf einer Freilichtbühne die **Eutiner Festspiele** mit Opernaufführungen zu Ehren von Carl Maria von Weber statt. 1786 wurde der später so berühmte Komponist und Schöpfer der Oper »Der Freischütz« in Eutin geboren. Damals, unter der Regierung des Herzogs Peter Friedrich Ludwig, hatte die Stadt als kulturelles Zentrum ihre Blütezeit, war das »Weimar des Nordens«. Der Dichter und Homer-Übersetzer Johann Heinrich Voß, Friedrich Gottlieb Klopstock, Matthias Claudius, Wilhelm von Humboldt und Heinrich Wilhelm Tischbein, Freund und Maler Goethes, besuchten oder wohnten zeitweise in Eutin.

Das Schloss hat seinen Ursprung in einer Burg der Lübecker Bischöfe, die auch Eutin 1257 die Stadtrechte verliehen. Nach mehreren Erweiterungen wurde das Gebäude im 18. Jh. barockisiert und als Residenz der Herzöge von Oldenburg genutzt. Die Räume sind mit historischen Möbeln, Gemälden und Kunstgegenständen ausgestattet und können im Rahmen einer Führung besichtigt werden. Im ehemaligen Marstall ist das **Ostholsteinmuseum** eingerichtet, »Eutin zur Goethezeit« ist das Hauptthema der Dauerausstellung (Mo geschl.).

An die Schlossanlage grenzt der **Kirchhof,** der mit einer Häuserzeile zu Markt und Altstadt abgegrenzt ist. Die mächtige **St. Michaelis-Kirche** wurde zwischen 1180 und 1230 im romanischen Stil erbaut und später gotisch umgestaltet. Zu ihren Kunstschätzen gehören ein Brüggemann-Epitaph von 1600 und ein Marienleuchter von 1322.

Wer um Eutin, Bad Segeberg, Travemünde, Timmendorfer Strand, Kellenhusen und Scharbeutz eine Ferienwohnung gemietet hat, kann sich vom Naturkost-Lieferservice (s. S. 67) versorgen lassen.

› Naturerlebnis-Tipp

Die Bräutigamseiche

Ausgesprochen romantisch: Im **Dodauer Forst** am Ortsausgang von Eutin Richtung Plön steht ein Baum für Liebende. Eine Förstertochter und ihr Geliebter, den ihr Vater strikt ablehnte, steckten in ein Astloch der über 500 Jahre alten Eiche heimliche Liebesbotschaften, bis sie schließlich 1891 heirateten, unter dem Baum, versteht sich. Die schöne Liebesgeschichte sprach sich herum und 1927 wurde eine 3 m hohe Leiter an den Baum gestellt, so dass ein jeder eine Nachricht in dem Astloch deponieren kann – in der Hoffnung, so einen Partner zu finden. Die Eiche erhielt außerdem eine Postadresse und bis heute legt täglich um 12 Uhr ein Postbote an sie adressierte Briefe in das Astloch, die jeder Besucher öffnen, lesen und – falls der Traumpartner geschrieben hat – mitnehmen darf. Mindestens fünf Ehen haben auf diese Weise begonnen. Die Eiche hat folgende Adresse: Bräutigamseiche, Dodauer Forst, 23701 Eutin.

› Bad Segeberg

Der **Kalkberg,** ein steiler grauer, 91 m hoher Gipsfelsen, überragt den Luftkurort am Südrand des Naturparks Holsteinische Schweiz. Das Freilichttheater in einer Mulde am Fuß des Berges ist jedes Jahr von Ende Juni bis Anfang September Aufführungsort der **Karl-May-Festspiele** und hat Bad Segeberg weithin bekannt gemacht. Von 1988 bis 1991, als Pierre Brice die Rolle des Winnetou spielte, kamen jährlich über 300 000 Besucher in Schleswig-Holsteins »Wilden Westen«. Auch eindrucksvolle Konzerte mit Stars wie Joan Baez, Bob Dylan und David Bowie fanden hier statt. Unsäglich nur, dass die Geschichte des Freilichttheaters im Nationalsozialismus begann. Joseph Goebbels eröffnete die Arena 1937 als »Nordmark-Feierstätte« unter tosenden Heilrufen. Den Ausflug in den »Wilden Westen« während der Karl-May-Festspiele vertieft das benachbarte »Indian Village« mit bemalten Indianerzelten, Totempfählen und einer Ausstellung im Nebraska-Haus über das Leben der Ureinwohner Amerikas.

› Fledermäuse hautnah – im Noctalis

Spielende Kinder entdeckten 1913 zufällig ein riesiges Höhlensystem im Kalkberg. Dort überwintern jährlich **15 000 Fledermäuse,** von denen viele über Tausende von Kilometern anfliegen. Wissenschaftler haben noch nicht herausgefunden, warum gerade der Kalkberg in Bad Segeberg das größte Winterschlafquartier der kleinen Säuger in unseren Breiten ist.

Segebergs Stadtgeschichte beginnt im Jahr 1134, als Kaiser Lothar III. auf dem Kalkberg eine Burganlage errichten ließ. Kurze Zeit später wurde der Grundstein für die **St. Marienkirche** in der Fußgängerzone am Marktplatz gelegt. Wer sich für die Geschichte des Städtchens interessiert, sollte das **Heimatmuseum** besuchen, das in der Lübecker Straße 15 in einem Alt-Segeberger Bürgerhaus untergebracht ist.

› Dostojewski, Kafka und Thomas Mann zog es nach Travemünde

› Naturerlebnis-Tipp

Fledermaushaus Noctalis

Eine spannende Erlebnisausstellung bringt am Segeberger Kalkberg Licht in die wundersame Welt der fliegenden Säugetiere. Vier Etagen voller Nischen, Höhlen, Löcher, Spielstationen und Lernecken, die z. B. vermitteln, dass Fledermäuse kopfüber schlafen und ein Männchen singend bis zu 15 Weibchen in seine Liebeshöhle lockt. Im Obergeschoss sausen bei schummeriger Beleuchtung 100 aus Südamerika stammende Blattnasenfledermäuse umher. Das **Höhlensystem im Kalkberg,** das 15 000 einheimische Fledermäuse als Winterquartier nutzen, kann zwischen April und September besichtigt werden (Mo–Fr 9–18, Sa, So, Fei 10–18 Uhr). 10 Minuten Fußweg vom Bahnhof Bad Segeberg.

Noctalis: Oberbergstr. 27, 23795 Bad Segeberg, Tel. 0 45 51/80 82 11, www.noctalis.de, April–Sept. Mo–Fr 9–18, Sa, So/Fei 10–18, Okt.–März Mo–Fr 9–17, Sa, So, Fei 10–18 Uhr.

› Travemünde

Wenn die riesigen Fähren vom Skandinavien-Kai ablegen oder die prächtigen Segelschiffe mit ihren im Wind geblähten Segeln Kurs auf die Ostsee nehmen, dann wird das Gefühl der großen, weiten Welt spürbar – in dem gerade mal 14 000 Einwohner zählenden Städtchen Travemünde. Für 1060 Lübsche Mark kauften 1329 die Lübecker das damalige Fischerdorf an der Mündung der Trave in die Ostsee, um die Hoheit über die Zufahrt zum Lübecker Hafen zu erhalten. Die Entwicklung zum Seebad trieben ebenfalls die Lübecker voran. Als im 19. Jh. regelmäßig Dampfer zwischen St. Petersburg und Travemünde verkehrten und ein Kasino eröffnet wurde, kamen bald berühmte Gäste wie Dostojewski und Iwan Turgenjew. Joseph Eichendorff besuchte Travemünde und beschrieb die Badekarren, Franz Kafka lief barfuß am Strand und notierte in sein Tagebuch: »Durch die nackten Füße als unanständig aufgefallen.«

Bioadressen

» Stranddorf Augustenhof

Rosenfelderstrand, 23749 Grube, Tel. 0 43 65/9 791 94, www.stranddorf.de, Ferienhaus für 4 Personen.

Ökologisch vorbildliches Feriendorf, das sich nördlich des Ostseebads Dahme harmonisch in die Küstenlandschaft einfügt. Die Ferienhäuser mit Gründach, Lehmputz und einer Beplankung aus naturbelassenem Lärchenholz sind nur durch eine Düne vom (FKK-)Strand getrennt. Das Dorf-Heizwerk arbeitet mit Solarkollektoren und einem Holz-Pellet-Ofen. In einem zweiten Bauabschnitt werden Häuser mit eigenen Sonnenkollektoren errichtet. Dorfmittelpunkt ist das Gemeinschaftshaus, eines der ersten gewerblich genutzten Passivhäuser in Deutschland. Hier ist auch ein Naturkostladen eingerichtet und an Sommerwochenenden bietet das »Café Sandkuchen« hausgemachte Leckereien aus ökologischen Zutaten. Kinderprogramm in der Hauptsaison, Fahrradverleih. ❍

Anreise: Vom Bahnhof Oldenburg/Holstein mit dem »Anrufbus« (Tel. 0 43 62/9 05 25) zu erreichen.

» Hof Eichwerder (Demeter)

Eichwerder 1, 23730 Schashagen, Tel. 0 45 61/99 10, www.hofeichwerder.de, FeWo für bis zu 5 Personen.

Hier krähen noch die Hähne zu früher Stunde und tummeln sich Nutztiere gefährdeter Rassen, wie rauwollige pommersche Landschafe und Angler-Sattelschweine. Die 20 Kühe, Schwarz-Bunte-Schleswig-Holsteiner, sind im Sommer Tag und Nacht auf der Weide. Seit 1968 wird auf Hof Eichwerder nach biologisch-dynamischen Richtlinien gearbeitet. Eigene Produkte, wie Fleisch, Käse, Gemüse und sechs verschiedene Brotsorten gibt's im Hofladen (Mo–Sa 10–12 und 15–18, Sa 9.30–12 Uhr, im Winter Di-Vormittag geschl.). Häufig sind Schulklassen und Kinderferiengruppen zu Besuch. Die Feriengäste wohnen in zwei gemütlichen, im dänischen Stil erbauten Wohnungen, erhalten im Hofladen 10 % Rabatt auf alle Produkte und dürfen im Stall mithelfen. Das Dorf Schashagen liegt 1 km, ein Naturstrand an der Ostsee ebenfalls 1 km entfernt. ❍

Anreise: Buslinie 5806 fährt von Neustadt nach Schashagen.

» Hof Klostersee (Demeter)

23743 Cismar-Grönwohldshorst, Tel. 0 43 66/5 17, www.hof-klostersee.de

Ruhig gelegener Hof am Rand des Kellenhusener Forstes, 3 km vom Naturstrand und 3 km vom Klosterdorf Cismar entfernt. Die Hofgemeinschaft betreibt neben der Landwirtschaft einen Laden, eine Käserei und eine Bäckerei. Im Hofladen können sich Gäste mit Lebensmitteln, z. B. dem leckeren Klostersee-Käse, Obst und Gemüse versorgen (Mo–Fr 9.30–12 und 15–18, Sa 9.30–12 Uhr, für Gäste auch nach Vereinbarung). Mithilfe in der Landwirtschaft ist möglich, besonders Kindern macht das Kühetreiben und Ziegenfüttern riesigen Spaß. Im Hauptgebäude werden Gästezimmer (Dusche/WC auf dem Flur, kein Fernsehgerät, aber Blick auf den Park), in einem 300 m vom Hof entfernten Häuschen Ferienwohnungen vermietet. ❍–❍❍

Anreise: Mit dem Zug bis Neustadt/Holstein und weiter mit dem Bus Richtung Dahme bis zur 1. Haltestelle (»Zur Kroneiche«) in Grönwohldshorst.

» **Ferien- und Gärtnerhof Kargoll (Demeter)**
Siggener Weg 2, 23777 Heringsdorf (Ortsteil Fargemiel), Tel. 0 43 65/3 23.
Der Hof mit großem Garten und Ponys, einem Esel, Hühnern, Katzen und Kaninchen liegt am Dorfrand von Fargemiel und ist auf Gemüse- und Kräuteranbau spezialisiert. Bis zum nächsten Strand an der Ostsee sind es 3 km, nach Oldenburg in Holstein und Kloster Cismar jeweils 10 km. Vier Ferienwohnungen (mit Sauna) werden vermietet. Der Bioladen auf dem Hof macht es Selbstversorgern leicht, denn hier sind Produkte des Hauses und von Biohöfen der Region erhältlich. Die Gäste dürfen bei Gartenarbeiten helfen. ❍
Anreise: Bahn bis Oldenburg, dort weiter mit dem Bus (Linie 5800, Mo–Sa). Abholung vom Bahnhof möglich.

» **Biomarkt und Bistro Kornblume**
Schauenburgerstr. 5,
23758 Oldenburg/Holstein,
Tel. 0 43 61/40 93,
www.bestellbio.de,
Mo–Fr 9–18.30, Sa 9–13 Uhr.
Preisgekrönter Biomarkt mit vielfältigem Sortiment. Im Bio-Bistro wird köstliche Vollwertkost geboten, vom kunterbunten Rohkostteller, über Pizzen bis zu gebackenen Gemüse-Käse-Röllchen, Dinkel-Vollkorn-Maisplätzchen oder Sauerfleisch vom Schwein, auch einzelne für Glutenallergiker geeignete Gerichte (warme Küche Mo–Fr 11 bis 16 Uhr). Außerdem: Versand von Naturkost und Naturwaren, hochwertigen

› Idyllisch gelegen: Hof Klostersee

Möbeln und Haushaltsgeräten, z. B. diversen Getreidemühlen. Vermietung einer Ferienwohnung an der Ostsee.

» **Naturkost-Lieferservice**
Krumbecker Hof 2,
23617 Stockelsdorf, Tel. 0 45 06/15 58,
www.krumbecker-hof.naturkostaktiv.de
Interessant für Ferienwohnungsgäste rund um Bad Segeberg, Eutin und an der Küste bei Travemünde, Timmendorfer Strand, Kellenhusen und Scharbeutz. Die Orte gehören zum Lieferbereich des Naturkosthandels, dessen reichhaltiges Sortiment auch frische Produkte, u. a. Obst und Gemüse, umfasst. Basis ist der Krumbecker Hof in Stockelsdorf, ein Demeter-Betrieb mit Ackerbau, Rindern, Schweinen und einer Pferdepension.

» **Topi Naturkost-Laden**
Osterstr. 11/Am Markt 25,
23769 Burg auf Fehmarn,
Tel. 0 43 71/91 80,
www.naturkost-fehmarn.de, Mo–Fr 9–12.30 und 15–18, Sa 9–12.30 Uhr.
Top – auch auf der Insel Fehmarn können sich Urlauber mit Naturkost versorgen. Obst, Gemüse, Backwaren, Milchprodukte und Tiefkühlkost gehören zum Sortiment.

Thomas Mann schrieb in »Die Buddenbrocks«: »An diesem Ort gingen das Meer und die Musik in meinem Herzen eine ideelle, eine Gefühlsverbindung für immer ein.«

Der **Leuchtturm** an der Hafeneinfahrt birgt auf acht Stockwerken ein interessantes **Museum zur Leuchtfeuertechnik.** Dort sind Seelaternen, Modelle von Feuerschiffen und ausrangierte Lichtanlagen anderer Leuchttürme zu sehen. Eine Leuchtfeuer-Anlage auf einem Hotelkomplex in 114 m Höhe hat 1973 den 31 m hohen Leuchtturm als Seezeichen abgelöst. Beide Gebäude bieten einen guten Blick auf den Skandinavien-Kai, einen kolossalen Fährhafen mit acht Anlegern und täglich Abfahrten nach Skandinavien und ins Baltikum.

Am Priwall, gegenüber der Altstadt, liegt der **Viermaster »Passat«,** einer der legendären »Flying P-liner«, einer Reihe schneller Segelschiffe, deren Name mit »P« beginnt. »Wundervoll zu sehen, wie das großartige Gebilde durch das Wasser glitt, man erwartete geradezu, dass es sich heraushob und zu fliegen begann«, begeisterte sich der britische Dichter John Masefield. Nachdem die ähnlich gebaute »Pamir« 1957 gesunken war, wurde die »Passat« außer Dienst gestellt.

› Meeresbewohner im Sea Life Centre

Mittelpunkt der Travemünder Altstadt ist die **St.-Lorenz-Kirche,** Mitte des 16. Jhs. auf dem alten Anger erbaut.

Auf der Flaniermeile »Vorderreihe« entlang der Trave und am Strand herrscht immer emsiges Treiben, vor allem im Juli, wenn sich die Segler zur **Travemünder Woche** treffen.

› Timmendorfer Strand

Grelle Surfbretter, schrille Bikinis, teure Sonnenbrillen und Marken-Badelatschen – die Feriengäste des berühmten Badeorts im Süden der Lübecker Bucht sind schick. Dabei hat hier alles ganz unscheinbar angefangen mit dem Bauerndorf Klein-Timmendorf, bis sich Pastor Friedrich August Gleiß aus Curau 1865 ein Reetdachhaus am Strand baute und damit den Grundstein für eine neue Siedlung legte. Zwei Jahre später eröffnete Zimmermeister Rix ein »Logierhaus« und bald wurden die ersten Badekarren herangefahren und Strandkörbe aufgestellt. Bis zur vorletzten Jahrhundertwende hieß der Ort offiziell »Klein Timmendorfer-Strand« und bis 1937 gehörte er, wie Haffkrug, Scharbeutz und Niendorf, zu den Oldenburgischen Ostseebädern.

Mittlerweile kommen im Jahr etwa 200 000 Gäste nach Timmendorf.

7 km lang ist der **Sandstrand.** Seit 1993 finden hier die Deutschen Meisterschaften im Beach-Volleyball statt und zwischen Juni und August sorgen zahlreiche Sportangebote, ein »Seepferdchen-Kinderclub« und ein Beachclub für Kurzweil. Wer sich nicht gerade am Strand vergnügt, bummelt über eine der beiden Seebrücken, über die mit Brunnen und Bäumen gestaltete Promenade, durch den Kurpark oder die Einkaufszone, die der deutlich markierte 54. Breitengrad kreuzt.

Die Ostsee hinter Glas gibt's im **Sea Life Centre** an der Promenade auf Höhe des Kurparks zu sehen. Aber auch Bewohner tropischer Meere tummeln sich in den 36 Aquarien dieses Ozean-Zoos. Ein »Hailight« ist der gläserne Gang durch ein riesiges Becken, in dem Haie direkt über den Köpfen der Besucher hinwegschwimmen (tgl. ab 10 Uhr).

Biounterkunft bieten Hof Eichwerder in Schashagen und Hof Klostersee, in der Nähe von Grömitz (s. S. 66).

› Insel Fehmarn

Auf der Insel Fehmarn kreuzen sich Flugrouten von jährlich etwa 90 Mio. Zugvögeln. Landvögel queren die Wasserstraße Fehmarnbelt, wenn sie zwischen ihren skandinavischen Brutgebieten und ihren südlichen Winterquartieren unterwegs sind (»Vogelfluglinie«). Wasservögel fliegen parallel zur Küstenlinie zwischen der russischen Tundra und ihren Winterquartieren im Süden. Fehmarn selbst, insbesondere das **Wasservogelreservat Wallnau** im Inselwesten mit Teichen,

› Die Sonne scheint oft auf Fehmarn

Schlick-, Schilf- und Wiesenflächen, ist ein idealer Rastplatz für viele verschiedene Arten.

Seit 1963 verbindet eine Brücke über den **Fehmarnsund** die Insel mit dem Festland. Wegen ihrer Form mit zwei großen, gegeneinander geneigten, sich im Scheitel tangierenden Parabelbögen nennt sie der Volksmund »größter Kleiderbügel der Welt«. Vom Fährhafen **Puttgarden,** »dem Tor zum Norden«, an Fehmarns Nordküste fahren Fährschiffe im Halbstundentakt über den **Fehmarnbelt** nach Rodby in Dänemark.

Bis 2018 soll eine 19 km lange Auto- und Eisenbahnbrücke über die Meerenge gebaut werden. Naturschützer wollen das Projekt verhindern. Die 70 Pfeiler der Brücke würden den Wasseraustausch zwischen Nord- und Ostsee mit gravierenden Folgen für die Meeresökologie beeinträchtigen. Nachts prallen immer wieder Hunderte Zugvögel gegen ähnliche Bauwerke, beispielsweise die Öresundbrücke. Dabei steht diese, im Gegensatz zur geplanten Fehmarnbelt-Brücke, nicht einmal quer zur Flugroute. Auch die meisten Bewohner von Fehmarn sind gegen das Projekt, vor allem weil der Tourismus unter dem »Brenner des Nordens« leiden könnte. Als Reinluftgebiet und eine der sonnenreichsten Regionen Deutschlands, in der im Mai leuchtend gelbe Rapsfelder malerisch mit dem blauen Meer kontrastieren, zieht das 185 km^2 große Eiland Jahr für Jahr zahlreiche Besucher an.

Ein Kirchenhistoriker erwähnte »Fembre« 1076 als Bauerninsel und Unterschlupf von Seeräubern, die kein vorbeifahrendes Schiff verschonten. Einen Hauch von Geschichte und Nostalgie verströmt bis heute der Hauptort **Burg.** Kopfsteingepflasterte Straßen zwischen Backstein- und Fachwerkhäusern laden zum Bummeln, die nahen Strände zum Baden ein. Im Haus der Stadtbücherei erinnert eine Ausstellung an die Sommeraufenthalte des Brücke-Malers Ernst Ludwig Kirchner auf Fehmarn. Eine Hauptattraktion der Insel ist das **Meereszentrum** in Burg. Zitronen-, Stierkopf-, Leoparden- und Riffhaie flitzen hier durch riesige Aquarien, leuchtendbunte Fische, Seesterne und Seepferdchen lassen die Besucher in geheimnisvolle Unterwasserwelten eintauchen.

In **Lemkenhafen** an der Südküste zieht eine **Segelwindmühle** von 1778 (heute Mühlen- und Landwirtschaftsmuseum) die Aufmerksamkeit auf sich. Zur Sicherung der viel befahrenen Wasserwege rund um die Insel wurden mehrere Leuchtfeuer errichtet. Der **Flügger Leuchtturm** an Fehmarns Südwestspitze kann besichtigt werden (Mo geschl.).

Mit Biolebensmitteln können Sie sich im Topi Naturkost-Laden eindecken (s. S. 67).

› Auf zur Vogelbeobachtung

› Naturerlebnis-Tipp

Wasservogelreservat Wallnau

Im 300 ha großen Naturschutzgebiet können Besucher über das Jahr bis zu 250 verschiedene Vogelarten beobachten, darunter Austernfischer, Säbelschnäbler, Sandregenpfeifer, Rohrdommeln und Schilfrohrsänger. Ferngläser werden verliehen, Schautafeln helfen bei der Bestimmung. Angeboten werden Vogelstimmenwanderungen und Kräuterführungen. Im Informationszentrum klärt eine Ausstellung Phänomene des Vogelzugs, beispielsweise, woran sich die Tiere auf ihren bis zu 15 000 km langen Flügen orientieren.

Wasservogelreservat Wallnau: 23769 Fehmarn, Tel. 0 43 72/10 02, www.wallnau.nabu.de, tgl. 10–17 Uhr, Führungen März-Okt. 11, 13, 15 Uhr. Nov.–Febr.: Führungen und Infozenrum nach Vereinbarung, Außengelände tgl. 10–17 Uhr.

Anfahrt: Die Bürgerbus-Linie 6 fährt in der Hauptsaison Di und Fr von Burg zum Wasservogelreservat, sonst verbindet die Linie 5754 Burg mit dem Inselwesten (am besten in Bojendorf aussteigen, von dort ca. 1,5 km Fußweg).

› Das beschauliche Eutin galt einst als »Weimar des Nordens«

Allgemeine Infos

Ostsee-Holstein-Tourismus
Strandallee 75a, 23669 Timmendorfer Strand, Tel. 0 18 05/70 07 08, www.ostsee-schleswig-holstein.de

Mit Bus und Bahn

Bahn: Reisende aus Richtung Süden kommen via Hamburg oder Berlin auf die Ostseite Schleswig-Holsteins. Von Hamburg und Berlin fahren Eurocity- bzw. Intercity-Express-Züge über Lübeck, Oldenburg/Holstein nach Puttgarden auf Fehmarn (und weiter nach Dänemark). Nahverkehrszüge auf der Linie Lübeck-Puttgarden halten u. a. in Timmendorfer Strand, Neustadt/Holstein und Oldenburg/Holstein, und auf der Linie Lübeck-Kiel u. a. in Eutin, Malente, Plön und Preetz. Ab Lübeck verkehren außerdem Züge nach Travemünde. Nach Bad Segeberg auf der Strecke Hamburg-Lübeck in Bad Oldesloe umsteigen.
Bus: Zwischen Lübeck und Bad Segeberg besteht eine Schnellbus-Verbindung. Die Buslinie 5804 fährt von Oldenburg/Holstein nach Burg und Puttgarden auf Fehmarn. Weitere Buslinien verbinden die Inselorte (www.buergerbus-fehmarn.de). Der Bäderbus bringt Reisende zwischen April und September täglich von Hamburg an die Lübecker Bucht. Auch einen Tagesausflug zum Timmendorfer Strand mit knapp acht Stunden Aufenthalt machen die Abfahrtszeiten möglich (www.baederbus.de). Zwischen Mitte März und Oktober verbindet samstags und sonntags ein Bus Berlin mit den Ostseebädern (Travemünde, Timmendorfer Strand, Scharbeutz, Grömitz) und der Insel Fehmarn (www.berlinlinie.de).
Ostsee-Card: Mit dieser Kurkarte erhält man Vergünstigungen, mancherorts Freifahrten in Bussen, z. B. dürfen die Bürgerbusse auf Fehmarn kostenlos genutzt werden. Eine Fahrt von Timmendorfer Strand nach Eutin kostet mit der Ostsee-Card 0,50 €.
Schleswig-Holstein-Ticket: Für 29 € können bis zu 5 Personen einen Tag lang in Nahverkehrszügen durch Schleswig-Holstein, Hamburg und Mecklenburg-Vorpommern fahren.
Autokraft: Die meisten Buslinien in der Region betreibt die Firma Autokraft. Tel. 04 31/66 60.
Informationen zum Busverkehr im Internet: www.derkommtjawiegerufen.de
Deutsche Bahn: Tel. 08 00/1 50 70 90, www.bahn.de

Insel Rügen

Bei einer Wanderung entlang der berühmten Kreidefelsen werden Caspar David Friedrichs Bilderwelten lebendig.

Seit 1990 ist die Halbinsel Jasmund im Osten Rügens mit ihrem überwiegend aus Kreidekalk bestehenden, bewaldeten Höhenrücken, der Steilküste und dem Strand Nationalpark. Der Südosten der Insel wurde zum Biosphärenreservat erklärt – einschließlich der Insel Vilm und des Buchenwaldes der – Granitz. Propere Badeorte laden zu Spaziergängen ein. Auf hübsch restaurierten Seebrücken kann man über den Wellen flanieren, den weiten Blick übers Meer und die saubere salzige Luft genießen.

› Nationalpark Jasmund

Erhebend und zugleich Ehrfurcht einflößend ist es, an der Abbruchkante oder am Strand entlang der hoch emporragenden Kreidefelsen zu wandern. Felsvorsprünge wechseln mit Schluchten ab, Buchengrün umspielt bizarre Erosionsgebilde, blendend weiße Wände fallen senkrecht zum spielzeugkleinen Strand ab.

Caspar David Friedrich (1774 bis 1840) streifte mehrmals mit Skizzenblock durch die Gegend. Das Motiv für sein berühmtes Gemälde »Kreidefelsen auf Rügen« wurde jahrelang (fälschlicherweise) in den **Wissower Klinken** vermutet.

Im Februar 2005 stürzten die Hauptzinnen der zum Symbol für die Romantik gewordenen Kreideformation in die Tiefe. Vor allem nach extremen Witterungsverhältnissen mit viel Niederschlag oder Frost kommt es an Rügens Küste immer wieder zu gefährlichen Erdrutschen und Felsabstürzen. Die Reste der Wissower Klinken am Hochuferweg nahe Sassnitz sind noch immer eine Touristenattraktion auf Deutschlands größter Insel.

Höhepunkt der 13 km langen Kreide-Steilküste und Wahrzeichen von Rügen ist allerdings der **Königsstuhl,** ein 118 m hoher weißer Felsen. Angeblich wurde er nach Schwedenkönig Karl XII. benannt. Der habe sich 1715 einen Stuhl auf das Plateau stellen lassen, um eine Seeschlacht zu beobachten. Den besten Blick auf die mächtige Klippe hat man von der nahen **Viktoriasicht** aus. Mehrere schöne Wege führen zum Königsstuhl: der Hochuferweg von Sassnitz im Süden (8,5 km) bzw. vom Fischerdorf Lohme im Norden (4 km) sowie ein Pfad von

Hagen im Westen (2 km), vorbei an Mooren und am Herthasee.

Zwischen Königsstuhl und Viktoriasicht kann man über eine Treppe hinunter zum Strand gelangen. Aus der Froschperspektive wirken die Kreidefelsen erst richtig imposant. Die Kreide besteht aus Kalkskeletten und -schalen kleinster Meereslebewesen, die sich vor etwa 69 Mio. Jahren ablagerten. In der letzten Eiszeit wurde die Kreideschicht gepresst und gehoben. Für Analytiker einfach Kalziumkarbonat, staubige Schreibkreide, für Geologen eine Fundgrube, für Künstler und Fantasten Inspiration.

Der 3003 ha große Nationalpark umfasst Wald, Klippen, Strand und Meer auf engstem Raum – kein Wunder, dass auf der Halbinsel Jasmund zahlreiche Tier- und Pflanzenarten heimisch sind. Seeadler horsten hier, Mehlschwalben brüten an den Kreidekliffs, Kraniche steigen empor, sie nutzen vor einem Flug über die Ostsee die besondere Thermik über dem Wald. Auf dem Boden kriechen Kreuzottern, Ringelnattern und Glattnattern. Buchen dominieren die Pflanzenwelt, an feuchten Stellen kommen Eschen und Erlen hinzu, an Steilhängen und in Uferschluchten Ulmen und Eiben. Orchideen, darunter mehrere Knabenkräuter, besiedeln die Steilhänge. Bäche, die durch den Wald zu den Kreidefelsen mäandern und über Wasserfälle ins Meer hinabstürzen, entspringen in Quellmooren, wo Wollgräser, Fieberklee, Sonnentau und seltene Moose vertreten sind.

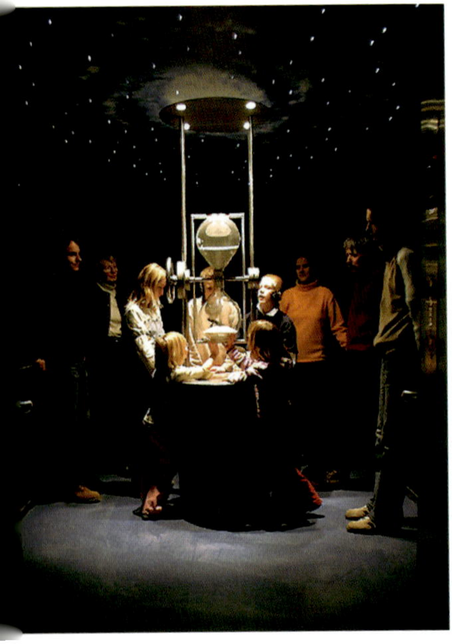

› Erlebnis Nationalpark-Zentrum

An einzelnen Stellen des Nationalparks, vor allem am Königsstuhl, kann es an manchen Tagen recht voll werden, dann kommen einem vielleicht die Worte von Elizabeth Gräfin von Arnim in den Sinn, die in ihrem Bestseller »Elizabeth auf Rügen« schrieb: »Schlichtweg skandalös ist, dass man eine solche Insel nicht für sich allein haben kann.«

Eine Adresse für Bio-Gourmets ist das Hofgut Bisdamitz in Lohme (siehe S. 80).

› Naturerlebnis-Tipps

Nationalpark-Zentrum Königsstuhl

Naturerlebnis für Groß und Klein bietet die Ausstellung im Nationalpark-Zentrum am Königsstuhl. Aquarien, ein Eisberg, eine Treppe an einer Kreide-

wand und das Multivisionskino, das zu einer stimmungsvollen Reise durch den Nationalpark einlädt, eröffnen ungeahnte Perspektiven. Begleitende Informationen gibt's vom Band über Kopfhörer, wobei man zwischen drei Themen wählen kann: Schönheit, Abenteuer und Neugier. Kinder hören Mimi, die Maus, und Krax, den Raben, die sie zu einem Dachsbau führen und mit ihnen in die Kreidezeit reisen. Der Eintritt ins Nationalpark-Zentrum gilt auch für die Aussichtsplattform auf den 118 m hohen Königsstuhl.
Infos: Stubbenkammer 2,
18546 Sassnitz, Tel. 03 83 92/6 61 70,
www.koenigsstuhl.com,
Ostern bis 31. Okt. tgl. 9–19,
sonst 10–17 Uhr.

Touren über die Halbinsel Jasmund

Neben Kurzführungen über das Gelände des Nationalpark-Zentrums werden von April bis Oktober regelmäßig und kostenfrei **geführte Wanderungen** mit Rangern über die Halbinsel Jasmund angeboten, u. a. vom Parkplatz Hagen zum Königsstuhl (2 Std.) und von Sassnitz zu den Wissower Klinken (2 Std. ab Buswendeplatz Wedding, Linie 18 ab Bhf. Sassnitz). Außerdem finden gegen geringe Gebühr **thematische Streifzüge** statt, z. B. an ausgewählten Terminen ein romantischer Abendspaziergang vom Dorfplatz Lohme zum Königsstuhl, im Frühling eine Tour unter dem Motto »Maiengrün im Buchenwald« zu Frühblühern, und im Herbst heißt es »Die Kraniche sind los« (Vogelbeobachtung am Tempelberg).
Nationalpark-Zentrum Königsstuhl
(Adresse s. o.)

› Wahrzeichen Rügens:
der 118 m hohe Königsstuhl

Wanderung von Sassnitz zum Königsstuhl (8,5 km, 2,5 Std.)

Der schönste Weg entlang der Kreideküste zum Königsstuhl ist der **Hochuferweg,** markiert mit einem blauen Balken auf weißem Grund. Start ist in Sassnitz am Buswendeplatz Wedding (Linie 18 ab Bhf. Sassnitz) am Nordostrand des Ortes. Die Route führt durch einen schönen alten Buchenwald, überwiegend am oberen Rand der Steilküste entlang, aber immer wieder abwärts durch tief in die Kreide eingeschnittene Bachläufe und dann bergauf zu fesselnden Ausblicken. Nach Lenzer Bach und Wissower Bach werden nach etwa einer halben Stunde und einem längeren Anstieg die **Wissower Klinken** erreicht, die nur noch Stümpfe sind, die Hauptzinnen brachen im Frühjahr 2005 ab. Nach einem Ab- und Aufstieg wird der schräg gegenüberliegende Aussichtspunkt erreicht, die **Ernst-Moritz-Arndt-Sicht.** Danach schwenkt der Weg vom Klippenrand weg, tiefer in den Wald, um den Kieler Bach zu queren. Hier ist ein Abstieg über eine steile Treppe zum Strand möglich. Wieder am oberen Rand der Kreideklippen führt der Weg schließlich zur **Viktoriasicht,** die einen wunderbaren Blick auf das Ziel der Tour, den **Königsstuhl,** bietet. Zwischen Viktoriasicht und Königsstuhl kann man zum Strand hinuntersteigen – über 486 Stufen!

› Biosphärenreservat Südost-Rügen

Im Südosten von Rügen greifen Land und Meer mit Küstenvorsprüngen, Haken und Halbinseln, ruhigen Flachwassern und brandender See besonders tief ineinander. Die Hälfte des 23 500 ha großen Biosphärenreservats sind Gewässer, boddenseitig an vielen Stellen von Schilf gesäumt. An der Ostseite liegen Steilküsten mit Sandstränden und die Badeorte **Binz, Sellin, Baabe** und **Göhren.** Im Süden, auf der **Halbinsel Mönchgut,** laden die pilz- und beerenreiche **Baaber Heide,** die 66 m hohen **Zickerschen Berge** und reetgedeckte Fischerhäuser zu Streifzügen ein. Auf Salzwiesen sind salztolerante Pflanzen wie die Salzaster, die Strand-Grasnelke und der Meerstrand-Dreizack zu bewundern.

› Einst das Pfarrwitwenhaus, jetzt Heimatmuseum in Groß-Zicker

Die **Mönchguter Museen** dokumentieren die Entwicklung von Lebens- und Arbeitswelt der Inselbewohner. In Göhren das Heimatmuseum und der Museumshof an der Strandstraße, das Rookhus in der Thiessower Straße und der alte Küstenfrachter »Luise« am Südstrand. In **Middelhagen** das Schulmuseum, in **Groß Zicker** das Pfarrwitwenhaus und in **Baabe** das Küstenfischermuseum (www.moenchguter-museen-ruegen.de).

Zu den Kernzonen des Biosphärenreservats gehören die **Insel Vilm** im Rügischen Bodden, südlich von Putbus und Lauterbach, und das **Naturschutzgebiet Granitz** mit dem Kesselmoor Große Wiese und dem Schwarzen See. Die Granitz ist eine von Buchenwald bedeckte Hügelkette zwischen Binz und Sellin. Im Frühling blühen hier Schlüsselblumen, Buschwindröschen, Maiglöckchen und Waldmeister. Auf dem 107 m hohen **Tempelberg** erhebt sich das **Jagdschloss Granitz,** das Gästehaus von Fürst Wilhelm Malte I. zu Putbus. Carl Friedrich Schinkel entwarf den 28 m hohen Mittelturm des burgähnlichen spätklassizistischen Gebäudes, von dem man einen schönen Blick auf die Umgebung hat.

Bioäpfel gibt's im Naturparadies Teutenberg in Middelhagen (s. S. 80).

› Naturerlebnis-Tipps

Unterwegs mit dem Urlaubsranger

Schlangen und Eidechsen aufspüren, gemeinsam mit Wissenschaftlern seltene Vögel beobachten, bestimmen und zählen oder einfach im Biosphärenreservat Südost-Rügen auf Patrouille gehen. Das sind nur einige Aufgaben für Urlaubsranger. Das Projekt haben Naturschutzverbände, das Amt des Biosphärenreservats und der AVR-Family-Club ins Leben gerufen.
Für Gäste der AVR-Ferienanlagen ist die Teilnahme kostenlos, Externe können gegen eine geringe Gebühr teilnehmen.
AVR Ferienanlagen:
Strandstr. 12, 18586 Göhren,
Tel. 03 83 08/6 66 60, www.avr.de und www.urlaubsranger.de

Segeln mit der Zeese

Schon im 18. Jh. gingen Fischer in den robusten Zeesenbooten mit den charakteristischen dunkelroten Segeln in den flachen Küsten- und Boddengewässern Pommerns auf Fang. Die Zeese »Schwat Johann« ist 100 Jahre alt und unternimmt für Touristen Törns Richtung Insel Vilm. Abfahrt vom Bollwerk Baabe, Dauer 1,5 Std.
Infos: Reservierung unter
Tel. 03 83 93/1 36 20.

Im Kajak zu den Kreidefelsen

Allein im Kajak sich den Kreideklippen von der offenen Ostsee her nähern – ein eindrucksvolles Erlebnis. Thomas Trojan organisiert Touren im Seekajak, dem klassischen Wasserfahrzeug der Inuit, der grönländischen Ureinwohner. Gruppen mit maximal 8 Teilnehmern paddeln auf den ruhigeren Boddengewässern, aber auch auf den äußeren Seegewässern. Teilnehmer der Tagestour zu den Kreidefelsen (75 €) sollten Erfahrung im Kajakfahren haben. Für Anfänger eignen sich u. a. eine 6-stündige Tour (Paddelzeit 4–5 Std.) zur Insel Hiddensee (75 €)und eine 15-tägige Rügen-Umrundung (inkl. Sicherheitstraining, Nachtfahrt, Touren zu den Inseln Hiddensee und Vilm) für 1699 €.
Seekajakreisen: Zum Höft,
18586 Gager, Tel. 03 83 08/3 48 80,
www.seekajakreisen.de

› Der Natur auf der Spur

› Die »Weiße Stadt« wird Putbus auch genannt

› Putbus

Putbus (4800 Einw.) ist ein Muss, nicht nur für Architekturbegeisterte. Mitten in der Pampa ließ Fürst Wilhelm Malte I. im Jahr 1810 die »Weiße Stadt« im klassizistischen Stil im Süden von Rügen errichten. Ein architektonischer Leckerbissen ist ihr **Circus,** ein kreisrunder Platz im Nordosten der Stadt. Von seiner Mitte, wo ein Obelisk an die Residenzgründung erinnert, führen acht Wege, gesäumt von Buchenhecken und Eichen, Rasentriangeln markierend, zum Rand. 16 weiße Prachtbauten begrenzen das Rund.

An den Circus grenzt der riesige **Schlosspark,** dessen Schloss allerdings zu DDR-Zeiten abgerissen wurde. Fürst Malte, dem man im Park ein Denkmal errichtet hat, machte aus Putbus einen noblen Kurort, ließ an der Alleestraße das Theater errichten und im Park einen Kursalon, der 1892 in eine Kirche verwandelt wurde. Zum Baden fuhr die Gesellschaft ins südlich, am Rügischen Bodden gelegene **Lauterbach** und vergnügte sich im Badehaus an der Goor, dem ersten Badehaus der Insel. Mit seiner monumentalen Säulenkolonnade imponiert es noch heute.

› Naturerlebnis-Tipp

Insel Vilm – Kleinod in der Ostsee

Mönche, Maler, DDR-Minister, sie alle schätzten die Stille und das urwaldähnliche Grün der kleinen Insel Vilm im Rügischen Bodden. Im Mittelalter ließen sich Einsiedler zwischen den mächtigen Ulmen und Eichen nieder. Caspar David Friedrich malte die »Landschaft mit Regenbogen« und Karl Gustav Carus »Eichen am Meer« nach einem Vilm-Aufenthalt. Von 1959 bis 1989 durften nur SED-Funktionäre anlanden, sie hatten sich eine Ferienhaussiedlung auf dem Eiland bauen lassen. In den Häusern veranstaltet heute das Bundesamt für Naturschutz Konferenzen.

Die Insel darf nur nach Anmeldung im Rahmen einer geführten Wanderung betreten werden. Dauer ca. 3 Std., Abfahrt von Lauterbach-Mole mit dem Motorschiff »Julchen«.

Fahrgastreederei Lenz:
Chaussee Str. 9a, 18581 Lauterbach,
Tel. 03 83 01/6 18 96,
www.vilmexkursion.de

› Sellin

Wie ein Schloss auf dem Wasser sieht das wiederhergestellte Brückengebäude mit seinen Türmen und Kuppeln auf dem Selliner Pier aus. Es gehört zu den beliebtesten Fotomotiven Rügens und stiehlt den mondänen Bauten im nordwestlichen Nachbarort Binz die Schau. Sellin liegt oberhalb einer Steilküste, das bedeutet zweierlei: schöne Aussichten und Treppensteigen. Die Wilhelmstraße, Sellins von Bäumen und prächtigen Bädervillen flankierter Boulevard, führt schnurstracks zur See und bricht unvermittelt an der Kante des Hochufers ab. Hinunter in die sandige Bucht und zur Seebrücke führen 87 Stufen. Der Steg, »die Brüch«, entstand 1906 als Landungsbrücke für die großen Bäderdampfer aus Stettin und den Ausflugsverkehr entlang der Küste. Während der Saison starten täglich Ausflugsschiffe nach Binz, Göhren und zu den Kreidefelsen.

Gebadet wird in Sellin am Strand bei der Seebrücke und vor allem am Südstrand, zu dem ein schmaler Sandstreifen am Wasser entlangführt – und der Hochuferweg durch den Selliner Forst mit grandioser Sicht aufs Meer. Im Gegensatz zu Binz ist Sellin mit seinen 2400 Einwohnern ein ruhiger Badeort, der außerhalb der Saison und abends schnell dörflich wirkt.

In Sellin beginnt die **Deutsche Alleenstraße,** eine 2500 km lange Touristikroute von Rügen bis zum Bodensee.

› Göhren

Das kleine Seebad Göhren auf einer bewaldeten Landzunge südlich von Sellin und Baabe ist der östlichste Ort auf Rügen. Der Hauptstrand am Nordufer der Landzunge und der naturbelassene Südstrand laden zum Bade. Einige Häuser im Stil der Bäderarchitektur schmücken den Ort. Die Bernsteinpromenade, von der die 2003 eingeweihte 280 m lange Seebrücke ins Meer ragt, verstärkt das maritime Flair. Der abends einladend illuminierte Musikpavillon wurde nach seinem historischen Vorbild von 1924 wieder aufgebaut. Weiter draußen, ca. 200 m vom Ufer entfernt, ragt der Buskam aus dem Wasser, der größte Findling an der deutschen Ostseeküste.

› Binz

In der Bucht Prorer Wiek an der Ostküste liegt Rügens größtes Seebad (5400 Einw.), das sich mit seiner proper aufpolierten Bäderarchitektur aus der Kaiserzeit anschickt, wieder das »Sorrent des Nordens« oder »Nizza

› Im »Urwald« auf der Insel Vilm

Bioadressen

» Artepuri-Hotel meerSinn (Biohotels)
Schillerstr. 8, 18609 Binz,
Tel. 03 83 93/66 30,
www.meersinn.de
Das Biohotel und Gesundheitszentrum ist in einer historischen Villa und einem Neubau eingerichtet. Warme Farben, eine Bibliothek und ein Kamin sorgen schon für Wohlbefinden, bevor man sich in Whirlpool, Sauna, Dampfbad oder bei einer Massage entspannen kann. Im Restaurant wird nach dem Konzept »Gustogenese« gekocht, »gesunde heilsame Nahrung«. ❍❍❍

» Ökohof Thom (Biopark)
Stönkvitz 12, 18573 Samtens,
Tel. 03 83 06/2 00 43, www.oekohof-thom.de, FeWo für 4 Personen.
Unter Linden liegt der Ökohof Thom im Dorf Stönkvitz zwischen Samtens und Bergen. Nebenan wurde 2006 ein Holzblockhaus mit vier behaglich eingerichteten Ferienwohnungen eröffnet. Die Gäste verpflegen sich selbst und können Bioprodukte im Hofladen kaufen. Im Angebot sind hofeigene Waren, z. B. Eier, Wurst und Fruchtaufstriche, ergänzt durch Obst und Gemüse, Käse vom Hofgut Bisdamitz und Brot vom Schweriner Hof Medewege. Kinderfreundlicher Bauernhof mit Spielplatz und Streicheltieren. ❍
Anreise: Abholung vom Bahnhof Samtens oder Bergen möglich.

» Hofgut Bisdamitz (Bioland)
Dorfstr. 1, 18551 Lohme,
Tel. 03 83 02/92 07,
www.hofgut-bisdamitz.de, in der Saison tgl. 9–20, sonst 10–18 Uhr geöffnet.
Das Hof-Restaurant und köstliche hausgemachte Produkte machen das Gut Bisdamitz zu Rügens erster Adresse für Bio-Gourmets. Weit bekannt sind die Käsespezialitäten aus Milch von Kuh und Schaf, vor allem mit Rotschmierekulturen gereifte Weichkäse, z. B. der mild-würzige Kleine Störtebeker.
Ein Niedrigenergiehaus mit Grasdach und Wänden aus Lehmstein beherbergt Bioladen und Restaurant. Auf der Speisekarte stehen viele vegetarische, aber auch deftige (Fleisch-)Gerichte, Antipasti, Salate, selbst gebackene Kuchen. Der Laden offeriert ein umfangreiches Naturkostsortiment, Obst und Gemüse, Getreideprodukte, Fleisch und Wurst, selbst gemachte Konfitüren und Sanddornspezialitäten. Betriebsbesichtigung nach Vereinbarung.

» Naturparadies Teutenberg (Gäa)
Alt Reddevitz 35, 18586 Middelhagen,
Tel. 03 83 08/24 19,
www.natur-paradies.de
Leckeres aus Äpfeln gibt's im kleinen Hofladen des Naturparadieses auf der Landzunge Reddevitzer Höft: Apfelsaft, Apfelwein und Konfitüren. In dem auf einer Anhöhe gelegenen, von alten Apfel- und Kirschbäumen umgebenen Haus werden auch kleine, rustikal eingerichtete Zimmer vermietet.
Anfahrt: Buslinie 20 hält in Reddevitz.

» Bioladen Butterblume
Bahnhofstr. 56, 18528 Bergen,
Tel. 0 38 38/82 87 57.
Großer Bioladen mit Imbiss-Ecke. Bevorzugt werden Produkte aus der Region vermarktet, darunter Fleisch-, Wurst- und Käsespezialitäten vom Hofgut Bisdamitz. Kunden können sich mit kleinen Speisen wie Salat, Suppe und Kuchen stärken.

des Ostens« zu werden. An der Strandpromenade und in den Nebenstraßen glänzen weiß gestrichene Hotels und Villen mit verspielten Fassaden, hölzernen Veranden und Balkonen, Säulen, Erkern und Türmchen. Vor dem prunkvollen **Kurhaus** von 1908 (heute Grandhotel), dem Wahrzeichen von Binz, ragt die **Seebrücke** 370 m weit aufs Meer hinaus. Hier legen die Ausflugsschiffe an, die ganz Rügen umfahren. Badefreuden auch zu Schlechtwetter-Zeiten garantieren das Erlebnisbad »Vitamar« und die (gegen Gebühr öffentlich zugängliche) Binz-Therme, die einzige Thermal-Sole-Quelle der deutschen Ostseeküste.

Entspannung bietet auch das Hotel meerSinn (s. S. 80).

Nördlich von Binz liegt an der **Prorer Wiek** eine 4,5 km lange, für die nationalsozialistische Organisation »Kraft durch Freude« (»KdF«) errichtete, unvollendet gebliebene Ferienanlage. Derzeit sind hier verschiedene Museen untergebracht (u. a. das NVA-Museum, »KdF«-Museum).

› Binz, das »Sorrent des Nordens«

› Bergen

Kein Berg, aber ein beachtlicher Hügel erhebt sich über der Kreisstadt Bergen in der Inselmitte. Der Rugard ist 91 m hoch und der Ernst-Moritz-Arndt-Turm, ein Backsteinbau von 1877, ergänzt seine Senkrechte um 27 m, sodass man von ganz oben einen schönen Rundblick über Rügen genießen kann. Das von Slawen gegründete Bergen weist nach mehreren Stadtbränden heute nur wenig historische Bausubstanz auf. Umso imposanter wirkt Bergens wichtigste Sehenswürdigkeit, die **Marienkirche,** ein schöner Backsteinbau, im späten 12. Jh. begonnen, im späten 14. Jh. gotisch umgestaltet und mit Wandgemälden in Chor und Querschiff ausgeschmückt. Kurios: Das Zifferblatt der Kirchturmuhr hat 61 Minuten, ein Fehler der Bauleute, der heute eine Attraktion des Ortes ist.

Biounterkunft bzw. -kost bieten der Bioladen Butterblume und der Ökohof Thom bei Samtens (s. S. 80).

› Sassnitz

Durch seinen Fährhafen und als Tor zur Kreideküste ist Sassnitz (11 000 Einw.) bekannt. Noch um die vorletzte Jahrhundertwende war die Stadt ein elegantes Seebad, wo Urlauber wie Johannes Brahms und Theodor Fontane die frische Seeluft genossen. Einige Häuser im Stil der Bäderarchitektur erinnern noch an diese Zeit. Zunehmend prägten aber die fisch- und kreideverarbeitende Industrie und der Fährverkehr die Entwicklung von Sassnitz. Am **Stadthafen** pulsiert nach wie vor das Leben. Hierher locken Geschäfte, Restaurants und Museen. Im Schutz der 1,5 km langen Mole liegen Segelschiffe und Kutter vor Anker,

Ausflugsboote tuckern Richtung Kreideküste und Kap Arkona. Am Ortsrand erinnern noch einige unsanierte Plattenbauten an die DDR-Vergangenheit.

Die großen Fähren nach Dänemark (Bornholm), Litauen (Klaipeda) und Schweden (Trelleborg) machen nicht im Stadthafen fest, sondern südlich im Stadtteil Neu-Mukran (Busverbindung ab Sassnitz).

› Kap Arkona und Vitt

Deutschlands turmreiches Nordkap war zu DDR-Zeiten Grenzern vorbehalten, die nach Flüchtlingen auf und unter Wasser spähten. Heute heißt es nur noch für motorisierte Vehikel: Endstation **Putgarten.** Von diesem Ort auf Rügens nördlichster **Halbinsel Wittow** wandern sommers scharenweise Ausflügler die letzten 2,5 km zu den schon von Weitem sichtbaren **Leuchttürmen am Kap Arkona.** Auch eine motorisierte Kleinbahn und Kutschen fahren hinauf zu Rügens Nordspitze. Karl Friedrich Schinkel entwarf den kleinen quadratischen Backsteinturm, der nicht mehr blinkt und 1902 von dem großen runden Nachbarturm mit seinem 40 km weit reichenden Blitzlicht abgelöst wurde. Der Marinepeilturm weiter östlich wurde 1927 errichtet. Alle drei Türme können bestiegen werden, der Schinkel-Turm steht auch als Hochzeits-Plattform zur Verfügung. Der Burgwall hinter dem Marinepeilturm ist der Rest einer einst gewaltigen slawischen Festung, die im 12. Jh. zerstört und größtenteils vom Meer verschlungen wurde. Im »Rügenhof Arkona«, einem alten Gutshof aus dem 19. Jh., kann man Töpfern, Korbflechtern und anderen Handwerkern bei der Arbeit zuschauen und ihre kleinen Kunstwerke erwerben.

› Dichter zog es nach Hiddensee

Entlang der Küste Richtung Süden sind es 1,4 km bis nach **Vitt,** einem Fischerdörfchen wie aus dem Bilderbuch, das unter Denkmalschutz steht. In einer windgeschützten Bucht stehen seine 13 schilfrohrgedeckten Häuschen und seine weiße achteckige Kapelle. Pfarrer **Ludwig Gotthard Kosegarten** hat mit seinen berühmten Strandpredigten – ein Zugeständnis an die Heringsfischer, die während der harten Arbeit keine Möglichkeit hatten, die Kirche zu besuchen – diese abgelegene Ecke bekannt gemacht. Am Mini-Hafen werden **Rundfahrten zum Kap Arkona** angeboten.

› Hiddensee

»Dat söte Länneken«, das süße Ländchen, nennen die Einheimischen ihr autofreies Eiland, das die Form eines Seepferdchens hat und westlich vor

Rügen liegt (Fähre ab Schaprode). Hiddensee ist Teil des Nationalparks Vorpommersche Boddenlandschaft und eine Naturschönheit mit Steilufern, Strand und sanften, von Sanddorn bewachsenen Hügeln im Norden, Dünenheide in der Mitte und dem Vogelschutzgebiet Gellen im Süden, das aber zum Schutz der Vögel nicht zugänglich ist.

Dichter und Denker fanden auf Hiddensee ein Refugium. Albert Einstein, Sigmund Freud, Thomas Mann, Joachim Ringelnatz, Hans Fallada und Franz Kafka waren da. Im Ort **Kloster** im Norden hatte der Schriftsteller **Gerhart Hauptmann** (1862–1946) seinen Sommersitz im **Haus Seedorn,** das heute ein kleines Museum beherbergt (tgl. 10–17, im Winter 11–16 Uhr). In der Saison treten hier samstags Musiker, Schauspieler und Literaten auf. Gerhart Hauptmann liegt auf dem Friedhof bei der Dorfkirche begraben.

Wer sich für die Wikingerzeit interessiert, sollte das Heimatmuseum von Kloster besuchen. Hier wird die Kopie eines Wikinger-Schatzes ausgestellt, der im 19. Jh. am Inselstrand angespült wurde.

Nördlich von Kloster liegt das Hügelland des **Dornbuschs,** gekrönt vom Leuchtturm, der einen exzellenten Blick auf Ostsee und Hiddensee bietet. Im Inselhauptort **Vitte,** südlich von Kloster, sind die 200 Jahre alte »Blaue Scheune« am Ortseingang, die Windmühle und das Ferienhaus des Stummfilmstars Asta Nielsen sehenswert. Weiter südlich liegt **Neuendorf,** ein Landidyll mit alten, weiß gestrichenen Rohrdachhäusern. Zurück nach Vitte kann man per Kutsche übers »söte Länneken« fahren.

Allgemeine Infos

Tourismuszentrale Rügen
Am Markt 4, 18528 Bergen,
Tel. 0 38 38/8 07 70,
www.ruegen.de

Mit Bus und Bahn

Bahn: Von Dresden, Berlin und Hamburg verkehren Intercity-Züge über den Rügendamm und via Bergen nach Binz. Ab Bergen fahren Bahnen nach Sassnitz, Puttbus und Lauterbach.

Bus: Wichtige Buslinien: Nr. 24 von Bergen in den Südosten (Sellin, Baabe, Göhren); Nr. 23 von Bergen über Binz nach Sassnitz; Nr. 20 entlang der Ostküste von Klein-Zicker bis zum Königsstuhl über Sellin, Binz und Sassnitz; Nr. 12 von Bergen bis Altenkirchen, dort weiter mit Linie 11 nach Putgarten (nahe Kap Arkona); Nr. 35 Bergen-Schaprode (Fährhafen nach Hiddensee).

InselHIT-Ticket: Tageskarte für Rügen und Stralsund inklusive Fährfahrten nach Hiddensee.

Mecklenburg-Vorpommern-Ticket: Für 25 € können bis zu 5 Personen einen Tag lang in Nahverkehrszügen durch Mecklenburg-Vorpommern und auf einigen Strecken in Hamburg und Schleswig-Holstein fahren.

Rügener Personennahverkehrs-GmbH: Tel. 0 38 38/8 22 90, www.rpnv.de

Deutsche Bahn: Tel. 08 00/1 50 70 90, www.bahn.de

Mecklenburgische Seenplatte

Auf halber Strecke zwischen Berlin und Rostock liegt dieses Naturparadies mit glasklaren Seen, alten Buchenwäldern und geheimnisvollen Mooren.

» **Mit dem Paddel in der Hand kann man im »Land der tausend Seen« leicht seensüchtig werden. Leise gleitet unser Kanu übers Wasser, Wind streicht durchs Schilf, Seerosen schaukeln auf den Wellen und die Müritz glitzert in der Morgensonne. Sie ist das Herz der Mecklenburgischen Seenplatte und ihr Ostufer Teil des Nationalparks Müritz. Richtung Osten schließt sich der Naturpark Feldberger Seenlandschaft an, und im Westen liegen die Naturparks Mecklenburgische Schweiz/Kummerower See, Nossentiner/Schwinzer Heide und Sternberger Seenland.**

› Nationalpark Müritz

Der seit 1990 bestehende Nationalpark umfasst eine Fläche von 322 km² und besteht aus zwei Teilgebieten. Das Ostufer von Deutschlands größtem See gehört zum größeren Nationalparkteil, der sich fast bis **Neustrelitz** erstreckt. Ausgedehnte Moore und Kiefernwälder prägen hier das Landschaftsbild. Für den kleineren Nationalparkteil, östlich von Neustrelitz, sind urige Buchenwälder auf einer hügeligen Landschaft, kleine Seen und in eiszeitlichen Vertiefungen entstandene Kesselmoore charakteristisch. Gelbe Sumpfdotterblumen und weißes Wollgras zieren die Moore, weiße Seerosen die Seen, besonders schön zu sehen in den Sommermonaten auf dem **Görtowsee** bei Blankenförde. Ihre Blätter schwimmen auf der Wasseroberfläche, dabei sind die Seerosen über lange biegsame Stängel fest im Boden verankert. Abends und bei Regen schließen sich die Blüten. Wer die Pflanzenwelt genauer unter die Lupe nimmt, wird weitere Raritäten finden, beispielsweise den fleischfressenden Sonnentau, der mit klebrigen Tentakeln Insekten fängt. Rund 400 km Wanderwege und ein fast 200 km langes Radwegenetz erschließen den einzigartigen Naturraum.

Im Nationalpark können Adler und Kraniche beobachtet werden: Seeadler, die das ganze Jahr über in ihrem Revier bleiben, Fischadler von April bis September, und mehr als 60 Kranichpaare in den Sommermonaten. In der zweiten Oktoberhälfte rasten in der Gegend Tausende Kraniche auf ihrer Reise in den Süden, schlafen stehend im knietiefen Wasser. Dieses eindrucksvolle Naturschauspiel sieht man am besten von den Aussichtspunkten am **Rederangsee** bei **Federow.** Rotwild, Rehe und Wildschweine sind ebenfalls an der Müritz zu Hause, und, wie Wissenschaftler herausfanden, etwa 800 Schmetterlings- und 1500 Käferarten. Informationshäuser (Anfang Mai–Ende Okt. tgl. 10–17 Uhr) in den Eingangsbereichen des Nationalparks sorgen für einen spannenden Exkursionsauftakt. Ins Federower Nationalparkhaus werden Bilder von einem benachbarten Fischadlernest gesendet. In **Friedrichsfelde,** nahe Ankershagen und dem Quellgebiet der Havel, gibt's eine Videoübertragung von einem Storchennest.

Zwischen Federow und Kratzeburg liegt **Speck** mit einer fetten, 800 Jahre alten Sommerlinde, Stammumfang 9,20 m. Von Speck ist es auch nicht weit zum Aussichtsturm auf den **Käflingsbergen** (Mai–Sept. tgl. 9 bis 19 Uhr), der einen guten Blick auf den Kiefernwald und die beiden Zillmannseen bietet, die in der letzten Eiszeit von abfließendem Schmelzwasser geformt wurden.

Im kleineren Nationalpark-Teil, östlich von Neustrelitz, führt ein 8 km langer **Natur-Erlebnis-Pfad** (»Der lange Weg zum Urwald«) von **Zinow** nach **Serrahn.** Einzelne Stationen am Wegesrand informieren zu Besonderheiten des »Urwalds«.

Biourlauber wohnen im Familienferienpark Dambeck in Kratzeburg, (s. S. 92).

› Naturerlebnis-Tipps

Adlerbeobachtung

Neben dem Nest einer Fischadler-Familie auf einem Hochspannungsmast sind eine Kamera und ein Mikrofon installiert. Bilder und Geräusche werden direkt ins Federower Nationalparkhaus gesendet. Anfang April kommt das Pärchen aus dem Winterurlaub zurück. Eine Vorschau im Zeitraffer: Sie jagen, fressen, brüten, streiten und lieben sich, die Jungen schlüpfen, werden flügge und im September fliegen alle wieder Richtung Süden.

Nationalpark-Service:
Informationshaus, 17192 Federow,
Tel. 0 39 91/66 88 49,
www.nationalpark-service.de
Mai–Ende Okt. tgl. 10–17 Uhr.
Anfahrt: Federow liegt 7 km südöstlich von Waren, zu erreichen mit der Müritz-Linie, nächster Bahnhof: Kargow.

Mit dem Ranger durch den Nationalpark

Wer die Wildnis hautnah erleben will, geht mit dem Ranger auf Tour, denn der kennt jeden Winkel im Nationalpark. Zwischen April und Oktober werden täglich geführte Exkursionen angeboten, beispielsweise zur Beobachtung des abendlichen Kranicheinflugs im Herbst, ein »schaurig schöner Moorspaziergang« und eine Familienwanderung »Mit dem Eichhörnchen auf Spurensuche« – Waldbewohner wittern durch Fährten, Federn, Fußabdrücke.

Nationalparkamt Müritz:
Schlossplatz 3, 17237 Hohenzieritz,
Tel. 03 98 24/25 20, www.nationalpark-mueritz.de. Vom 9. bis 26. Okt.
tgl. 16.30 Uhr Wanderung zum abendlichen Kranicheinflug, Treffpunkt:
Nationalpark-Information Federow oder Schwarzenhof, Anmeldung erforderlich unter Tel. 0 39 91/66 88 49.

› Müritz – Orte am Ufer

Ein idealer Ausgangspunkt für Touren durch den Nationalpark ist **Waren** am Nordzipfel der Müritz, herrlich zwischen Wasser und Wald gelegen. Tannen verströmen ihren Duft und vom See her weht mitunter eine frische Brise, was schon Theodor Fontane betörte und von diesem »ganz entzückenden Stück Erde« schwärmen ließ. Warens Silhouette prägen die Jollen am Kai, im Hintergrund überragt vom Turm der Marienkirche mit barocker Haube, den man im Sommer bestei-

› Malerisch – die Bootshäuser von Röbel im Müritz-Nationalpark

gen und aus luftiger Höhe die schöne Aussicht genießen kann. Zierde der Stadtkirche St. Georg (14. Jh.) am Georgenkirchplatz ist eine Kruzifixgruppe aus dem 15. Jh., die auf wundersame Weise den Stadtbrand von 1699 überstanden hat. Die Wasserbewohner der Region können in den Becken des **Müritzeums** aus nächster Nähe beobachtet werden (April–Okt. tgl. 10–19, sonst 10–18 Uhr).

Am Hafen starten Ausflugsschiffe u. a. nach **Röbel,** das in einer Bucht im Südwesten der Müritz liegt und mit seinem kleinen Hafen, der baumbestandenen Uferpromenade, Fachwerkhäusern und den Backsteinkirchen St. Nikolai und St. Marien hübsch anzusehen ist. Die Bootshäuser aus Holz in der schilfgesäumten Bucht gehören zu den beliebtesten Fotomotiven der Region. Von Röbels 58 m hohen Turm der Marienkirche lässt sich alles wunderbar überblicken. 1 m weniger als dieser Turm misst Mecklenburgs längste Wasserrutsche in Röbels Erlebnisbad Müritztherme.

Biounterkunft bietet das Landhotel Zur Scheune in Bollewick (s. S. 92).

Malchow, westlich von Waren, wird »Perle der Seenplatte« genannt. Die Altstadt auf einer Insel im Malchower See ist über einen Damm und eine **Drehbrücke** zu erreichen. Letztere ist eine Attraktion, besonders wenn ein großes Schiff naht, sie zur Seite gedreht wird, und sich Schaulustige, Passagiere und Matrosen zuwinken. Das Ufergrün der Altstadt-Insel wird vom schlanken Backsteinturm der neugotischen Klosterkirche überragt. Apostelfenster mit Tiroler Glasmalerei schmücken die 1844 erbaute Kirche. Sie beherbergt heute das Mecklenburgische **Orgelmuseum,** wo sich Besucher als Organisten versuchen können. Ein weiterer Anziehungspunkt ist das **DDR-Museum** im ehemaligen »Film-Palast« in der Kirchenstraße 25.

Eine ungewöhnliche Attraktion hat das Dorf **Federow,** südöstlich von Waren, zu bieten. Aus dem Gotteshaus sind in den Sommermonaten ungewöhnliche Töne zu hören, denn der Sakralbau (13. Jh.) wurde in die erste **Hörspielkirche** Deutschlands verwandelt, um damit seine Sanierung zu finanzieren (www.hoerspielkirche.de).

› Naturerlebnis-Tipps

Jugendumweltheim Steinmühle

Mitten im Müritz-Nationalpark liegt das Jugendumweltheim Steinmühle. Schulklassen, Kinder- und Jugendgruppen können sich hier einquartieren und mit allen Sinnen, Reagenzglas und Becherlupe die Ökosysteme Wald, Moor und See erkunden. Umweltpädagogen des Nationalparkamts begleiten kostenlos die Projekte.

Nationalparkamt Müritz – Jugendwaldheim Steinmühle:
An der Fasanerie 13, 17235 Neustrelitz, Tel. 03 98 24/2 52 13, www.gruenow-mecklenburg.de
Übernachtung mit Vollpension: 13 € pro Person, Mehrbettzimmer, Bettwäsche oder Schlafsack mitbringen.

Wasserwandern

Vom Wasser aus lässt sich die schöne Landschaft besonders intensiv genießen. Selbst die Anreise per Boot ist möglich. Die Strecke von Hamburg zur Müritz misst 182 km, 15 Schleusen sind zu passieren. Bei Dömitz wird die Elbe verlassen und auf der Elde-Müritz-Wasserstraße geht es, vorbei an Parchim und Plau, zur Müritz. Ab Berlin via Havel-Oder-Wasserstraße, Obere Havel-Wasserstraße und Müritz-Havel-Wasserstraße sind es 282 km und 17 Schleusen bis zum »Kleinen Meer«.

Schön ist der Wasserweg **von Waren nach Plau** (80 km): Ein schmales, dicht bewachsenes Gewässer führt vom Westufer der Binnenmüritz zum Kölpinsee. Dort ragt die Halbinsel Damerower

Werder ins Wasser, auf der Wisente hausen. Westlich davon verbindet eine schmale Durchfahrt den Kölpin- mit dem Fleesensee, der sich im Südwesten verengt und in den Malchower See übergeht. Der Malchower See mündet in den lang gestreckten Petersdorfer See, der schließlich an einer engen Stelle in den Plauer See schwappt.
Eine bei Kanuten besonders beliebte Strecke führt **von Kratzeburg** am Käbelicksee (nordwestlich von Neustrelitz) auf der Havel durch den Pagels- und den Jäthensee **zum Useriner See.**
Kanus vermieten u. a.:
Kanustation Granzow: Am Badestrand, 17252 Granzow, Tel. 03 98 33/2 18 00, www.kanustation-granzow.de
Kanu- und Fahrradverleih, geführte Touren.
Kormoran-Kanutouring:
Granzin 38, 17237 Kratzeburg-Granzin, Tel. 03 98 22/2 98 88, www.kormoran-kanutouring.de
Kanu- und Fahrradverleih, geführte Touren.

› Naturpark Feldberger Seenlandschaft

Die Seen rund um **Feldberg,** allen voran der Schmale Luzin, gehören zu den Perlen der Mecklenburgischen Seenplatte und begeisterten schon den Schriftsteller Hans Fallada »mit tiefstem klarstem Wasser«. In der Eiszeit, vor 15 000 Jahren, wurde die Landschaft geformt. Heute sind ihre Klarwasserseen, intakten Moore und alten Buchenwälder ein Heim für seltene Tiere wie Biber, Fisch-, See- und Schreiadler. Nachts tauchen Fischotter auf, Rotbauchunken rufen im Chor, und wer das helle »Quäck, Quäck« der Laubfrösche ausmacht, kann sie im Umkreis von 2 km suchen – so weit sind die grünen Hüpfer zu hören, wenn sie die Schallblase ihrer Kehle entleeren, die sie wie einen Luftballon aufblähen können.

Nördlich von Feldberg erhebt sich der **Reiherberg,** eine eiszeitliche Abbruchkante, 145 m hoch und ein idealer Aussichtspunkt auf den Haussee mit seinen zwei Inseln, der Liebes- und der Schlangeninsel. Ebenfalls durch einen eiszeitlichen Gletscher erhielt der **Schmale Luzin** seine Form. Mit seinen Maßen erinnert er mehr an einen Fluss: Länge 7 km, Breite maximal 300 m, bis zu 40 m hohe, bewaldete Steilufer. Über eine Treppe geht's vom höher gelegenen Ort Feldberg ans Ufer dieses Rinnensees. Im Sommerhalbjahr fährt eine handbetriebene Seilfäh-

› Still gleiten die Kanus …

› Tiefes klares Wasser und intakte Natur kennzeichnen die Feldberger Seen

re im Halbstundentakt oder auf Zuruf »Fährmann hol över« über den Schmalen Luzin zum Hotel Hullerbusch. Dort führt ein Weg über den Hauptmannsberg und via Carwitz um den Schmalen Luzin zurück nach Feldberg. In **Carwitz** lebte von 1933 bis 1944 Rudolf Ditzen alias Hans Fallada. In seinem ehemaligen Wohnhaus informiert eine Ausstellung über Leben und Werk des Schriftstellers (Zum Bohnenwerder 2, www.fallada.de, Mo geschl.).

Attraktion des Waldmuseums Lütt Holthus in **Lüttenhagen,** westlich von Feldberg, ist ein begehbarer Fuchsbau (Forsthof 2, Mo geschl.). Wer den Wald jedoch lieber an Ort und Stelle studieren möchte, der sollte die Buchen im nahe gelegenen **Naturschutzgebiet Heilige Hallen** (zu erreichen u. a. vom Weiler Neuhof) besichtigen. Sie sind schon über 300 Jahre alt und gehören damit zu den ältesten in Deutschland. Großherzog Georg von Mecklenburg-Strelitz hat sie bereits Mitte des 19. Jhs. unter Schutz gestellt. Damals entstand auch der Name »Heilige Hallen«, weil die Baumgruppen an die Architektur gotischer Kirchen erinnern: Stämme wie hohe Pfeiler, Äste wie spitze Bögen.

› Naturerlebnis-Tipps

Einmal Schäfer sein

Das ist Wellness pur für Körper, Geist und Seele: im Schritt und Tempo der Schafe über Hügel und durch Senken zwischen Schmalem Luzin und Zansen ziehen und eins sein mit der Natur. Der Schäfer von Hullerbusch lädt ein, für ein paar Stunden mit ihm zu wandern. Unterwegs kann man Schäfchen zählen, ihre Wolle fühlen, ihre Lieblingskräuter probieren und alten Hirtenweisen lauschen, die der Schäfer vorträgt. Zur Herde gehören 400 Mutterschafe der Rasse »Rauwolliges Pommersches Landschaf« und ihre Lämmer. Die Schäferei arbeitet ökologisch nach Regeln des Anbauverbands Gäa.

Schäferei Hullerbusch (s. Bioadressen): Termine: Ende Juni–Mitte Sept.
Fr 9 Uhr, Treffpunkt: Parkplatz vor dem Hotel Hullerbusch.

Radeln auf dem Wasser

Im nahen brandenburgischen Lychen werden Hydrobikes verliehen, katamaranähnliche, auf Schwimmer montierte Wasser-Fahrräder. Reizvoll ist eine 8 km lange motorbootfreie Strecke über die östlichen Lychener Seen, den von Seerosen gesäumten Oberpfuhl-, den Zens- und den Platkowsee. Alternativ können bis zu 30 Personen mit einem Touristenfloß über die stillen Wasser der Uckermark schippern.
Treibholz: Oberpfuhlstr. 3a,
17279 Lychen, Tel. 03 98 88/4 33 77,
www.treibholz.com
Hydrobike Mai–Sept. tgl. 10–18 Uhr,
Floßfahrten: Mai–Sept. Sa, So 15 Uhr,
Juli und Aug. Mi–So 15 Uhr.

› Neustrelitz und Mirow

Die barocke Kleinstadt **Neustrelitz** (22 000 Einw.) am **Zierker See** ließen die Herzöge von Mecklenburg-Strelitz ab 1733 anlegen. Vom Marktplatz im Zentrum gehen acht Straßen strahlenförmig ab. Der Platz wird vom »**Bodderfatt**« (Butterfass) beherrscht, wie der Volksmund den Turm der Stadtkirche aus dem 18. Jh. nennt (Juli bis Aug. Mo–Fr 10–17 Uhr). Die Seestraße führt vom Markt zum Zierker See, die Schlossstraße zum **Schlossgarten.** Dieses grüne Kleinod wurde im 18. Jh. von Julius Löwe und Peter und Joseph Lenné angelegt, im barocken Stil mit Skulpturen und Wasserspielen, wie sie heute noch auf der Hauptallee zu sehen sind. Große Teile der Anlage hat man im 19. Jh. nach dem Vorbild englischer Landschaftsparks umgestaltet, ihre architektonischen Schmuckstücke sind die Orangerie und kleine Tempel. An das 1945 zerstörte und 1950 restlos abgerissene Schloss erinnert eine Attrappe, die im Sommer als Kulisse für kulturelle Veranstaltungen dient. Die **Schlosskirche** in der Hertelstraße zwischen Schloss- und Tiergarten beherbergt seit 2001 die sog. Plastikgalerie mit interessanten Skulpturen (Mai bis Anfang Okt.). Neben dem Tiergarten mit begehbarem Affengehege ist das frühmittelalterliche **Slawendorf am Zierker See** die zweite Freizeitattraktion der Stadt (Useriner Str. 4, April bis Okt. tgl. 10 –17 Uhr, www.slawendorf-neustrelitz. de).

Bei Wustrow lockt das Biodorf Seewalde (s. S. 93).

Mirow zwischen Neustrelitz und der Müritz ist ein beliebter Ferienort. Die Schleuse am westlichen Mirower Stadtrand zieht viele Schaulustige an. Auch der altertümliche Ortskern mit grob gepflasterten Straßen, urigen Häuschen, der Johanniterkirche und dem barocken Schloss von 1752 auf der Schlossinsel lohnt einen Besuch. Eine schmucke Brücke verbindet die Schloss- mit der kleinen »Liebesinsel«. Hier befindet sich das Grab des letzten Großherzogs von Mecklenburg-Strelitz, der sich angeblich wegen einer unglücklichen Liebe das Leben genommen hatte.

Zwischen Mirow und Rheinsberg liegt die Bioland-Ranch Zempow (s. S. 93).

Bioadressen

»Hof Medewege (Demeter)
Hauptstr. 11–15, 19055 Schwerin,
Tel. 03 85/5 50 91 54,
www.hof-medewege.de,
Hofcafé Do–So 14–18 Uhr,
Hofladen Mo–Fr 8.30–18.30,
Sa 8.30–14 Uhr. FeWo für 6 Personen.
Genuss-Oase am nördlichen Stadtrand von Schwerin. Nach einem Bad im Medeweger See oder einem Ausritt durch den angrenzenden Wald lädt das Hofcafé im Park zu Kuchen, Quiche, Hirtentasche, Obstsaft oder frisch zubereiteten Espressospezialitäten ein – alles köstlich und in Bio-Qualität. Viele Backwaren kommen aus der benachbarten Mühlenbäckerei. Fast 1000 Bio-Produkte werden im Hofladen angeboten, u. a. Milcherzeugnisse, Fleisch, Kartoffeln, Obst und Gemüse aus eigener biologisch-dynamischer Landwirtschaft.
Feriengäste wohnen in einem gemütlichen Holzhaus mit Garten und bekommen auf Wunsch ihr Mittagessen aus der Bio-Hofküche. Das große Hofgut wirkt wie ein kleines Dorf mit mehreren Kunsthandwerksbetrieben (Filzwerkstatt, Bildhauerei, Korbflechterei), therapeutischen Initiativen und einem Waldorfkindergarten. Thematische Hofführungen, z. B. »Ich wollt ich wär' ein Biohuhn«. ❍
Anreise: Auf Wunsch werden Gäste vom Schweriner Hauptbahnhof abgeholt.

»Landhotel Zur Scheune (Biohotels)
Dudel 1, 17207 Bollewick,
Tel. 03 99 31/5 80 70,
www.reschke-hotels.de
In Bollewick, 3 km südwestlich von Röbel, steht Norddeutschlands größte Feldsteinscheune (125 x 34 m).
Zu DDR-Zeiten hausten hier 650 Kühe, heute beherbergt die Scheune Läden, Schauwerkstätten für Kunsthandwerk, Restaurants und im Nordgiebel ein Biohotel. Die Zimmer sind mit Naturholzmöbeln ausgestattet, Wellnessangebote (Massagen). Die Produkte für die Küche des Restaurants »Dorfschänke« werden nach Biopark-Richtlinien erzeugt. ❍❍
Anreise: Nächster Bahnhof in Röbel, Buslinien 023, 033, 043
(s. www.pvm-waren.de).

»Heuscheune der Wassermühle Kölln (Demeter)
Ulrich Damm, Wassermühle,
18292 Kölln, Tel. 03 84 51/7 02 39,
www.meckbio.de
Betten machen mit der Gabel? So geht's bei einer Übernachtung im Heu. In einer renovierten Scheune in Kölln (im Tal der Nebel) zwischen Krakow und Güstrow liegt das Heu komfortable 50 cm hoch und duftet wunderbar nach Landurlaub. Gekocht wird in der Gemeinschaftsküche, Bio-Zutaten gibt's nebenan im Demeter-Hofladen in der alten Wassermühle. Zwei Pferde stehen zum Reiten bereit. Außerdem: Zimmervermietung, Fahrradverleih. ❍
Anreise: Abholservice, nächster Bahnhof ist Krakow.

»Familienferienpark Dambeck
Hauptstr. 2, 17237 Kratzeburg,
Tel. 03 98 22/2 02 25,
www.familienferienpark-dambeck.de
Der Top-Tipp für Biourlaub an der Mecklenburgischen Seenplatte.
Deutschlands erste gemeinnützige

Ferienstätte, die ihre Gäste komplett mit Bio-Gerichten verwöhnt. Traumhafte Lage in einem 7 ha großen Park direkt an zwei Badeseen bei Kratzeburg im Nationalpark Müritz. Gemütliche Ferienwohnungen (2–6 Pers.) im Gutshaus und in Reihenhäusern. ❍
Anreise: Auf Wunsch werden Gäste vom Bahnhof Kratzeburg abgeholt.

»Seewalde
Hauptverwaltung, Seewalde 2, 17255 Wustrow, Tel. 03 98 28/2 02 75, www.seewalde.de
Bungalow für 4–8 Personen.
Ein Dorf mit biologisch-dynamischer Gärtnerei und Bioladen mitten im Grünen südöstlich von Mirow. Neben Ferienwohnungen werden Bungalows vermietet, die mit Naturholzmöbeln eingerichtet sind und an einer Wiese am Gobenowsee stehen.
Bademöglichkeit, Grillplatz, Rad- und Kanuvermietung. In dem kleinen Dorf leben auch mehrere sozialtherapeutische Gruppen. ❍
Anreise: Mit Busline 649 ab Neustrelitz.

»Bioland-Ranch Zempow (Bioland)
Birkenallee 12, 16837 Zempow, Tel. 03 39 23/7 69 15, www.zempow.de, Ferienwohnung.
Mitten in der Pampa zwischen Mirow und Rheinsberg liegt das Dorf Zempow (Brandenburg). Dort bietet die Bioland-Ranch Bio-Gemüse und Bio-Rindfleisch und, wer länger bleiben möchte, kann sich in Ferienwohnungen in Niedrigenergiehäusern erholen (4-Sterne-Kategorie), erbaut aus ökologischen Materialien. Verpflegung mit Bio-Speisen für Gruppen möglich. Extras: Sauna,

› Im Hofladen Hullerbusch

Kanu- und Fahrradverleih, Grillplatz, Reitunterricht, geführte Ausritte. ❍
Anreise: Mit der Bahn bis Wittstock und weiter mit dem Bus bis Buschhof, dort Abholservice.

»Schäferei Hullerbusch (Gäa)
Hullerbusch 2, 17258 Feldberger Seenlandschaft, Tel. 03 98 31/2 00 06, www.schaeferei-hullerbusch.de, im Sommer tgl. 11–19 Uhr, Frühjahr–Herbst nur Fr–So.
Wollprodukte, Schaf- und Ziegenfelle, Ziegenkäse, Schafschinken und Lammfleisch werden im Laden des Schäfers angeboten, den auch Gäste auf seinen Touren begleiten können (s. Naturpark Feldberger Seenlandschaft, Naturerlebnis-Tipps, S. 90).

»Gärtnerei »Essbare Landschaften« (Bioland)
Gutshaus Boltenhagen, 18516 Süderholz, Tel. 03 83 26/53 57 80, www.essbare-landschaften.de, Mo–Fr 9–17 Uhr, Führungen und Seminare nach Vereinbarung (für Frühjahr 2009 ist ein Umzug der Gärtnerei geplant!)
Wie wertvoll und köstlich selbst sogenanntes Unkraut sein kann, zeigen

Gartenbauingenieur Olaf Schnelle und Meisterkoch Ralf Hiener, die aus dem Garten des Gutshofs Boltenhagen über 100 verschiedene Wild- und Würzkräuter, essbare Blüten und Beeren ernten und, getrocknet oder zu Delikatessen verarbeitet, an die Spitzengastronomie verschicken. Nach Bio-Richtlinien werden Pflänzchen wie Wiesenkerbel, Malve, Giersch, Goldmohn und Gartenmelde angebaut, in Wald und Flur Sauerklee und Holunder gesammelt. Aus den Äpfeln der umliegenden Streuobstwiesen, darunter alte Sorten wie »Dülmener Rosenapfel«, »Pommerscher Krummstiel« und »Gräfin von Paris«, pressen die Naturburschen Säfte, veredeln sie zu Gelees, gewürzt mit eigenen Kräutern, z. B. Apfelgelee mit Engelwurz, Apfelgelee mit Safran oder Waldmeistergelee.

Anfahrt: Boltenhagen liegt außerhalb der Seenplatte im östlichen Vorpommern und ist von Waren aus nordwärts via Stavenhagen und Demmin zu erreichen, nächster Bahnhof ist Rakow.

› Naturpark Mecklenburgische Schweiz und Kummerower See

Wie grüne Bänder liegen Alleen auf den Hügeln der Mecklenburgischen Schweiz und verbinden Dörfer und alte Herrenhäuser. Vom 96 m hohen **Röthelberg** nahe Burg Schlitz bietet sich ein schöner Blick auf die Landschaft um den Malchiner See. **Burg Schlitz,** ein klassizistisches Schloss (heute Hotel) von 1823, liegt in einem 6 km² großen Park. Ein Park mit Schloss ist auch die Attraktion am anderen Ufer des Malchiner Sees beim Dorf **Basedow.** Das Schloss, eine Dreiflügelanlage, wurde zwischen dem 16. und 19. Jh. erbaut. Den Park entwarf der berühmte Gartenarchitekt Peter Joseph Lenné.

Zwischen Malchiner und Kummerower See liegt **Malchin** im Zentrum der Mecklenburgischen Schweiz. Das Städtchen wurde im Zweiten Weltkrieg stark zerstört, Plattenbauten gehören zum Bild, aber auch Reste der mittelalterlichen Befestigung und die mächtige Backsteinbasilika St. Maria und Johannes.

Der **Kummerower See** im Norden tritt ab und zu über die Ufer, so sind die sehenswerten Moorwiesen bei Neukalen entstanden, wo Bachnelkenwurz, Kriechender Hahnenfuß und Knabenkraut wachsen und Uferschnepfen und Rohrschwirl nisten.

Bei einer Reise durch die Mecklenburgische Schweiz sollte **Teterow** nicht ausgelassen werden, das für seine Altstadt und den Hechtbrunnen berühmt ist. Am Brunnen ist die Geschichte zweier Fischer vermerkt, die in Schildbürgermanier eine Kerbe in ihr Boot schlugen. So wollten sie sich die Stelle merken, an der sie einen Fisch ins Wasser geworfen hatten, den sie wiederfinden wollten. Auf dem schilfbestandenen Teterower See geht's per Fähre zu einem Inselchen, einst slawische Siedlungsstätte, heute Naturschutzgebiet, und morgens und abends besonders romantisch, wenn Zwergrohrdommel und Nachtigall hier konzertieren.

Östlich des Naturparks steht am Ortseingang der Reuterstadt **Stavenhagen** eine berühmte Eiche. Fritz Reuter hat sie in Erinnerung an seine Eltern gepflanzt. »Schonet den Baum, dass Ihr Euch dereinst an seinem Schatten labet«, ist auf einer Bronzetafel zu lesen. Mecklenburgs Nationaldichter wurde 1810 in Stavenhagens Rathaus am Markt geboren – sein Vater war Bürgermeister. Heute beherbergt das alte Rathaus das **Reuter-Literaturmuseum** mit niederdeutscher Bibliothek (Mo–Mi 9–17, Do 9–20, Sa, So 10–17 Uhr).

Beim Dorf **Ivenack** (nahe Reuterstadt Stavenhagen, östlich vom Naturpark) stehen die vermutlich **ältesten Eichen Europas.** Der dickste unter den sechs, unter Denkmalschutz stehenden Baumriesen hat schon etwa 1200 Jahre auf dem Buckel. Er ragt 35 m in die Lüfte und ist kaum von einer kompletten Fußballmannschaft zu umfassen!

›Naturerlebnis-Tipps

Radeln auf Schienen

Auf einem stillgelegten Bahngleis in der Mecklenburgischen Schweiz rollen Draisinen, Schienenfahrzeuge, die von zwei Personen auf fahrradähnlichen Aufbauten angetrieben werden. Die Schienen-Rikscha bietet zwei weiteren Beifahrern Platz. Die knapp 17 km lange Strecke zwischen **Dargun** und **Salem** führt durch eine abwechslungsreiche Hügellandschaft mit Wäldern und Wiesen. Bei Gegenverkehr allerdings muss ein Vehikel aus der Spur gehoben werden.

Naturpark-Draisine: Bahnhofstr. (Güterhalle), 17159 Dargun, Tel. 03 99 59/2 78 04, www.naturpark-draisine.de Mitte April–Ende Okt. Ausleihe 9–11, Rückgabe 14–18 Uhr.

Natur- und Umweltpark Güstrow

Aalen, Hechten, Forellen und Fröschen durch die gute Stube wandern. Im Natur- und Umweltpark Güstrow führt ein 12 m langer Tunnel unter Wasser durch einen Bach, dessen Bewohner in »freier Wildbahn« hinter dicken Glasscheiben beobachtet werden können. Wolfsgeheul, Eulenrufe und Gänsehaut erwarten die Besucher bei Nachtwanderungen im Park. Über einen 108 m langen Hochweg geht es zum einzigen Wolfsrudel Mecklenburgs, besonders eindrucksvoll bei Vollmond.
Infos: Verbindungschaussee, 18273 Güstrow, Tel. 0 38 43/2 46 80, www.nup-guestrow.de, 1. April bis 31. Okt. 9–19, sonst 9–16 Uhr.

› Die ältesten Eichen Europas

› Das Wolfsrudel von Güstrow

› Naturpark Nossentiner/ Schwinzer Heide

Neben Heiden prägen Kiefern die Gegend nordwestlich der Müritz. Wer von Waren kommt, stößt gleich am Kölpinsee auf eine Attraktion des Naturparks. Die Halbinsel **Damerower Werder** ist Lebensraum für etwa 30 Wisente. Ihre Vorfahren kamen vor über 50 Jahren aus den ostpolnischen Urwäldern. Füttervorführungen in einem Gatter tgl. 10 und 15 Uhr.

Malerisch wirkt der **Krakower See** mit seinen kleinen Inseln, Buchten und Bootshäusern. Sein Südteil, der Krakower Obersee, ist ein Vogelbrutgebiet. Im Frühjahr kann man das dumpfe Rufen der Großen Rohrdommel noch in 5 km Entfernung hören. Es klingt wie Ochsengebrüll und hat dem Vogel den Spitznamen »Moorochse« beschert. Erhöhte Aussichtsstellen befinden sich bei der Glaver Köppel und nicht weit von der Bushaltestelle Neu Bobbin. Nahe dem Nordufer führt ein Wanderweg zwischen **Kuchelmiß** und **Serrahn** durchs wild_ romantische **Tal der Nebel,** der Nebenfluss der Warnow springt wie ein Gebirgsbach über Felsbrocken.

Der Luftkurort **Krakow am See** (4000 Einw.) ist das touristische Zentrum der Gegend. Bedeutendste Sehenswürdigkeit ist die Stadtkirche, deren Ursprung im 13. Jh. liegt. Für kulturelle Veranstaltungen aber wird die 1866 erbaute und 1921 zur Turnhalle umfunktionierte Synagoge genutzt. Weitere Attraktion: die historische Buchdruckwerkstatt und eine Heimatstube in der alten Schule des Ortes.

Zwischen Krakow und Gustrow liegt die Heuscheune der Wassermühle Kölln (s. S. 92).

› Naturpark Sternberger Seenland

Gewässer machen auch das Gebiet um Sternberg zum begehrten Ausflugsziel. Da ist der Große Sternberger See mit seinen Badebuchten und Bootsstegen und da ist die Warnow mit ihren Nebenflüssen, die 8 km nördlich von Sternberg ein tosendes Spektakel veranstaltet, in einem Durchbruchstal Richtung Rostock rauscht, zwischen bis zu 30 m hohen Steilhängen hindurch. Unten in Flussnähe wachsen Erlen, weiter oben Buchen, Linden und Ulmen. **Sternberg** am Südwestufer des gleichnamigen Sees glänzt mit seinem alten Kern: kopfsteingepflasterten Straßen, Stadtmauerresten, dem Mühlentor, der Backsteinkirche St. Maria und St. Nikolaus aus dem 14. Jh. (schöne Aussicht vom Turm), dem Heimatmuseum (Mühlenstr. 6) und einigen Fachwerkhäusern mit markantem Zierstreifen (Sternberger Band).

Beim nahen **Groß Raden** hat man Reste einer **slawischen Tempelburg** ausgegraben. Die Anlage wurde rekonstruiert und bietet mit ihren Häusern, Werkstätten, der Tempelanlage und vielem mehr einen anschaulichen Einblick in die Lebenswelt des 9. und 10. Jhs. (Archäologisches Freilichtmuseum, April–Okt. tgl. 10–17.30, sonst 10–16.30 Uhr).

Nordöstlich, bei **Boitin,** liegen auf einer Waldlichtung mysteriöse Steinkreise. Vermutlich wurden auf diese Weise vor etwa 2500 Jahren Grabfelder eingefasst.

› Prächtig – das Schweriner Schloss

› Schwerin

Harmonisch fügt sich Schwerin (96 000 Einw.) am westlichen Rand der Seenplatte in das wasserreiche Landschaftsbild. Das Zentrum der Landeshauptstadt Mecklenburg-Vorpommerns ist von sieben Seen umgeben. Auf einer Insel im Schweriner See befindet sich das **Schloss** und spiegelt sich mit seinen vielen Türmen, Erkern und Kaminen im Kanal des schönen Schlossgartens. Die Residenz wurde im 19. Jh. nach dem Vorbild des französischen Schlosses Chambord gebaut. Im Innern (Mo geschl.) prunkt der Thronsaal mit dem Thronsessel aus vergoldetem Lindenholz. Ein Reiterstandbild am Eingang des Schlossgartens zeigt den Bauherrn der Residenz, Großherzog Friedrich Franz II.

Am »Alter Garten« genannten Platz zwischen Residenz und Altstadt stehen mehrere repräsentative Bauten: dem See am nächsten das tempelähnliche **Staatliche Museum,** das eine bedeutende Kunstsammlung mit Gemälden von Rubens, Corinth und Duchamp beherbergt (Mo geschl.), links davon das im Neorenaissancestil errichtete **Mecklenburgische Staatstheater** und weiter links das **Alte Palais,** ein zweigeschossiger Fachwerkbau. Schloss- und Puschkinstraße führen ins Herz der teilweise autofreien Altstadt.

Der **Dom,** ein Juwel der Backsteingotik, beherrscht die Szenerie dieses Quartiers. Sein Turm ragt stattliche 117 m empor, in 50 m Höhe befindet sich ein Aussichtsrundgang. Die Orgel ist mit über 6000 Pfeifen die größte in Mecklenburg. Am Markt prangt das Rathaus mit einer Schaufassade im Tudorstil. Die Puschkinstraße mündet in den Schelfmarkt, an dem sich die barocke Pfarrkirche St. Nikolai aus dem 18. Jh. erhebt. Über die Gaußstraße wird ein weiteres Gewässer erreicht: der Pfaffenteich.

Eine Biogenuss-Oase ist Hof Medewege (s. S. 92).

Allgemeine Infos

Tourismusverband Mecklenburgische Seenplatte, Turnplatz 2, 17207 Röbel, Tel. 0 39 91/53 80, www.mecklenburgische-seenplatte.de

Mit Bus und Bahn

Bahn: Die Mecklenburgische Seenplatte ist gut von den Bahnknotenpunkten Hamburg und Berlin aus zu erreichen. Auf der Strecke Berlin-Rostock halten Züge der Deutschen Bahn und von Interconnex in Neustrelitz, Waren und Güstrow. In Neustrelitz bzw. Waren kann man in Züge der Ostdeutschen Eisenbahn umsteigen, die drei Haltepunkte im Nationalpark bedienen: Kargow, Klockow und Kratzeburg. Die Ostdeutsche Eisenbahn betreibt auch die Strecke Neustrelitz-Mirow mit zwei Haltpunkten in der Nähe des Nationalparks: Groß-Quassow und Wesenberg. Intercitys auf der Linie Hamburg–Rostock machen Station in Ludwigslust, Schwerin und Bützow. Von Bützow verkehren Bahnen nach Güstrow, Teterow, Malchin und zur Reuterstadt Stavenhagen. Ludwigslust wird wiederum von Zügen der Ostdeutschen Eisenbahn bedient, die via Malchow nach Waren und weiter auf der oben genannten Strecke durch den Nationalpark nach Neustrelitz fahren.

Bus: Buslinie 170 verbindet Schwerin mit Sternberg. Die Buslinien 251 bzw. 350 fahren von Güstrow nach Krakow am See. Von Neustrelitz fahren Busse u. a. zur Feldberger Seenlandschaft. Auch ab Waren gibt es zahlreiche Busverbindungen (z. B. nach Röbel). Die Ausflugsbuslinie »Müritz« verkehrt zwischen Mai und Oktober ab Waren durch den Nationalpark via Boek nach Bolter Kanal (von dort verkehren regelmäßig Schiffe zurück nach Waren). Busse der zweiten Ferienlinie »Fischadler« fahren im Juli und August jeweils dienstags und donnerstags ab Mirow, ebenfalls durch den Nationalpark, über Wesenberg, Kratzeburg, Granzin nach Boek.

Nationalpark-Ticket: Dieses Ticket berechtigt zur Nutzung der Ausflugsbuslinien (mit Aufpreis auch Schiffe), inklusive Fahrradtransport, Anreise mit Bussen im Stadtverkehr Waren, Teilnahme an ausgewählten Führungen des Nationalparkamtes. Tagesticket 7 €, 3-Tages-Ticket 16,50 €, Familien-Tages-Ticket 14 €, weitere Angebote unter www.nationalparkticket.de

Mecklenburg-Vorpommern-Ticket: Mit diesem Ticket für 25 € können bis zu 5 Personen einen Tag lang in Nahverkehrszügen durch Mecklenburg-Vorpommern und auf einigen Strecken in Hamburg und Schleswig-Holstein fahren. Die Fahrkarte gilt auch in den Zügen der Ostdeutschen Eisenbahn.

Personenverkehr Müritz: Tel. 0 39 91/64 50, www.pvm-waren.de (Auskunft Busverkehr Region Waren).

Verkehrsgesellschaft Mecklenburg-Strelitz: Tel. 0 39 81/42 10 10, www.vms-bus.de (Auskunft Busverkehr Region Neustrelitz).

Ostdeutsche Eisenbahn: Tel. 0 38 71/6 06 93 15, www.odeg.info

Interconnex: Tel. 0 18 05/10 16 16, www.interconnex.com

Deutsche Bahn: Tel. 08 00/1 50 70 90, www.bahn.de

Lüneburger Heide

Eine Landschaft in zartem Violett, mit sandigen Wegen, kleinen Flüsschen und unzähligen Schafen, die verhindern, dass die Heideflächen zwischen Hamburg und Hannover zuwuchern.

»Auf der Lüneburger Heide, in dem wunderschönen Land, ging ich auf und ging ich unter, allerlei am Weg ich fand.« Worte wie die des Dichters Hermann Löns (1866–1914) ließen das Bild der romantischen, heilen Heidewelt entstehen. Schon vor 100 Jahren setzten sich Naturschützer für den Erhalt der lieb gewonnenen Landschaft ein, und 1926 eröffnete in Bispingen ein »vegetarisches Erholungsheim« für Urlaub im Einklang mit der Natur. (s. Bioadressen, Haus Spöktal, S. 108)

› Naturpark Lüneburger Heide

Calluna vulgaris (Besenheide) und Erica tetralix (Moorheide) verwandeln im August und September das Land westlich von Lüneburg in ein violettes Blütenmeer. Dann strömen Tausende Besucher zu Fuß, per Rad, Pferd oder Kutsche von Behringen, Egestorf, Undeloh, Nieder- und Oberhaverbeck zu den ausgedehnten Heideflächen rund um den 169,2 m hohen **Wilseder Berg** im Zentrum des Naturparks.

Am Osthang des Wilseder Bergs liegt das hübsche, autofreie 40-Einwohner-Dorf **Wilsede** mit reetgedeckten Häusern unter alten Eichen und dem **Heide-Museum** »Dat ole Huus«, untergebracht in einem Bauernhaus von 1742, das einst in Hanstedt stand (Mai-Anfang Okt. tgl. 10–16 Uhr). Vor allem in Wilsede und Undeloh werden Mitbringsel aller Art angeboten, aber nur wenige stammen aus der Region. Die Schafsfelle beispielsweise kommen überwiegend aus Irland. Schnuckenwolle würde sich nicht so gut verkaufen, sie kratzt.

1130 km^2 zwischen Bispingen, Jesteburg, Schneverdingen und Amelinghausen, wo man auf dem Bauernhof urlauben kann (s. S. 108), umfasst der Naturpark Lüneburger Heide. Im »Haus der Natur« in **Niederhaverbeck** informiert eine Ausstellung über die Geschichte des Naturschutzes in der Lüneburger Heide (Mai–Mitte Okt. Di–So 10–16 Uhr). Hier beginnt auch eine schöne, dreieinhalbstündige Rundwanderung über die Heidehügellandschaft zum Wilseder Berg, nach Wilsede und am Rand des **Totengrunds** zurück nach Niederhaverbeck (Mi um 10 Uhr geführte Wanderung). Der Totengrund ist ein imposantes, von Steilhängen umschlossenes, mit Heide und hohem Wacholder bewachsenes Trockental. Als Anfang des 20. Jhs. in diesem Tal Häuser gebaut werden sollten, formierte sich unter dem **»Heidepastor« Wilhelm Bode** eine der ersten Naturschutzgruppen Deutschlands. Die Naturfreunde kauften das Gelände, das bald unter Schutz gestellt wurde und sich zu einem Touristenmagneten entwickelte.

Dass aus den restlichen Heideflächen nicht allmählich Wald wird, dafür sorgen Tausende Schafe, die am Tage über die Heide ziehen und die jungen Triebe von den Bäumen verbeißen. Nur die spitzen Nadeln des Wacholders verschmähen sie, weshalb sich der Wacholder ungehindert aus-

› Natürliche Landschaftsgärtner: Heidschnucken in der Lüneburger Heide

breitet. Die typischen grauen, gehörnten Heidschnucken stammen vom Europäischen Mufflon ab. Sie zerreißen auch die vielen Spinnweben an den Blüten, was den Bienen die Arbeit erleichtert. Über Jahrzehnte florierte die Imkerei, mittlerweile hat allerdings die Zahl der Bienenvölker abgenommen und immer mehr Wanderimker bringen ihre Tiere als Verstärkung herbei. Übrigens: Hunde dürfen nur an der Leine durch den Naturpark geführt werden.

Mit großflächigen Rodungen im Mittelalter begann die Entwicklung zur Heidelandschaft, wie wir sie heute kennen. Das Holz wurde vor allem bei der Salzgewinnung im nahen Lüneburg verfeuert. Ackerbau war auf dem nährstoffarmen Boden schwierig. Die Heidebewohner schafften sich mehr und mehr Schafe an, um so Wolle und Fleisch zu gewinnen, was ihnen ein erträgliches Auskommen sicherte. Seitdem sorgen die Schnuckenherden dafür, dass auf den Flächen zwischen den Wäldern nichts wächst außer Pionierpflanzen wie Beeren-, Wacholder- und Heidegewächsen.

› Naturerlebnis-Tipps

Unter Schnucken

Einen Tag lang mit einem Schäfer und seiner Schnuckenherde durch die Heide zu ziehen, ist entspannend wie Yoga. Gleich mehrere Orte bieten sog. Schäfer-Schnuppertage als Pauschale an. In **Neuenkirchen** mit zwei Übernachtungen, zwei Menüs »rund um die Schnucke«, Vesperpaket, Wanderstab und Wanderkarte (Mai–Okt., 130 € pro Pers.). Ein ähnliches Arrangement gibt es in **Schneverdingen** (ab 112 €), auch ohne Übernachtung und Heidschnuckengericht buchbar, Lunchpaket inklusive (Mai–Okt., 29 €).
In **Amelinghausen** kostet der Schäfertag 25 €, samt Picknickpaket 32,50 €. **Bispingen** bietet regelmäßig verschiedene Ausflüge zu einem Schäfer und seiner Herde an, die man dem Veran-

staltungsprogramm des Ortes entnimmt: Fahrradtouren (10 km) zum Heidschnuckeneintrieb (»Heidschnucken ins Bett bringen«), Kutschfahrten zum Heidschnuckeneintrieb (»Schäferstündchen«) und einen Nachmittag beim Schäfer inklusive Picknick, Anreise per Rad oder Kutsche.

Heide-Touristik Neuenkirchen: Kirchstr. 9, 29643 Neuenkirchen, Tel. 0 51 95/51 39, www.heideurlaub24.de

Schneverdingen Touristik: Rathauspassage 18, 29640 Schneverdingen, Tel. 0 51 93/9 38 00, www.schneverdingen.de

Tourist Information Amelinghausen: Marktstr. 1, 21385 Amelinghausen, Tel. 0 41 32/93 05 50, www.amelinghausen.de

Bispingen-Touristik: Borsteler Str. 6, 29646 Bispingen, Tel. 0 51 94/3 98 50, www.bispingen-touristik.de

Tierpark Hanstedt

Im Tierpark Hanstedt ist ganz schön was los: Ein Falkner sorgt für atemberaubende Flugvorführungen von Adlern, Geiern und Eulen, Küken schlüpfen im Hühnerhof, Hirsche röhren zur Brunftzeit und Elche schleichen durchs Unterholz.

1000 Tiere aus 120 Arten leben auf dem über 60 ha großen naturnahen Gelände der Nordheide. Darunter fast alle einheimischen Wildtierarten und darüber hinaus Vertreter aus den nördlichen Breiten Asiens und Amerikas: so etwa Schneeeulen, Poitou-Esel, Wölfe, Wollschweine, Wasch- und Nasenbären.

Infos: Am Wildpark, 21271 Nindorf-Hanstedt, Tel. 0 41 84/8 93 90, www.wild-park.de, 1. März–31. Okt. 8–19, 1. Nov.–Ende Febr. 9–16.30 Uhr.

Anfahrt: Vom Bahnhof Hamburg-Harburg mit Buslinie 4148 nach Hanstedt und von dort weiter mit Buslinie 4207.

Schwindequelle

Schön anzusehen, wie der Schwindebach 9 km nordwestlich von Amelinghausen in der Schwindebecker Heide entspringt. Am Ortseingang von Schwindebeck, aus Richtung Soderstorf kommend, zweigt rechts eine Straße ab, an der nach knapp 1 km ein Findling den Weg zur Quelle nach links weist. Über einen gewundenen Pfad geht es unterm dichten Laubdach eines Wäldchens weiter, bis ein 30 m² großes Quellbecken vor einem liegt. Das sprudelnde Wasser wirbelt unablässig Sand vom Waldboden auf und schillert je nach Lichteinfall in verschiedenen Farben.

Klettergärten

Nur Mut! Die Aufstiegs-, Balance- und Sprungübungen in den Klettergärten der Region kosten schon etwas Überwindung und kitzeln die Nerven, bringen aber vor allem Spaß. Nach dem Anlegen der Sicherheitsausrüstung, einer Einweisung in die Kletter- und Sicherungstechniken und einer Überprüfung von Gurt, Haken und Seilen geht's los: in Wipfelhöhe über Netze, schaukelnde Reifen und schwingende Brückenkonstruktionen von Baum zu Baum oder zum Aussichtspunkt auf einen 8 m hohen, frei stehenden Stamm oder per Seilrutsche rasant zurück zum Boden. Wenn Kinder mitklettern – Mindestalter und Mindestkörpergröße bitte erfragen –, sollte man sich generell anmelden.

Maxwood: Seepromenade 1, 21385 Amelinghausen Tel. 04 1 32/93 33 97, www.maxwood.de. Direkt am Lopausee gelegen, tgl. 10–19 Uhr.

High-Walker: Uhlensteg 13a, 29646 Bispingen, Tel. 0 51 94/98 20 98, www.high-walker.de. Am Brunausee in Bispingen-Behringen, Mai–Aug. tgl. ab 10 Uhr, Sept.–April Mi–So ab 11 Uhr.

Tree-Trek: Alter Mühlenweg 1b, 29549 Bad Bevensen, Tel. 07 00/87 33 87 35, www.treetrek.de. Gegenüber dem Hamburger Feriendorf, Mitte März bis Okt. Di–So ab 10 Uhr, sonst nach Vereinbarung

› Das macht Kindern Spaß

› Naturpark Südheide

Der zweite Naturpark in der Lüneburger Heide erstreckt sich **nördlich von Celle** über 480 km^2 zwischen Eldingen, Unterlüß, Müden und Hermannsburg. Störungsempfindliche Tierarten wie der Fischotter und der Schwarzstorch sind in den stillen Ecken der Südheide zu Hause. Wald beherrscht weitgehend das Landschaftsbild, wohingegen der Anteil der Heideflächen seit dem 18. Jh. drastisch abgenommen hat. Vor allem im Norden des Naturparks findet man noch größere Ansammlungen der violett blühenden Pflanze und mit der Schmarbecker Wacholderheide gar ein Schmuckstück der Natur. Auf einem 20 ha großen Heideareal wachsen hier Tausende, bis zu 5 m hohe Wacholder dicht an dicht. Eine Besonderheit sind auch die Kieselgur-Vorkommen. Bei **Neuohe,** 8 km östlich von Müden, informieren Schautafeln am **Kieselgur-Rundwanderweg** (3,5 km) über Entstehung, Abbau und Verwendung dieses fossilen Bodenschatzes. Kieselgur ist ein Pulversediment, das aus den Schalen winziger Kieselalgen besteht und als Füll-, Filtrier-, Polier- und Isoliermittel verwendet wird.

› Bei Kanutouren präsentiert sich die Landschaft von ihrer schönsten Seite

Müden an der Mündung der Wietze in die Örtze gehört zu den hübschesten Heidedörfern. Alte Bauerngehöfte und urwüchsige Eichen reihen sich entlang der Dorfstraßen. Im Mittelpunkt erhebt sich die St.-Laurentiuskirche mit einem für Heidekirchen typischen frei stehenden hölzernen Glockenturm. An schönen Tagen kreuzen auf dem angrenzenden **Heidesee** zahlreiche Segelboote und Kanuten gleiten lautlos über das Wasser. Zahlreiche Wanderer gelangen nach Müden, denn der Europäische Fernwanderweg 1 führt durch den Ort und weiter zum nahen **Wietzer Berg,** dessen 102 m hohe Panoramakuppe von Heide und Wacholder bedeckt ist.

› Naturerlebnis-Tipps

Paddeln auf Örtze und Aller

Bei Kanuten ist die **Örtze** sehr beliebt, die bei Munster entspringt, sich durch Wald, Wiesen und Heide schlängelt, um nahe Winsen in die Aller zu münden. Aus Naturschutzgründen darf der Fluss allerdings zwischen Mitte Oktober und Mitte Mai nicht befahren werden, während dieser Zeit bietet sich die ebenfalls hübsche **Aller** als Alternative an. Eine Tour auf der Örtze zwischen Hermannsburg und Eversen dauert 3,5 Stunden. Eine etwa gleich lange Fahrt auf der Aller beginnt in Boye, einem Ortsteil von Celle, und endet in Winsen. Mehrere Verleihstationen bieten Kanus für Touren auf Örtze und Aller an.

Boot & Fahrradvermietung Oertzepark:
Lotharstr. 7, 29320 Hermannsburg,
Tel. 0 50 52/37 02, www.bootsvermietung-oertzepark.de

Heide-Kanutouristik-Service:
Am Gehäge 13 a, 29328 Müden/Örtze,
Tel. 0 50 53/98 71 78,
www.heidetouristikservice.de

Otterzentrum Hankensbüttel

In freier Wildbahn bekommen Menschen die seltenen, dämmerungs- und nachtaktiven Otter nur mit viel Glück zu Gesicht. Im Otterzentrum Hankensbüttel am Isenhagener See sind sie dagegen gut zu beobachten. Hier lebt der Wassermarder samt seiner Verwandtschaft, dem Baummarder, Steinmarder, Hermelin, Dachs und Iltis, in Gehegen, die den natürlichen Lebensräumen nachempfunden sind. Die Tiere werden mehrmals täglich nach einem festgelegten Zeitplan gefüttert – übrigens auch der früher zur Otterjagd eingesetzte Otterhund. Ein 3 km langes Wegenetz führt durch das Gelände, über Wiesen und Äcker, durch ein Wäldchen, zu Teichen und Bächen. Besucher können in dem Gebiet auf Spurensuche gehen und sich auf drei Otterpfaden an insgesamt 19, mit Stahl-Ottern markierten Stationen über das Leben des Wassermarders informieren.

Infos: Sudendorfallee 1, 29386 Hankensbüttel, Tel. 0 58 32/9 80 80, www.otterzentrum.de. Ende März bis Ende Okt. (jeweils letzter So im Monat) tgl. 9.30–18, Nov., Febr.–März 9.30 bis 17 Uhr, Dez., Jan. geschl. Hankensbüttel liegt östlich des Naturparks Südheide, nahe dem Elbe-Seiten-Kanal.

Anfahrt: Vom Bahnhof Wittingen (zwischen Uelzen und Braunschweig) fährt die Buslinie 120 nach Hankensbüttel, aussteigen an der Haltestelle Schulzentrum.

› Bei der Otterfütterung

› Lüneburg

Salz, das weiße Gold, hat der geschichtsträchtigen Hansestadt (72 000 Einw.) am Übergang der Heide zur Elbeniederung zu Wohlstand und Ansehen verholfen. Davon künden zahlreiche aufwendig gestaltete Gebäude aus Spätgotik, Renaissance und Barock. Die bereits im Jahr 956 urkundlich erwähnte **Saline** war bis 1980 in Betrieb. Lüneburg lieferte das begehrte Gut, mit dem im Mittelalter Fleisch und Fisch konserviert wurde, über Lübeck bis in den Ostseeraum. Im stillgelegten Salzwerk informiert das **Deutsche Salzmuseum** mit einer Schau zum Anfassen und Be-Greifen über die Welt des weißen Goldes. Besucher können in einen nachgebauten **Stollen** steigen und je nach Lust und Laune selbst Salz sieden (Sülfmeisterstr. 1, Mai–Sept. Mo–Fr 9–17, Sa, So 10–17, Okt.–April tgl. 10–17 Uhr). Darüber hinaus lockt das **Sole-Erlebnisbad SaLü** mit Wellness- und Vitalangeboten in salzhaltigem Wasser.

Der Name Lüneburg wird der Sage nach von Luna (Mond) abgeleitet. Mondsicheln schmücken mehrere Altstadthäuser und den Rathausgiebel ziert ein Mond samt Krone in den Tatzen zweier Löwen. Um 8, 12 und 18 Uhr erklingt im Rathausturm ein Glockenspiel aus Meißener Porzellan. Hinter der barocken Schaufassade des **Rathauses** verbirgt sich ein prächtiges mittelalterliches Gebäude. Bei einer Führung durch Ratsstube, Fürstensaal und die mit farbigen Glasfenstern ausgestattete Gerichtslaube werden alte Hansezeiten lebendig (April–Dez. tgl. 10, 11.30, 13.30, 15 Uhr, Jan.–März So, Mo geschl.).

Die gut erhaltene, verkehrsberuhigte **Altstadt** erstreckt sich zwischen dem Flüsschen Ilmenau und dem Kalkberg (Naturschutzgebiet und Aussichtspunkt). **Am Sande** heißt der hübscheste Platz des historischen Quartiers. Backsteinhäuser aus Gotik, Renaissance und Barock umrahmen ihn, überragt von der **St. Johanniskirche.** Die fünfschiffige Hallenkirche wurde im frühen 14. Jh. geweiht. Auf dem 108 m hohen Turm trompetet werktags ein Turmbläser einen Choral (Mo–Fr 9, Sa 10 Uhr). Nördlich von Sand und Marktplatz erheben sich die beiden anderen Altstadtkirchen, **St. Michaelis** und **St. Nikolai.**

Dass Lüneburg auch eine junge quirlige Universitätsstadt ist, wird am deutlichsten im **Wasserviertel am alten Hafen** an der Ilmenau. Rund um den **Kran** aus dem 18. Jh. und auf dem Stintmarkt tummeln sich junge Leute. Einstige Lagerhäuser und Kontore sind die Kulisse für trendige Lokale. Heinrich Heine hingegen erlebte Lüneburg anders, als eine »Residenz der Langeweile«. Seine Eltern lebten von 1822 bis 1826 in der Stadt.

› Historische Giebel in Lüneburg

Knapp 2 km nördlich des Zentrums steht das 1172 gegründete **Kloster Lüne.** Nach Bränden entstanden ab 1372 die bis heute erhaltenen Bauten. Kirche, Kreuzgang, Brunnenhalle, Nonnenzellen und ein Museum mit kostbaren Teppichen und Weißstickereien können besichtigt werden (Am Domänenhof, nur mit Führung, April bis Mitte Oktober Di–Sa 10.30, 14.30, 15.30 Uhr, So, Fei 11.30, 14.30, 15.30 Uhr).

Zwischen Lüneburg und Uelzen liegt das Gästehaus Zur Knorpelkirsche (s. S. 109).

› Schneverdingen

Das Touristenzentrum am Südwestrand des Naturparks Lüneburger Heide lockt alljährlich Ende August 50 000 Besucher, wenn hier das größte **Heideblütenfest** gefeiert wird. Höhepunkt des fünftägigen Spektakels ist die Krönung der Heidekönigin. Sie ist die »Symbolfigur einer Landschaft« und verkörpert die Heideromantik. Auf einer Bank am Marktplatz sitzt eine Heidemajestät aus Bronze und manchmal stehen die Touristen Schlange, um sich mit ihr fotografieren zu lassen.

Symbol einer besseren Welt ist die **Eine-Welt-Kirche** in der Ernst-Dax-Straße. Die 1999 erbaute Holzkirche birgt »Erdbücher«, Behälter mit Erde und Steinen aus 7000 Orten der Welt,

› Wie skurrile Kunstobjekte wirken die abgestorbenen Bäume im Pietzmoor

die zusammen den Eine-Erde-Altar bilden.

Bohlenstege erschließen das **Naturschutzgebiet Pietzmoor** (hinter dem südöstlichen Ortsausgang Richtung Heber). Im Frühling, wenn das Wollgras in voller Pracht steht, ist ein Spaziergang durch die 8000 Jahre alte Hochmoorlandschaft besonders reizvoll.

Biounterkunft bzw. -kost bieten PoinToBio, Hof Sonnentau im südlich gelegenen Visselhövede, Holderhof in Vahlde und Imkerei Rosenhagen in Düshorn/Walsrode (s. S. 108/109).

› Naturerlebnis-Tipps

Höpener Heide

Nordöstlich von Schneverdingen liegt das Landschaftsschutzgebiet Höpener Heide und Höpener Berg, durch das mehrere Wander- und Lehrpfade führen und an dessen südlichen Rand ein Heidegarten angelegt wurde. Entlang eines Naturlehrpfads informieren 27 Tafeln über das Ökosystem Lüneburger Heide, Heide- und Waldbewirtschaftung, Waldschäden, Bienen- und Schnuckenhaltung (der Pfad ist von Schneverdingen über die Schaftrift zu erreichen). Wissenswertes zur Heidebauernwirtschaft und Pflanzenporträts sind auf Schildern am landwirtschaftlichen Lehrpfad zu lesen.

Startpunkt ist der Schafstall an der Straße nach Wintermoor-Ehrhorn. Kinder können in einem Waldklassenzimmer Tiere und Pflanzen unter die Lupe nehmen oder eine Sonnenuhr bauen. Weiß, violett, rosa – übers ganze Jahr blühen ein paar der 75 verschiedenen Heidesorten im Heidegarten. Von einer Aussichtsplattform hat man einen guten Blick auf das große Rondell aus Heidebeeten im Mittelpunkt des Gartens und die insgesamt 80 000 Pflanzen.

Bioadressen

» Haus Spöktal (Biohotels)
Spöktal 1–2, 29646 Bispingen,
Tel. 0 51 94/23 20,
www.haus-spoektal.de
Eingebettet in eine 20 ha große Parklandschaft mit Garten, Wiese, Wald, Heide und einem Bach, liegt Haus Spöktal, eröffnet anno 1926 als »vegetarisches Erholungsheim« für Urlaub im Einklang mit der Natur. Es ist bis heute »ein Ort der Kraft, voll Schönheit und Ruhe«. Naturerlebnis- und Wandertage, Kurse in Malerei, Fotografie und traditioneller chinesischer Medizin bereichern den Urlaub. Vegetarische Gerichte mit viel Gemüse und Kräutern aus dem Hausgarten überwiegen auf dem Speiseplan, ab und zu gibt es auch Fleisch- und Fischgerichte. In mehreren, auf dem Gelände verstreuten Gebäuden können unterschiedlich, manche einfach, manche mit geölten Biomöbeln, ausgestatte Zimmer gebucht werden. Fünf Häuser stehen in einem Wäldchen. ❍❍
Anreise: Bus ab Hamburg nach Bispingen oder Heide-Shuttle Linie 1, Abholung von der Haltestelle nach Vereinbarung.

» Hof Sonnentau (Biohotels)
Bahnhofstr.15, 27374 Visselhövede,
Tel. 0 42 62/93 35 00,
www.hof-sonnentau.de
Auf die Bedürfnisse von Seminar- und Tagungsgäste spezialisiertes komfortables Hotel in einem ehemaligen, umgebauten und modern erweiterten Fabrikgebäude. Warme Farben, lichtdurchflutete Räume, ein Park mit alten Bäumen, ein Kamin und eine »Wohlfühl-Grotte« sorgen für Entspannung. Dazu werden im Restaurant kulinarische Genüsse aus Bioprodukten bereitet. ❍❍❍
Anreise: In Visselhövede hält die Regionalbahn (Strecke Bremen-Uelzen).

» Bauckhof (Demeter)
Triangel 6, 21385 Amelinghausen,
Tel. 0 41 32/9 12 00, www.bauckhof.de
Schon das leckere Essen macht einen Urlaub auf dem Bauckhof zum Vergnügen. In der Küche werden viele Zutaten von den eigenen Feldern und aus dem eigenen Kräutergarten verwendet. Im Hofladen sind 1300 verschiedene ökologische Lebensmittel erhältlich, außerdem Bücher, Töpferarbeiten, Kosmetik- und Geschenkartikel. Zum Betrieb, der seit 1959 biologisch-dynamisch bewirtschaftet wird, gehören Grünland, Äcker, Wald, Tierhaltung und eine Molkerei. Das Haupthaus liegt in einem großen Park mit Teich und Kinderspielplatz. Neben Einzel-, Doppel- und Mehrbettzimmern werden auch Ferienwohnungen (an der Dorfstraße, 200 m vom Haupthaus entfernt) vermietet. Die Gäste können zwischen Übernachtung mit Frühstück, Halb- und Vollpension wählen. Der Bauckhof ist einer von drei Bauckhöfen in der Region, die auch einen Versandhandel für Bioprodukte betreiben. ❍–❍❍
Anreise: Buslinie 5700/5702 ab Lüneburg.

» Holderhof (Demeter)
Auf der Worth 34, 27389 Vahlde (Ortsteil Riepe), Tel. 0 42 67/7 75,
www.holderhof.net
Vor allem für Urlauber, die reiten können oder lernen wollen, ist der Holderhof am Dorfrand von Riepe, ganz im Norden der Lüneburger Heide, ein

hervorragendes Quartier. Zehn Islandpferde stehen bereit, Reitunterricht wird angeboten und die Umgebung mit Feldern, Moor, Kiefern-, Birken- und Erlenwäldern lockt zu Ausritten. Behaglich ist das Gästedomizil, ein Holzhaus mit Kamin. Zur Verpflegung können im Verkaufsraum des Hofes Fleisch, Wurst, Obst, Gemüse und Trockenprodukte erworben werden. ❍
Anreise: Abholung vom Bahnhof Lauenbrück (Strecke Bremen–Hamburg) nach Vereinbarung.

» **Gästehaus »Zur Knorpelkirsche«**
Havekost 8, 29591 Römstedt,
Tel. 0 58 28/96 81 45,
www.gaestehaus-knorpelkirsche.de.
Ruhig im Dorf Havekost bei Römstedt (nahe Bad Bevensen) gelegenes, nach ökologischen Kriterien ausgebautes Haus. Die Gäste wohnen in gemütlichen Einzel- oder Doppelzimmern und können zwischen Übernachtung mit Frühstück, Halb- und Vollpension wählen. In der Küche werden kreativ aus Bioprodukten wohlschmeckende, überwiegend vegetarische, vollwertige Mahlzeiten zubereitet. Gruppen mit bis zu 25 Personen finden in der Knorpelkirsche Platz. Beispiele aus dem hauseigenen Seminarprogramm: »Lebendiger Rhythmus und die Kraft der Trommeln« und »Erkenntnis- und Bewusstseinsarbeit«. ❍❍
Anreise: Buslinie 1975 ab Bahnhof Bad Bevensen (Strecke Lüneburg–Uelzen).

» **Imkerei Rosenhagen (Bioland)**
Am Berge 2, 29664 Düshorn/Walsrode,
Tel. 0 51 61/7 35 76,
www.imkerei-rosenhagen.de,
Verkauf Fr 15–18 Uhr und nach Vereinbarung.

› Am Holderhof

Hier gibt es in Bioland-Qualität die Delikatesse Heideblütenhonig, rötlichbraun, herzhaft, stark aromatisch. Die Wanderimker-Familie macht mit ihren Bienenvölkern zwischen April und September an ausgewählten Orten in Nord- und Ostdeutschland Station, um verschiedene Honigsorten zu gewinnen, u. a. köstlichen Kornblumenhonig, Rapshonig aus Ostholstein und Sonnenblumenhonig aus Brandenburg. Außerdem im Sortiment: Bienenwachskerzen, Honigbonbons, Met. Die Produkte werden auf Bestellung auch verschickt.
Anfahrt: Mit der Heidebahn ab Hannover oder Buchholz/Nordheide nach Walsrode und weiter mit Buslinie 502.

» **PoinToBio**
Schulstr. 6, 29640 Schneverdingen,
Tel. 0 51 93/98 63 53,
www.pointobio.naturkostaktiv.de,
Mo–Fr 8.30–18, Sa 9–13 Uhr.
Neben einem Naturkostfachgeschäft am Schneverdinger Marktplatz betreibt das Unternehmen einen Lieferservice für Bioprodukte, beispielsweise nach Bispingen, Buchholz, Soltau, Neuenkirchen, Undeloh und Handeloh – gut für Ferienwohnungsgäste.

› Die Schlosskapelle in Celle zählt zu den bedeutendsten Zeugnissen der Renaissance in Norddeutschland

Nachtwanderung zum Uhlenstieg
Mächtige alte Rotbuchen und Eichen, Spechthöhlen und Moorlilien gibt es entlang des Uhlenstiegs zu entdecken. Nachts wirkt der »Weg zur Weisheit« geheimnisvoll, was schon in seinem Namen anklingt, der das plattdeutsche Wort für Eule (»Uhl«) enthält. Naturkundliche Nachtwanderungen auf diesem Pfad gehören zum Veranstaltungsprogramm der Alfred-Toepfer-Akademie für Naturschutz auf Hof Möhr nahe Schneverdingen. Neben weiteren Exkursionen (z. B. »Moor zum Anfassen«) werden Workshops (z. B. Landschaftsfotografie in der Lüneburger Heide) und Umweltbildungsprogramme für Kinder und Jugendliche organisiert.
Alfred Toepfer Akademie für Naturschutz (NNA), Hof Möhr, 29640 Schneverdingen, Tel. 0 51 99/9 89 10, www.nna.niedersachsen.de
Anfahrt: Mit der Heidebahn (Buchholz/Nordheide-Hannover) bis Schneverdingen, bei Veranstaltungen Abholung vom Bahnhof möglich.

› Celle

Für ihre Fachwerkpracht ist die alte Residenzstadt an der Aller (71 000 Einw.) weit über Niedersachsen hinaus bekannt. Über 450 kunstvoll restaurierte **Fachwerkhäuser** stehen dicht gedrängt in den Altstadtgassen. Herzog Otto der Strenge von Braunschweig-Lüneburg gründete 1292 Celle an der heutigen Stelle, ließ eine Burg errichten und siedelte die Bewohner der früheren Gründung »Kellu« um. 1378 wurde Celle Residenz.

Das aus der Burg von 1292 hervorgegangene **Welfenschloss** mit seinen markanten achteckigen Turmbauten erhielt sein heutiges Aussehen im 16. und 17. Jh. Horizontalbänder, Erker und Giebel gliedern die Fassade. Ebenfalls aus dem 17. Jh. stammt das bis heute bespielte, barocke **Schlosstheater**. Wesentlich älter ist die reich im Renaissancestil ausgestattete **Schlosskapelle,** sie stammt aus dem 15. Jh. Bei einer Führung durch die Kapelle, die Schlossküche und die herzoglichen Gemächer wird die Celler Welfengeschichte lebendig (Schlossplatz 1, Mo geschl.).

Besucher können sich von einem Nachtwächter, einer Gruppe der sog. stinkfeinen Gesellschaft oder per Kutsche (ab Großer Plan/Ecke Bergstr.) unterhaltsam durch die Altstadt führen lassen (Infos unter Tel. 0 51 41/ 12 76 66 oder www.region-celle.de). Ein Juwel unter den Fachwerkhäusern ist das sechsgeschossige **Hoppener-Haus** von 1532 (Poststr./Ecke Rundestr.). Seine Balken sind mit geschnitzten Figuren übersät, strengen Wesen, die das Böse fernhalten sollen, aber auch lustigen Gesellen, Fabelwesen und Reptilien. Ein hübscher Weserrenaissancegiebel ziert das **Alte Rathaus.** Bereits 1308 weihte der Hildesheimer Bischof die dreischiffige gotische **St. Marienkirche.** Unter dem Chor des im 17. Jh. barock umgebauten Gotteshauses befindet sich die Fürstengruft. Zwischen April und Oktober ist eine Besteigung des Kirchturms möglich (zurzeit geschl., erst wieder 2009). Im Jahr 1740 wurde die **Synagoge** am südöstlichen Altstadtrand gebaut. Sie ist eines der ältesten erhaltenen jüdischen Gotteshäuser in Deutschland (Im Kreise 24, Di–Do 12–17, Fr 9–14, So 11–16 Uhr).

Wer den Stadtrundgang ausdehnen möchte, besucht z. B. folgende Museen: das **Bomann-Museum zur Stadt- und Landesgeschichte** (Schlossplatz 7) und das **Deutsche Stickmustermuseum** (Palais im Prinzengarten, beide Mo geschl.).

Pferdefreunde werden das 1735 gegründete **Niedersächsische Landesgestüt** besichtigen, Zuchtstätte der berühmten »Hannoveraner« (Spörckenstr. 10, Mitte Juli–Mitte Febr. Mo–Fr 9–16, Sa 9–12 Uhr).

› Naturerlebnis-Tipps

Heilpflanzengarten

Duft-, Zauber-, Gift- und Heilpflanzen in 30 verschiedenen Arten sind hier zu bewundern und zu beschnuppern. Wichtige Pflanzen der Volksmedizin, der Homöopathie, der Ayurveda-Medizin, der Traditionellen Chinesischen Medizin und der Bachblütentherapie stehen in Beeten und einem Rondell. Informationstafeln verraten beispielsweise, dass Hildegard von Bingen den Frühlingsboten Veilchen gegen dreitägiges Fieber und Melancholie verschrieb und Sebastian Kneipp es vorrangig als Hustenmittel einsetzte.
Infos: Wittinger Str. 76, 29223 Celle, Tel. 0 51 41/20 81 73, www.heilpflanzen-garten.de
März–Nov. tgl. 10–18 Uhr, Führungen Juni–Sept. jeden 1. und 3. Sa im Monat 14.30 Uhr und nach Vereinbarung; zum Thema »Essbare Wildpflanzen«: Mai bis Sept. jeder letzte Fr im Monat 16 Uhr.

Institut für Bienenkunde

Bienen aus nächster Nähe gibt es im Garten des Instituts für Bienenkunde zu sehen. Das Institut ist ein Kompetenzzentrum, das sich mit allen Fragen der Bienenhaltung beschäftigt, und zugleich Ausbildungsstätte für Imker.
Infos: Herzogin-Eleonore-Allee 5 (im Französischen Garten), 29221 Celle, Tel. 0 51 41/9 05 03 40, Mo–Do 9–12, 14–15.30, Fr 9–12 Uhr, Führungen nach Vereinbarung.

Allgemeine Infos

Lüneburger Heide GmbH
Am Ochsenmarkt 1, 21335 Lüneburg,
Tel. 0 41 31/7 37 30,
www.lueneburger-heide.de

Mit Bus und Bahn

Bahn: Lüneburg und Celle erreicht man mit Fernzügen ab Karlsruhe bzw. Frankfurt am Main, ohne umzusteigen, und ab München, Stuttgart und Berlin mit einem Umstieg in Hannover.
Der Metronom bedient die Linie Bremen–Hamburg, mit Halt u. a. in Buchholz/Nordheide, sowie die Linie Hamburg–Hannover mit Halt u. a. in Lüneburg, Uelzen und Celle (www.der-metronom.de). Zwischen Buchholz/Nordheide und Hannover verkehrt die Heidebahn via Schneverdingen, Soltau und Walsrode.
Bus: Vom ZOB am Hamburger Hauptbahnhof fährt Buslinie 6920 über Bispingen nach Soltau (Heide-Park). Auf der Strecke Bremen-Uelzen halten Züge u. a. in Verden/Aller, Visselhövede und Soltau. Amelinghausen bedienen Busse der Linie 5700 (bzw. 5702) ab Lüneburg. Von Celle fährt Busline 3–25 nach Müden (Örtze) im Naturpark Südheide (www.cebus-celle.de).
Naturpark Lüneburger Heide: Insbesondere das Kerngebiet rund um den Wilseder Berg erschließt in der Hauptsaison (Mitte Juli–Mitte Okt.) der Heide-Shuttle sechs- bis achtmal täglich auf drei Ringlinien, mit Halt an Natur- und Freizeitattraktionen. Die Busse können kostenlos genutzt werden und sind mit einem Fahrradanhänger ausgestattet. Ringlinie 1 verbindet Oberhaverbeck mit Niederhaverbeck, Wintermoor, Höpen, Schneverdingen (Bahnhof der Heidebahn), Bispingen und Behringen. Linie 2 startet ebenfalls in Oberhaverbeck und bedient die Orte in einem Kreis nördlich der Linie 1, beispielsweise Handeloh (Bahnhof der Heidebahn), Undeloh und Egestorf. Noch weiter nördlich zwischen Buchholz (Metronom-Halt, Strecke Hamburg–Bremen) und Undeloh sind Busse der Ringlinie 3 unterwegs (weitere Infos bei Schneverdingen Touristik, Tel. 0 51 93/9 38 00, www.heide-shuttle.de).
Niedersachsen-Ticket: Mit diesem Ticket (27 € an Automaten oder im Internet, 29 € in Reisezentren) fahren bis zu 5 Personen einen Tag lang (Mo–Fr ab 9, Sa, So ab 24 Uhr) in Bussen und Bahnen des Nahverkehrs kreuz und quer durch Niedersachsen, Bremen und Hamburg, Metronom-Züge, Busse und Bahnen der Verkehrsverbünde inklusive. Das Niedersachsen-Ticket Single für Einzelreisende gibt's ab 19 €.
Deutsche Bahn: Tel. 08 00/1 50 70 90, www.bahn.de

› Gemächlich durch die Natur

Rund um Berlin

» Wälder, Sümpfe, Sandwege, aber auch Äcker und kleine Dörfer mit Feldsteinkirchen kennzeichnen die Region, in der einst Dichter wanderten und wo heute gestresste Hauptstädter Entspannung suchen.

»Und dass dem Netze dieser Spreekanäle / Nichts von dem Zauber von Venedig fehle, / Durchfurcht das endlos wirre Flussrevier / In seinem Boot der Spreewalds-Gondolier«, schrieb Theodor Fontane begeistert über die 70 km südöstlich von Berlin gelegene Landschaft. Der Spreewald ist eines von 15 Großschutzgebieten für die Natur in Brandenburg. Allerdings gibt es im Bundesland Brandenburg auch die meisten Standorte für Gen-Mais-Anbau.

› Lübbenau ist Gurkenzentrum

› Biosphärenreservat Spreewald

Das feingliedrige Netz von Fließen (Flussarmen) mit einer Gesamtlänge von etwa 1150 km entstand infolge der letzten Eiszeit vor 20 000 Jahren, als sich die Spree aufteilte und ein großes Binnendelta ausprägte. In der vom Menschen genutzten, aber dennoch weitgehend naturnahen Auenlandschaft mit ihren Gewässern, Bruch- und Auenwäldern, Feucht- und Nasswiesen leben seltene bzw. gefährdete Tierarten wie Otter, Biber und Eisvogel. Die Grüne Mosaikjungfer, eine Libellenart, der Eremit, ein nur noch selten anzutreffender Käfer, der scheue Wassermarder, Rotbauchunke, Moor- und Grasfrosch sind in der Gegend unterwegs. Seit 1991 ist der Spreewald, der in den Oberspreewald und den nördlich davon gelegenen, weniger frequentierten Unterspreewald geteilt ist, ein Biosphärenreservat.

Gondolieri staken mit bis zu 4 m langen Stangen, viel Geschick und Gefühl ihre flachen Kähne zwischen tief ins Wasser hängenden Ästen hindurch und achten darauf, dass die Schiffchen nicht in Schräglage geraten, wenn sich alle kamerabehängten Fahrgäste unvermittelt einem Fachwerkturm zuwenden, den ein Storchennest krönt. Noch heute sind zahlreiche Häuser am leichtesten per Kahn zu erreichen, und selbst der Postbote kommt per Gondel.

Wer plötzlich »Chosebuz« oder »Lubnjow« auf einem Ortsschild liest, muss nicht glauben, unbemerkt die polnische Grenze überschritten zu haben, vielmehr sind einige Wegweiser

› Das liebenswerte Lehde steht komplett unter Denkmalschutz

auch in der Sprache der slawischen Sorben (Wenden) beschriftet, die hier seit Jahrhunderten leben und die Region ganz wesentlich prägen.

Weithin berühmt ist der Spreewald für seine Gurken. Und so winken an jeder Ecke Gurken: Gurkenmarkt, Gurkeneinlegerei, Gurkenradweg… Der lockere Boden, die Qualität des Wassers und das feucht-warme Klima lassen sie üppig sprießen.

Lübben

In der Mitte zwischen Ober- und Unterspreewald liegt Lübben, die einstige Nebenresidenz der sächsischen Kurfürsten. Die spätgotische Paul-Gerhardt-Kirche (15. Jh.) am Marktplatz war im 17. Jh. Wirkungsstätte des Pfarrers und Kirchenliederdichters Paul Gerhardt.

Am Spreeufer stehen Reste der alten Stadtmauer aus Backstein mit dem runden Hexenturm und dem viereckigen Trutzer, dem alten Wachturm.

Das Schloss hat seinen Ursprung in einer Wasserburg aus dem 14. Jh., erhielt im 17. Jh. sein heutiges Aussehen und beherbergt das Stadt- und Regionalmuseum (Mo, im Winter auch Di geschl.). Im Hafen an der Schlossinsel starten reihenweise Ausflugsgondeln in alle Richtungen.

Östlich von Lübben, auf dem Landgut Pretschen (s. S. 122), kann man Bioprodukte in Demeter-Qualität kaufen oder genüsslich einen Kaffee trinken.

Lübbenau

Lübbenau (sorbisch: Lubnjow) ist das touristische Zentrum des Oberspreewaldes und der Hauptort für Gurkenanbau, -verarbeitung und -handel. Am Markt erhebt sich die Barockkirche St. Nikolai über zweigeschossige Bürgerhäuser aus dem 18. und 19. Jh. Zwei Spreearme durchfließen den Schlosspark, den ältesten Bezirk der Stadt, der einst im Besitz der Grafen von Lynar war. Das Schloss ist ein klassizistischer Bau und dient heute als Hotel. Die Hafenanlage am Rand der Altstadt ist die größte des Spreewaldes.

Ein Stadtteil von Lübbenau ist das südlich gelegene, komplett unter Denkmalschutz stehende **Lehde,** das Theodor Fontane als »die Lagunenstadt in Taschenformat« beschrieb, »ein Venedig, wie es vor 1500 Jahren gewesen sein mag, als die ersten Fischerfamilien auf seinen Sumpfeilanden Schutz suchten«. Kähne sind nach wie vor das beliebteste Verkehrsmittel

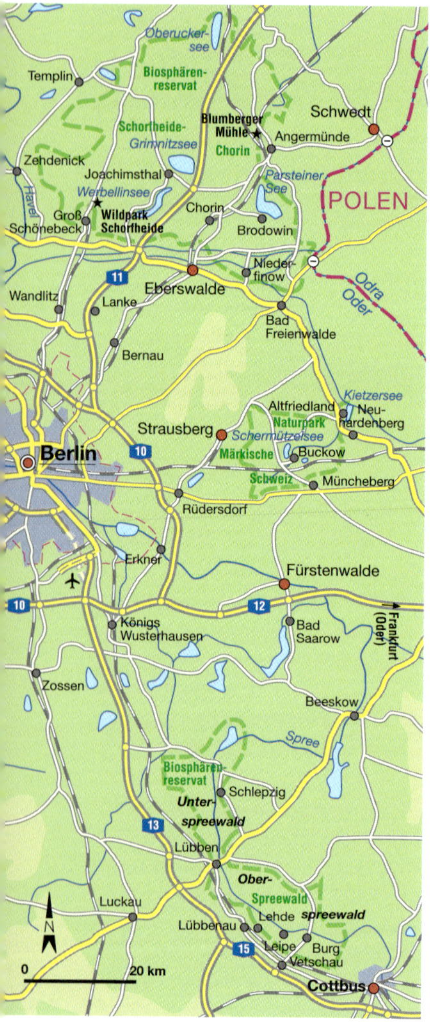

und die Spree ist quasi die Hauptstraße. Im Freilandmuseum können nach Lehde umgesetzte altwendische Gehöfte der Region besichtigt werden. Neben einer Kahnbauerei von 1884 geben u. a. eine Töpferei, eine Blaudruckwerkstatt und eine Meerrettichreiberei Einblick in das Leben im Lehde des 19. Jhs.; Kräutergärten umgeben die historischen Gebäude (im Sommer tgl. geöffnet).

Burg

Die zur Gemeinde Burg im Osten des Oberspreewaldes gehörenden Häuser und Höfe liegen auf einer Fläche von 52 km^2 verstreut. Für die Gegend typische, schilfgedeckte Doppelstubenhäuser mit zwei Schornsteinen stehen an den von zahlreichen Brücken überspannten Fließen. Der Schlossberg, nördlich des Ortsteils Burg-Dorf, wird vom 29 m hohen Bismarckturm aus roten Klinkern gekrönt, der eine schöne Aussicht bietet. In der Heimatstube in einem reetgedeckten Blockhaus am Hafen von Burg-Dorf sind historische Arbeits- und Haushaltsgeräte sowie sorbische Spreewaldtrachten ausgestellt. Burg (sorbisch: Borkowy) ist für die Pflege der Trachtenkultur bekannt. Und besitzt mit der »Kolonieschänke« ein empfehlenswertes Biohotel (siehe S. 120).

Schlepzig

Das an der Hauptspree gelegene typische Haufendorf Schlepzig gehört mit seinen Fachwerkhäusern und seiner Fachwerkkirche zu den schönsten Fleckchen im Unterspreewald. Der Name Schlepzig wird von Zloupisti, der wendischen Bezeichnung für Pfahl, abgeleitet; in der sumpfigen Gegend wurden die ersten Gebäude auf Pfählen errichtet. Die Decke der im 18. Jh. erbauten Fachwerkkirche hat die Form eines umgedrehten Spreewaldkahns. Ein Fachwerkhaus von 1818 beherbergt das Agrarhistorische Museum mit historischen Arbeitsgeräten und Einrichtungsgegenständen der Spreewaldbewohner (Dorfstr. 26). Am südlichen Dorfrand lockt eine Teichlandschaft mit Vogelbeobachtungskanzeln.

› Im Pflanzengarten Burg

› Naturerlebnis-Tipps

Im Arznei- und Gewürzpflanzengarten

Im Garten beim **Burger Schlossberghof,** an der Straße Richtung Byhleguhre und Straupitz, wachsen 400 verschiedene Arten von Arznei- und Gewürzpflanzen; es duftet nach Rosmarin, Minze, Thymian und anderen Kräutlein. Das Hauptgebäude auf dem Schlossberghof beherbergt zudem eine Informationsstelle der **Naturwacht,** die mit der begehbaren »Naturerlebnisuhr« inmitten einer Streuobstwiese dazu einlädt, verschiedene Sinne zu testen: an einem Holzklangspiel, einer Riechbox und einem Balancespiel.

Arznei- und Gewürzpflanzengarten: Byhleguhrer Str. 17, 03096 Burg, Tel. 03 56 03/6 91 24, www.spreewald-kraeuter.de. Mitte Mai–Mitte Sept. Mo–Fr 7.30–16, Sa, So 10–18 Uhr, sonst Mo–Fr 7.30–16 Uhr, Führungen auf Anfrage.

Naturwacht: Tel. 03 56 03/75 01 46. Die Naturerlebnisuhr ist alle zwei Wochen dienstags zwischen 9 und 15 Uhr und zu speziellen Führungen »bestückt«. Ansonsten ist sie zwar zugänglich, doch die »Erfahrungskisten« sind leer. Eine weitere Zweigstelle der Naturwacht befindet sich bei der Alten Mühle (Dorfstr. 52) am Hafen von Schlepzig. In der Alten Mühle wird in der Ausstellung »Unter Wasser unterwegs« gezeigt, was genau sich in einem Spreewaldfließ abspielt, welche Tiere und Pflanzen dort leben (April–Okt. tgl. außer Mo und nach Vereinbarung geöffnet).

Anfahrt: Nach Lübben und Lübbenau geht's mit dem Regionalexpress ab Berlin, nach Burg-Dorf mit Buslinie 500 ab Lübben, nach Schlepzig mit Buslinie 506 (Mo–Fr) ebenfalls ab Lübben.

Kahnfahrten

Am schönsten ist es, den Spreewald vom Wasser aus zu erleben, wahlweise in einem Kahn, den ein Fährmann durchs Labyrinth der Fließe steuert, oder in eigener Regie im Paddelboot. Zu den klassischen Routen gehört die Fahrt vom großen Spreewaldhafen in Lübbenau durch Lehde zur Waldgaststätte Wotschofska, dann ein Stück auf dem Burg-Lübbener-Kanal und rechts durch das Schapeck-Fließ nach Leipe. Auf der Hauptspree sind es 6 km zurück

› Lehde vom Kanu aus

nach Lübbenau (Fahrtzeit insgesamt ca. 4 Std.).
Eine längere und romantischere Strecke führt am Gasthaus Wotschofska den Wehrkanal aufwärts in den urwüchsigen **Hochwald.** Die Route folgt dem Dietmarfließ und dem Nordfließ, passiert das Schützenhaus, bis schließlich das Gasthaus Pohlenzschänke erreicht wird. Über den Leiper Graben geht's wieder nach Leipe und auf der Hauptspree zurück nach Lübbenau (Fahrzeit von und bis Lübbenau etwa 5,5 Std.).
Zwei Spezialisten für Bootsfahrten:

› Rast in der »Wotschofska«

Kahnfährgenossenschaft Lübbenau: Dammstr. 77a, 03222 Lübbenau, Tel. 0 35 42/22 25, www.grosser-spreewaldhafen.de. Neben der Standardtour Lübbenau-Lehde gibt es Spezialangebote, z. B. »Auf Fontanes Spuren«. Im August finden die Spreewälder Lichtnächte statt, in denen mit Lichterketten geschmückte Kähne an illuminierten Häusern, Brücken und Bäumen vorbeiziehen.
Bootsverleih und Kahnfährmann Burkhard Henschelchen: Dorfstr. 71, 15910 Schlepzig, Tel. 03 54 72/4 83, www.spreewald-schlepzig.de
Kleine Rundfahrt durch den Schlepziger Spreewald, große Rundfahrt durch den Hochwald sowie Paddelbootverleih.
Anfahrt: In Lübbenau halten Regionalexpress-Züge der Linie Berlin-Cottbus, nach Schlepzig kommt man mit Buslinie 506 (Mo–Fr) vom Bahnhof in Lübben.

Weißstorch-Informationszentrum

Cico und Luna sind weltberühmt. Ihr Leben in ihrer Sommerresidenz, einem Nest auf einem Strommast in Vetschau, wird seit 1997 per Kamera und Mikrofon verfolgt und die Bilder und Töne gehen direkt ins Internet und ins benachbarte Weißstorch-Informationszentrum. Dort vermittelt eine Ausstellung Wissenswertes zu Adebars Lebensweise, zu seiner Gefährdung und zu den entsprechenden Schutzprogrammen.
Der Naturschutzbund Calau veranstaltet im Mai und Juni Radwanderungen zu verschiedenen Storchenhorsten mit Zählung der geschlüpften bzw. flügge gewordenen Jungtiere.

Naturliebhaber können auf Gut Ogrosen in Vetschau Biourlaub machen (s. S. 121).

NABU-Weißstorchzentrum: Drebkauer Str. 2 a, 03226 Vetschau/Spreewald, Tel. 03 54 33/41 00, www.storchennest.de, April–Sept. Di–So.

Anfahrt: Vetschau hat einen Bahnhof an der Strecke Berlin-Cottbus.

› Biosphärenreservat Schorfheide-Chorin

Mit 1292 km^2 ist das Biosphärenreservat Schorfheide-Chorin eines der größten Schutzgebiete Deutschlands. Es umfasst die dünn besiedelte Region im Nordosten Brandenburgs zwischen Eberswalde, Angermünde und Templin.

Die letzte Eiszeit hinterließ eine reich gegliederte Landschaft aus Sanderflächen, Grund- und Endmoränen. Allmählich entstanden ausgedehnte Wälder, in denen See-, Fisch- und Schreiadler brüten. Die zahlreichen Seen sind Lebensraum für bedrohte Fischarten wie Maräne, Steinbeißer und Schmerle. Biber und Fischotter sind im gesamten Schutzgebiet verbreitet und fast jedes Dorf hat sein Storchennest. Botaniker haben bisher 1024 Pflanzenarten nachgewiesen.

Zu den Hauptfunktionen des Biosphärenreservats gehören die Renaturierung entwässerter Moore und der Erhalt von Nutzpflanzen, alten Getreide-, Kartoffel-, Gemüse- und Obstsorten. Am Demeterbetrieb »Ökodorf Brodowin« wird eine optimale Verknüpfung von Naturschutz und großflächigem ökologischen Landbau erforscht. In der Region locken weitere Biohöfe und -quartiere (s. S. 121 f.).

› Sind berühmt: Cico und Luna

Das Hauptinformationszentrum des Biosphärenreservats, die Blumberger Mühle, liegt am Naturschutzgebiet Blumberger Teiche. Das Gebäude ist einem Baumstumpf nachempfunden. Innen können Besucher spielend und experimentierend viel über Wasser und Boden, Arten, Biotope und ökologische Zusammenhänge erfahren, draußen erwartet sie eine 12 ha große Naturerlebnislandschaft.

Nordwestlich von Eberswalde erstreckt sich die namensgebende **Schorfheide,** mit ihren weiten offenen Landschaften und wildreichen Wäldern seit Jahrhunderten ein von der höfischen Gesellschaft geschätztes Jagdgebiet. Den schmucken Kaiserbahnhof bei Joachimsthal ließ Kaiser Wilhelm II. bauen, um seiner Ankunft den geeigneten Rahmen zu geben. Heute ist der Bahnhof ein beliebter

Ausgangspunkt für Wanderungen, beispielsweise zum südlich gelegenen **Werbellinsee.**

Ausflügler zieht es auch nach **Niederfinow,** 9 km östlich von Eberswalde, zum **Schiffshebewerk,** einem 1927–1934 erbauten stählernen Koloss mit spektakulärer Technik und aussichtsreicher Plattform. Selbst ein 1200 t schweres Frachtschiff kann in einem Trog wie in einem Fahrstuhl die 36 Höhenmeter zwischen dem Oder-Havel-Kanal und der Alten Oder überwinden.

Der kunsthistorische und kulturelle Höhepunkt der Region liegt 9 km nördlich von Eberswalde: die **Klosterruine Chorin.** Mit ihrer hoch aufstrebenden Westfassade gehört die Klosterkirche zu den bedeutendsten Denkmälern norddeutscher Backsteingotik. Nach Zerstörungen im Dreißigjährigen Krieg wurde sie durch Karl Friedrich Schinkel weitgehend wiederhergestellt, blieb aber eine Ruine und dient heute als ehrwürdige Kulisse des Choriner Musiksommers, bei dem bekannte Chöre und Orchester auftreten.

Auf der Halbinsel Pehlitzwerder am Südufer des Parsteiner Sees befindet sich unter großen alten Bäumen der Gründungsort des Klosters. Im Jahr 1273 verlegten die Zisterziensermönche dann aus unbekannten Gründen das Kloster an die heutige Stelle.

Bioadressen

» Biohotel am Lunik Park (Biohotels)
Stolper Str. 8, 16540 Hohen Neuendorf, Tel. 0 33 03/29 10, www.biohotel-berlin.de
Komfortabel wohnen und köstlich speisen, dicht an der Berliner Stadtgrenze und gleichzeitig unweit des Naturparks Barnim. Hier fühlen sich sowohl Geschäftsreisende als auch anspruchsvolle Urlauber wohl, die von der Küche mit einem üppig gefüllten Picknickkorb ausgestattet auf hoteleigenen Fahrrädern (ohne Leihgebühr) ins Grüne starten. Im Restaurant (Ruhetage: Mo, Di) werden die Gäste mit raffiniert zubereiteten Fischgerichten verwöhnt, zur Auswahl stehen auch vegetarische und vegane Speisen und Kost für Allergiker, alles in Bioland-Qualität. Darüber hinaus gibt es ein Wellnessangebot mit Massagen, Yoga und Bio-Saunaaufgüssen. ○○
Anreise: Vom Bahnhof Friedrichstraße in Berlin mit S-Bahnlinie 1 Richtung Oranienburg bis Bahnhof Hohen Neuendorf, dort Abholservice.

» Biohotel Kolonieschänke Burg
Ringchaussee 136, 03096 Burg/Spreewald, Tel. 03 56 03/68 50, www.kolonieschaenke.de
Im Frühjahr 2008 wurde der traditionsreiche, typische Spreewälder Gasthof als Biohotel wiedereröffnet. Küchenchef Alexander Schömmel kreiert aus Biozutaten raffinierte Köstlichkeiten wie Mozzarella mit Aprikosenfilets, überzogen von weißer Balsamicocreme mit einem Hauch von Rosenblüten. Rustikales Ambiente in den unterschiedlich großen und individuell eingerichteten Zimmern in fünf Kategorien, vom »Lutkizimmer« (Lutki =

kleines, freundliches Wesen) bis zum »Wendenkönigszimmer«. Fernseher gibt es nur auf Wunsch. Gäste können vom Anleger direkt am Haus zu Paddel- und Kanutouren aufbrechen. Hoteleigene Backstube mit wendischem Backofen.Auf dem Gelände befinden sich außerdem ein Naturkostladen, eine Scheunenkneipe, ein Garten und ein Grillplatz unter einer 300 Jahre alten Eiche. ❍

Anreise: Vom Hauptbahnhof Lübben mit Buslinie 500 oder vom Bahnhof Vetschau mit Buslinie 655.

» Gut Ogrosen (Gäa)

Ogrosener Dorfstr. 35, 03226 Vetschau-Ogrosen, Tel. 03 54 36/2 18, Milchschafhof: Tel. 03 54 36/41 57, www.gut-ogrosen.de

Urlaub machen in einer Biohöfegemeinschaft im Dorf Ogrosen am Rande des Naturparks Niederlausitzer Landrücken und 9 km südlich von Vetschau, das am Rand des Biosphärenreservats Spreewald liegt. Zu Gut Ogrosen gehören ein Milchschafhof, ein Ziegenhof, ein Gemüseanbaubetrieb und ein Milchvieh- und Ackerbaubetrieb. Entsprechend viele Produkte aus eigener Herstellung können im Hofladen (Di 15–18, Fr 9–18, Sa 9–14 Uhr) erworben werden. Ferienwohnungen sind in einem renovierten Fachwerkhaus und auf dem Milchschafhof »Schafgarbe« eingerichtet. Künstlerworkshops, Hofführungen und Seminare (Wollverarbeitung) auf Anfrage. Vermarktung der Biowaren auch über den Lieferservice »Ogrosener Landkiste«. ❍

Anreise: Buslinie 651 zwischen Bahnhof Calau und Busbahnhof Vetschau fährt über Ogrosen (Mo–Fr).

» Gärtnerhof Staudenmüller

Askanische Str. 1, 17268 Templin-Vietmannsdorf, Tel. 03 98 82/2 63.

Die Pampa von ihrer schönsten Seite. Rundherum Natur, das Biosphärenreservat Schorfheide-Chorin, in einer ehemaligen Wassermühle die Gärtnerei, von der man per Boot zum nahen Badesee paddeln kann. Kinder haben hier garantiert ihren Spaß. An einer Birke hängt eine Schaukel, auf dem Hof leben Kühe, Schafe und Esel, die sich streicheln lassen, und auf dem Traktor oder Pferdewagen kann man mit aufs Feld hinausfahren. Erntefrisches Gemüse, Obst und Kartoffeln gibt's im Hofladen (tgl. geöffnet) und bei der Gastfamilie außerdem Brot – alles in Bioqualität. Neben einer Ferienwohnung ohne Fernseher wird ein Zimmer mit Etagendusche vermietet. Es ist auch möglich auf dem Heuboden zu übernachten oder zu zelten. Außerdem bestehen Reitmöglichkeiten. ❍

Anreise: Nach Templin kommt man von Berlin mit Umstieg in Löwenberg (Mark). Abholservice nach Vereinbarung. Bei passendem Wetter geht's gut zu Fuß oder mit dem Rad vom Bahnhof Templin zum Biohof (8 km).

» Biohof Ihlow mit Hofladen und Café (Bioland)

Ihlower Ring 14, 15377 Oberbarnim-Ihlow, Tel. 03 34 37/8 97 89, www.biohof-ihlow.de, Hofladen und Café: März–Okt. Fr–So, Nov. und Dez. Sa, So.

Auf dem Biohof am Dorfrand von Ihlow im Norden des Naturparks Märkische Schweiz ist was los. Urlauber streifen mit der Ziegenherde durch die Prärie, während ihre Kinder in der Ferienwohnung Klavier spielen und die Kutsche mit zwei Kaltblutpferden Ausflügler aus Buckow abholt, die sich im Hofcafé den hausgemachten Kuchen schmecken lassen werden. Der Hofladen hat u. a. Brot aus dem Lehmbackofen, Ziegenkäse aus eigener Herstellung, Gemüse, Obst, Kartoffeln, Fleisch und Saft im Angebot. Die Ferienwohnungen der 4-Sterne-Kategorie – die größte ist für maximal 6 Gäste ausgelegt – sind behaglich eingerichtet. ❍

Anreise: Mit Buslinie 937 ab S-Bahnhof Strausberg-Nord.

» Herberge »Alter Speicher« und Biorestaurant »Pferdestall«
Prötzler Chaussee 7, 15344 Strausberg, Tel. 0 33 41/31 20 50, www.alterspeicher.de, Mo–Fr 10–17, Sa, So 10–22 Uhr.
Nur fünf Gehminuten vom S-Bahnhof Strausberg-Nord, westlich vom Naturpark Märkische Schweiz, ist in einem denkmalgeschützten Gutshof eine Herberge mit Biorestaurant eingerichtet. Kinder können im Restaurant und auf der Terrasse von einer eigenen Speisekarte »Fliegende Untertassen« (Piccolo-Pizzas) oder einen »Räuberteller« (Tofulaibchen mit Möhren und Kartoffeln) wählen, dazu den Cocktail »Winnetou« bestellen und nach der Mahlzeit auf dem Holzschiff »Esmeralda« toben. Im Hof, im ehemaligen Stall und am Kamin finden häufig Konzerte statt. Die Gästezimmer sind einfach ausgestattet, einige verfügen nur über eine Etagendusche. ❍

» Landgut Pretschen (Demeter)
Am Landgut 2, 15913 Märkische Heide-Pretschen, Tel. 03 54 76/1 75 16, www.landgut-pretschen.de, Di 14–18, Fr 10–12, 14–18, Sa 9–12 Uhr.

› Bei der Ernte im Ökodorf Brodowin

Zentrum des großen Demeter-Betriebs mit 275 Milchkühen und einer bewirtschafteten Fläche von 840 ha ist ein historischer Gutshof nebst Herrenhaus und Landschaftspark. In den Sommermonaten lädt hier ein Café zum Verweilen ein.
Das Sortiment des Hofladens umfasst eigene Produkte und Zukaufwaren, u. a. Wurst, Fleisch, Milch, Käse, Brot, Obst, Honig, Chicoree und als Spezialität Chicoree-Wurzelbrand.

Anfahrt: Ab Lübben Hauptbahnhof mit Buslinie 502 (Mo–Fr) nach Pretschen.

» Ökodorf Brodowin (Demeter)
Weißensee 1, 16230 Chorin-Brodowin, Tel. 03 33 62/7 06 10, Hofladen (Mo geschl.): Dorfstr. 89, Tel. 03 33 62/ 6 00 22, www.brodowin.de

In dem von sieben Seen umgebenen Dorf Brodowin im Biosphärenreservat Schorfheide-Chorin ist der Weg vom Feld in den Bioladen nicht weit, frischer geht's kaum.

Milch, Käse, Wurst, Gemüse und Obst erzeugt der große, 1990 nach der Umwandlung zweier Landwirtschaftlicher Produktionsgenossenschaften entstandene Ökobetrieb. Die Brodowiner Nahrungsmittel in Demeter-Qualität, ergänzt durch zugekaufte Naturkost, werden bis nach Berlin, Potsdam und in das Gebiet um Bernau und Eberswalde geliefert.

Anfahrt: Vom Bahnhof Chorin sind es etwa 40 Minuten mit dem Rad, Mo–Fr fährt vom Bahnhof Eberswalde Buslinie 912 nach Brodowin.

» ÖkoLeA (Gäa)

Hohensteiner Weg 3, 15345 Klosterdorf, Tel. 0 33 41/3 59 39 30, Bäckerei und Ladencafé: Tel. 0 33 41/3 59 39 55, www.oekolea.de, Mi 14–18, Do–So 10–18 Uhr, Nov.-Ostern nur Mi-Fr.

Gemütlich am Dorfteich sitzen und leckeres Gebäck genießen, bei dem die Naturbelassenheit und Sorgfalt bei der Herstellung zu schmecken ist. Das Café der Holzofenbäckerei Drachenbrot in Klosterdorf, zwischen Strausberg und dem Naturpark Märkische Schweiz, macht es möglich. Zur Auswahl stehen Muffins, Bienenstich, Mandel-Honig-Schnitten und je nach Saison Apfel-, Rhabarber-, Pflaumen oder Blaubeerkuchen. In holzbefeuerten Backöfen werden Mohn-, Oliven-, Tomaten- und Rosmarinbrote für Bioläden in Berlin und Brandenburg gebacken.

Die Bäckerei gehört zur Ökologischen Lebens- und Arbeitsgemeinschaft, kurz »ÖkoLeA«, die auch Seminare zu den Themen Garten, Gesundheit, Umwelt, Gesellschaft und Kunst veranstaltet. Teilnehmer können in Gästezimmern (❍) übernachten und werden mit Produkten der Bäckerei und aus dem Bioladen im Haus bestens versorgt.

Anfahrt: Vom S-Bahnhof Strausberg-Nord mit Buslinie 929 Richtung Buckow oder mit dem Rad (3,5 km) zu erreichen.

» Ziegenkäserei und Wiesencafé Karolinenhof (Gäa)

16766 Flatow, Tel. 03 39 22/6 01 90, Mitte Febr.–Mitte Nov. Fr, Sa, So 11–18 Uhr, Café: Tel. 03 39 22/9 08 55, Mitte Febr.–Mitte Dez. Mi, Do 12–18, Fr, Sa 11–21, So, Fei 11–18 Uhr, ab Mitte Nov. nur Fr, Sa, So, www.ziegenkaeserei-karolinenhof.de

Im Havelländischen Luch, westlich von Oranienburg, liegt der Karolinenhof mit Käseladen und Wiesencafé – ein beliebtes Ausflugsziel der Berliner und die erste Adresse für Käsegourmets. Gela Angermann und Roger Lemke verarbeiten die Milch ihrer Ziegenherde zu 20 verschiedenen Rohmilchkäsesorten und verkaufen sie im Hofladen. Im Wiesencafé (mit Wintergarten) werden daraus exzellente Speisen bereitet. Zu den Klassikern zählen Käsespätzle mit geschmorten Zwiebeln und grünem Salat in Ziegenjoghurtdressing und der Salat »Drei Käse Hoch« mit drei Sorten Ziegenkäse.

Anfahrt: Mit der Regionalbahn ab Berlin Hauptbahnhof bis Nauen, weiter mit Buslinie 664 bis Königshorst und von dort weiter mit Buslinie 758.

› Naturerlebnis-Tipps

Blumberger Mühle

Eine »sprechende Eiche« begrüßt die Gäste auf dem Freigelände der Blumberger Mühle, tut die Eckdaten des Biosphärenreservats kund und berichtet, dass sie bereits den Erlass der ersten kurfürstlichen Holzordnung im Jahre 1547 miterlebt hat. Dann geht es hinein ins Naturerlebnis: Auf einem schwankenden Holzbohlenweg über ein Moor, im Frühling vom Konzert der Frösche und Unken begleitet, weiter zu den naturnahen Schauanlagen für Sumpfschildkröten und Fischotter, bis zum Vogelbeobachtungsturm an den benachbarten Fischteichen, an denen sich manchmal Kormorane, Reiher, Fisch- und Seeadler blicken lassen. Die vom Aussterben bedrohte Europäische Sumpfschildkröte hält von Oktober bis März Winterschlaf.
NABU-Informationszentrum Blumberger Mühle: Blumberger Mühle 2, 16278 Angermünde, Tel. 0 33 31/2 60 40, www.blumberger-muehle.de. April–Okt. tgl., Nov.–März Sa, So und nach Vereinbarung.
Anfahrt: Zwischen Ende März und Oktober verbindet täglich ein originell gestalteter Bus namens »Biber-Bahn« den Bahnhof Angermünde mit der Blumberger Mühle. Alternativ kann die beschilderte, 4,5 km lange Strecke per Rad oder zu Fuß zurückgelegt werden.

› Froschkonzert im Frühling

Unterwegs mit der Naturwacht

Die auch als »Märkische Ranger« bekannten Naturwächter bieten im Biosphärenreservat Schorfheide-Chorin verschiedene geführte Exkursionen an, beispielsweise eine Wanderung vom Schiffshebewerk Niederfinow durch Buchenwälder und entlang von Mooren des Choriner Endmoränenbogens zum Ökodorf Brodowin (s. S. 122 f.), außerdem eine Kindersafari, bei der die Tier- und Pflanzenwelt mit Becherlupen u. Ä. spielerisch erfahren wird, und eine Wanderung zur herbstlichen Vogelzugzeit.
Naturwacht im Biosphärenreservat Schorfheide-Chorin: Tel. 0 33 31/ 26 04 25 (Anmeldung zur Kindersafari und Herbstwanderung), Tel. 03 33 66/ 5 30 33 (Anmeldung zur Wanderung nach Brodowin), www.naturwacht.de

Wildpark Schorfheide

Elche und Wölfe sind die Helden im Wildpark Schorfheide, einem 100 ha großen Areal am Ortsrand von Groß Schönebeck. Neben einheimischen Wildarten wie Dam-, Schwarz- und Muffelwild streifen fast ausgestorbene Haustierrassen durchs Gelände. Ein

insgesamt 7 km langes Wanderwegenetz führt durch den Park, der vor allem bei Familien mit Kindern sehr beliebt ist. Dazu tragen neben dem Abenteuerspielplatz und dem Streichelzoo auch Ponyreitangebote und verschiedene Veranstaltungen bei: z. B. das Kräuterfest und Kinderfest im Sommer oder das Hirschfest im Herbst.
Wildpark Schorfheide: Prenzlauer Str. 16, 16244 Schorfheide-Groß Schönebeck, Tel. 03 33 93/6 58 55, www.wildpark-schorfheide.de. Tgl. geöffnet, Otterfütterung um 11 Uhr.
Anfahrt: Mit der Regionalbahn von Berlin-Karow nach Groß Schönebeck, dort den grünen Wegweisern zum Wildpark folgen (3 km), Abholung per Kleinbus oder Kutsche möglich.

› Imposant: Klosterruine Chorin

› Naturpark Märkische Schweiz

Brandenburgs ältester und mit 205 km^2 kleinster Naturpark liegt auf halber Strecke zwischen Berlin und der Oder. Wenn Theodor Fontane an die hügelige Gegend dachte, stiegen sogleich »freundliche Landschaftsbilder« vor ihm auf. Wälder im Wechsel mit Feldern, Schluchten, Mooren, Seen und Teichen, dazwischen verträumte Dörfer mit Sträßchen, Scheunen und Kirchen aus Feldsteinen.

»Ginge da ein Wind / Könnte ich ein Segel stellen / Wäre da kein Segel / Machte ich eins aus Stecken und Plane«, schrieb Bertolt Brecht beim Blick durch die hohen Fenster seines Buckower Sommersitzes, den er mit seiner Frau, der Schauspielerin Helene Weigel, bewohnte. Das Haus beherbergt heute die **Brecht-Weigel-Gedenkstätte,** zu sehen ist u. a. der legendäre Marketenderinnen-Wagen, mit dem Helene Weigel als Mutter Courage 1949 im Deutschen Theater in Berlin über die Bühne zog (April–Okt. Mi–Fr 13–17, Sa, So 13–18, Nov.–März Mi–Fr 10–12, 13–16, Sa, So 11 bis 16 Uhr). Im Garten stehen hohe Silberpappeln, an den Bootssteg plätschert der Schermützelsee, Schilf rauscht im Wind und Seerosen schaukeln auf dem Wasser.

Buckow ist ein Rückzugsort mit guter Luft, vielen Bäumen und viel Wasser. Auf der einen Seite der Schermützelsee, auf der anderen der Buckowsee und mitten in Brandenburgs einzigem Kneipp-Kurort der Stobber und acht Wassertretstellen, z. B. am Strandbad, am Eingang zum Schlosspark und am Brecht-Weigel-Haus. Der Stobber entspringt im Roten Luch und durchfließt den Naturpark von Südwesten, durch die Seen des Buckower Kessels bis hin zu den Altfriedländer Teichen im Nordosten. Gletscher und Schmelzwasser formten die Landschaft, schufen Vertiefungen, wie die Buckower Rinne und den Buckower Kessel, in dem auch der Schermützelsee liegt. Charakteristisch für das Westufer des **Schermützelsees** sind die Schluchten, Kehlen genannt, im Hang: Fischerkehle, Buchenkehle, Grenzkehle und Schwarze Kehle. Im Tal des Stobbers ist der farbenfrohe Eisvogel unterwegs, der als Glücksbringer gilt, wenn man ihn entdeckt.

Rund um den **Großen Klobichsee,** östlich von Buckow, tummeln sich Fischotter und Sumpfschildkröte. Selbst einzelne Wölfe werden immer wieder in freier Wildbahn beobachtet, die von Westpolen herüberwandern. Außerdem haben Tier- und Pflanzenkundler im Naturpark über 1000 Farn- und Blütenpflanzenarten, 246 Vogelarten und 493 holzbewohnende Käferarten entdeckt. Seltene Libellenarten sind hier zu Hause, auch die Gemeine Keiljungfer, das Wappentier des Naturparks.

Wer Gärten liebt, fährt nach **Neuhardenberg,** etwas östlich des Schutzgebietes. Dort liegt ein schöner Landschaftspark im englischen Stil, geplant von Peter Joseph Lenné unter Mitwirkung von Fürst Hermann von Pückler-Muskau. Die Anlage wurde in einem bundesweiten Wettbewerb 2004 als Deutschlands schönster Park prämiert. Im Mittelpunkt steht ein dreiflügeliges Schloss mit klassizistischer Fassade, das wie die benachbarte Kirche unter Karl Friedrich Schinkel erbaut wurde.

Bio essen und wohnen ist auch in der Märkischen Schweiz möglich, in Klosterdorf, Strausberg und Ober-barnim-Ihlow (s. S. 121 f.).

› Naturerlebnis-Tipps

Wildgänsebeobachtung

Im Oktober veranstalten Tausende Saat- und Blässgänse ein Spektakel, wenn sie auf ihrem Zug in die Winterquartiere für mehrere Wochen in den abgelegenen Feuchtgebieten der Märkischen Schweiz rasten. Vor allem an den **Altfriedländer Teichen** und am fischreichen **Kietzer See** mit seinen Inseln, Schilf- und Schlammflächen sind die Gänse gut zu beobachten. Auch Weiß- und Schwarzstorch, See- und Fischadler haben dort ihr Revier. Der mit einem grünen Punkt markierte Rundwanderweg von Altfriedland führt über einen Pfad (Bäckersteig) am Ende der Klosterstraße zu einer Vogelbeobachtungskanzel am Kietzer See.

Anfahrt: Nach Altfriedland geht es ab Berlin mit der S-Bahnlinie 5 bis Strausberg-Nord, weiter mit Bus 937 (Richtung Neuhardenberg) bis Karlsdorf, Abzweigung B 167, und dann weiter mit Bus 967. An Wochenenden zwischen Mitte Mai und Anfang September fährt Ausflugsbus 930 vom Bahnhof Müncheberg nach Altfriedland.

› Im beschaulichen Buckow hatte Bertolt Brecht seinen Sommersitz

Haus der Fledermaus

In einem ehemaligen Gutshof im Dorf Julianenhof, 4 km nordöstlich von Buckow gelegen, haben Naturschützer ein Quartier von acht Fledermausarten entdeckt, darunter die seltene Große Bartfledermaus. Ein Museum auf der Hofanlage informiert alle Interessierten über verschiedene in Brandenburg vertretene Fledermausarten sowie über die Erforschung und den Schutz der nachtaktiven Tiere. Bei Abendexkursionen an bestimmten Terminen werden die Lieblingsplätze der fliegenden Kleinsäuger aufgesucht – und mit Detektoren ihre Ortungslaute hörbar gemacht.

Internationales Fledermausmuseum: Julianenhof 15 B, 15377 Märkische Höhe, Tel. 03 34 37/1 52 56, www.internationales-fledermausmuseum.de, Mai–Sept. tgl. 10–16 Uhr.

Anfahrt: Mit der S-Bahnlinie 5 geht es von Berlin nach Strausberg-Nord, von dort weiter mit der Buslinie 929 nach Buckow und nach einer Pause wieder mit Buslinie 929, der auf dem Rückweg nach Strausberg über Julianenhof fährt.

Erlebniswanderungen

Dass Bäume leben, kann man auch hören. Ines Langbecker hält ein Stethoskop an die noch dünne Rinde einer jungen Birke und schon ist das Rauschen zu hören, wenn der Baum Wasser aus den Wurzeln in die Blätter zieht. Von Ihlow und Buckow aus unternimmt die Wanderführerin, genau wie ihr Mann, erlebnisreiche Streifzüge durch die Märkische Schweiz. Zum Programm gehören Naturerlebnis-, Kräuter- und Kneippwanderungen.

Infos zum Kräuterwandern: Termine der Exkursionen im Internet und auf Anfrage, Tel. 03 34 37/1 52 39, www.kraeuterwandern.de

Allgemeine Infos

Tourismus-Marketing Brandenburg
Am Neuen Markt 1, 14467 Potsdam, Tel. 03 31/29 87 30, www.reiseland-brandenburg.de

Tourismusverband Spreewald
Lindenstr. 1, 03226 Vetschau-Raddusch, Tel. 03 54 33/7 22 99, www.spreewald.de

Biosphärenreservat Schorfheide-Chorin
Hoher Steinweg 5–6, 16278 Angermünde, Tel. 0 33 31/3 65 40, www.schorfheide-chorin.de

Kultur- und Tourismusamt Märkische Schweiz
Sebastian-Kneipp-Weg 1, 15377 Buckow, Tel. 03 34 33/5 75 00, www.amt-maerkische-schweiz.de

Mit Bus und Bahn

Spreewald: Von Hannover und Hamburg bestehen durchgehende Verbindungen nach Lübben und Lübbenau. Regionalexpress-Züge fahren von Berlin-Hbf. über Lübben, Lübbenau und Vetschau nach Cottbus. Bus 500 verbindet Lübben mit Burg und Cottbus.

Schorfheide-Chorin: Nach Eberswalde und Angermünde kommt man ohne umzusteigen von Dresden, Stralsund und Köln über Dortmund, Erfurt und Halle. Ansonsten geht die Reise meistens mit Nahverkehrszügen ab Berlin ins Umland weiter. Regionalexpress-Züge zwischen Berlin-Hbf. und Stralsund halten in Eberswalde, Britz, Chorin und Angermünde. Zum Kaiserbahnhof in Joachimsthal beim Werbellinsee muss man in Eberswalde oder Britz umsteigen. Außerdem gibt es einige Direktzüge ab Berlin-Lichtenberg und an Wochenenden verkehrt die Tourismusbuslinie 917 »Rund um den Werbellinsee« ab Eberswalde zum Kaiserbahnhof. Der Ausflugsbus »Biber-Bahn« verbindet von Ende März–Okt. täglich Angermünde (Bhf.) mit der Blumberger Mühle.

Märkische Schweiz: Wer nach Buckow will, nimmt in Berlin-Hauptbahnhof die S-Bahnlinie 5 bis Strausberg und steigt dort in Bus 926 um, oder nimmt in Berlin-Lichtenberg eine Regionalbahn bis Müncheberg (Mark) mit Weiterfahrt im Bus 928. Altfriedland ist ab S-Bahnstation Strausberg-Nord (S 5) mit Bus 937 Richtung Neuhardenberg bis Karlsdorf, Abzweigung B 167, und weiter mit Bus 967 zu erreichen. Zwischen Mitte Mai und Anfang September verbindet Sa, So und Fei der Ausflugsbus 930 Müncheberg (Bhf.) mit Waldsieversdorf, Buckow, Altfriedland und Neuhardenberg. Mai–Sept. ist Sa und So zwischen Müncheberg, Waldsieversdorf und Buckow eine Museumsbahn unterwegs.

Brandenburg-Berlin-Ticket: Damit können bis zu 5 Personen einen Tag lang durch Brandenburg und Berlin fahren, mit Nahverkehrszügen, S-Bahnen, Bussen der Berliner Verkehrsbetriebe (BVG) und Fahrzeugen vieler anderer Unternehmen im Verkehrsverbund Berlin-Brandenburg (VBB). Der Fahrschein kostet 26 € online oder am Automaten (in Reisezentren und Bahn-Agenturen 2 € mehr) und gilt Mo–Fr von 9 bis 3 Uhr des Folgetags, Sa/So von 0 bis 3 Uhr des Folgetags.

Verkehrsverbund Berlin-Brandenburg (VBB): Tel. 0 30/25 41 41 41, www.vbbonline.de

Deutsche Bahn: Tel. 08 00/1 50 70 90, www.bahn.de

Naheland

Reich an Edelsteinen und edlen Weinen ist das Land an der Nahe, die bei Bingen in den Rhein fließt.

Von den positiven Energien der Edelsteine und der Weine war schon die Heilige Hildegard überzeugt, die im 12. Jh. auf dem Disibodenberg, am Zusammenfluss von Glan und Nahe, ein Kloster leitete. Der Wein erfreue den Menschen »mit seiner gesunden Wärme und seiner großen Kraft«. Unweit des Klosters setzte Pastor Emanuel Felke im beginnenden 20. Jh. vor allem Lehm als Heilmittel ein. Das Naheland ist seit jeher eine Wellnessregion, in der sich die Kurorte längs des Flusses aneinanderreihen: Bad Sobernheim, Bad Münster am Stein und Bad Kreuznach.

› Naturpark Soonwald-Nahe

Ausgedehnte Wälder, harte Quarzitbuckel, Bachtäler, Äcker, Grünland und Weinreben prägen das Landschaftsbild des 2005 gegründeten Naturparks. Auf einer Fläche von 736 km^2 erstreckt sich das Erholungsgebiet vom Nahetal im Süden bis Simmern im Hunsrück und vom Hahnenbachtal im Osten bis nach Stromberg. Markant erhebt sich bei Bad Münster am Stein-Ebernburg der gewaltige **Rotenfels** mit der höchsten Steilwand nördlich der Alpen etwa 200 m über die Nahe. Wo das rötlich schimmernde Porphyrgestein am weitesten ins Tal ragt, bietet der Aussichtspunkt Bastei einen grandiosen Blick: auf das fast senkrecht zum Fluss hin stürzende, wild zerfurchte Massiv, und gegenüber auf die von Ferne klein erscheinende Ebernburg auf einem Hügel beim gleichnamigen Stadtteil. In einigen Nischen des Rotenfels gedeihen Orchideen, zugleich haben hier Wanderfalken ein Refugium gefunden. Auch deswegen ist er als Naturschutzgebiet ausgewiesen und Klettern nur zwischen Juli und Dezember östlich der Bastei gestattet. Mit einer Vielzahl von schottergefüllten steilen Rinnen, Felstürmen und Bruchwänden ist das Massiv allerdings kein Sportklettergebiet, Ortskenntnis und Erfahrung mit ähnlich schwierigem Gelände sind unabdingbar.

Aus dem **Hahnenbachtal** steigen nahe Oberhausen bei Kirn, nicht zu verwechseln mit Oberhausen an der Nahe, die schroffen Quarzitwände, Zacken und Blöcke der Oberhauser Felsen empor. Sie werden auch Kirner Dolomiten genannt und sind ein etwas leichteres Kletterrevier. Durch den Wald zwischen Oberhausen, Hennweiler und dem Hahnenbachtal führt ein Naturerlebnispfad zu **Schloss Wartenstein,** vorbei an mehreren Stationen, die über Flora und Fauna aufklären. Das auf hoher Warte errichtete Schloss hat seinen Ursprung im 14. Jh. und beherbergt heute eine der elf Informationsstellen des Naturparks. Eine Ausstellung widmet sich dem Ökosystem Wald und Spezialthemen wie der Gewinnung von Lohrinde, die früher bei der Lederherstellung Verwendung fand. Im Gewölbekeller sind Gesteine und Fossilien des Hunsrücks zu sehen (April–Okt. Di–So, Nov. bis März nur So).

In 32 Gruben wurde vom Mittelalter an bis Mitte des 20. Jhs. Schieferbergbau in der Region betrieben. Einen Einblick in alte Brech- und Fördertechniken gibt die **Besuchergrube Herrenberg** beim Erholungsort **Bundenbach,** weiter oben im Hahnenbachtal. In 400 m Entfernung vom Stollen steht die vom Rheinischen Landesmuseum Trier rekonstruierte keltische **Festung Altburg,** und der Felsklotz gegenüber der Altburg trägt die dritte Attraktion rund um Bundenbach, die Ruine der mittelalterlichen **Schmidtburg** (alle drei sind geöffnet: April-Okt. tgl. 10–13 und 14–17 Uhr).

Neben dem Hahnenbach durchfließen zwei weitere Bäche den Hauptkamm des Soonwalds von Nordwesten nach Südosten, um in die Nahe zu münden: Simmerbach und Guldenbach. Im **Simmerbachtal** südlich von Simmern ist der Biber heimisch. Genau wie Wildkatze, Eisvogel, Schwarzstorch und kleine Zangenlibelle, die im Naturpark wieder beheimatet sind. Im trockenwarmen Klima des Nahetals fühlen sich zudem Arten wie die Smaragdeidechse wohl.

Mehr zur Region und ihren Bewohnern ist im Hunsrückmuseum im **Schloss** von **Simmern** zu erfahren (März–Dez. Di–So 14–17 Uhr). Die im frühen 18. Jh. erbaute Anlage besteht aus einem Haupthaus und zwei vorgesetzten Seitenflügeln im klassizistischen Stil. Im früheren Gefängnisturm in der Turmgasse wird dem Mythos um den berüchtigten Räuber Johannes Bückler, genannt Schinderhannes, nachgegangen. Zu den Exponaten gehören ein Hut, eine Büchse und ein Pulverbeutel seiner Zeit. Im Jahr 1799 saß der Räuber in dem angeblich ausbruchssicheren Turm ein, bis ihm in der Nacht vom 19. zum 20. August die Flucht gelang. Immer wieder versteckte sich der Schinderhannes in einsamen Ecken des Soonwaldes.

› Urspüngliche Natur im Simmerbachtal

In der Region gibt es auch mehrere Weingüter, darunter das Bioweingut Fuchs-Jacobus in Schweppenhausen (s. S. 138).

› Naturerlebnis-Tipps

Waldexkursionen

Im Wald durch die rabenschwarze Nacht wandern, ein Lagerfeuer entfachen und dann im Schlafsack unter Bäumen und Sternen übernachten … Oder: mit einem Vogelkundler losziehen, der seine gefiederten Freunde anlockt und mit Spechten kommuniziert. Die Forstämter Soonwald, Simmern und Bad Sobernheim stellen alljährlich im Rahmen der bundesweiten Initiative »Treffpunkt Wald« einen gemeinsamen Veranstaltungskalender zusammen. Die Themen reichen von der naturkundlichen Frühlingswanderung bis hin zur Dezember-Exkursion, die der Frage nachgeht: »Was machen die Tiere im Wald an Weihnachten?«. **Infos:** Übernachtungen im Wald und Dezember-Exkursionen: Forstamt Bad Sobernheim, Tel. 0 67 51/85 79 90; Vogelexkursionen: Forstamt Soonwald, Tel. 0 67 24/60 26 10; Frühlingswanderung: Forstamt Simmern, Tel. 0 67 61/9 16 70, www.wald-rlp.de, Anmeldung erforderlich.

Radtour durchs Nahetal

Von der Quelle bis zur Mündung kann man die Nahe auf einem 130 km langen Radweg begleiten, Start: Selbach im Saarland, Ziel: Bingen am Rhein, Markierung: Fahrrad, Richtungspfeil und blaues liegenden S (Flusssymbol). Die wohl beliebteste Teilstrecke führt von **Kirn** nach **Bad Kreuznach** (41 km), mit nur wenigen Steigungen, überwiegend fern verkehrsreicher Straßen und durch eine abwechslungsreiche Landschaft mit Winzerdörfern, Weinbergen, Wäldern, Feldern und Felsen.

Los geht's am Bahnhof in Kirn, nach rechts, aus dem Ort heraus und auf einem Radweg entlang der Straße nach Hochstetten-Dhaun. Dort biegt man hinter der Kirche schräg rechts ab, überquert die Bahnstrecke und bald ist das Dörfchen Hochstädten erreicht. Vom östlichen Ortsausgang führt die Route auf einem Angellehrpfad nach Merxheim, über Felder nach Meddersheim, über die Nahebrücke, gleich dahinter rechts und am Hahnenbach entlang nach Bad Sobernheim. Auf gerader Strecke kommt man vom Freizeitgelände mit Barfußpfad zum Ortsrand von Staudernheim, unterquert die Draisinen-Strecke, umfährt in weitem Bogen einen Hügel, unterquert hinter einer Kleingartensiedlung die Bahn, biegt rechts ab, um auf steil ansteigender Strecke zum Weingut Schloßböckelheim zu kommen. Die Schilder weisen den Weg im Halbkreis um das Anwesen, dann steil abwärts und hinter der Bahnbrücke links an der Straße entlang nach Niederhausen. Über eine Brücke am Stauwerk und entlang einer Kanu-Trainingsstrecke gelangt man zur

› Die Brückenhäuser in Bad Kreuznach wurden auf Brückenpfeilern errichtet

Schlussetappe auf einer gut befahrbaren Radlerpiste nach Bad Münster am Stein-Ebernburg, links erhebt sich der mächtige Rotenfels, und schließlich durchs Kurviertel von Bad Münster und das Salinental nach Bad Kreuznach.

› Bad Kreuznach

Mit 47 000 Einwohnern ist Bad Kreuznach die wichtigste Stadt des Nahelandes. Schon Kelten und Römer siedelten hier, die Römer nannten den Ort »Cruciniacum«. In der Hüffelsheimer Str. 11 hat man Reste einer **römischen Villa** ausgegraben, die zu den größten nördlich der Alpen gehörte (das Erdgeschoss hatte über 50 Räume) und teilweise rekonstruiert worden ist. In der Römerhalle (Scheune eines ehemaligen Ritterguts) neben der Fundstelle können kostbare und hervorragend erhaltene Mosaikböden der Villa besichtigt werden (tgl. außer Mo, Febr. geschl.).

Die Attraktion der Altstadt sind die beiden **Brückenhäuser,** die auf Pfeilern der alten Nahebrücke errichtet wurden. Ein paar Ecken weiter an der Magister-Faust-Gasse 47 steht das Haus, in dem 1507 Dr. Johann Sabellicus Faust gelebt haben soll. Er war angeblich Rektor am Gymnasium der Stadt, wurde aber wegen Ausübung der Schwarzen Magie vertrieben. Der Faust-Stoff fand wiederholt Eingang in die Literatur, am berühmtesten ist zweifellos Goethes »Faust«. An der Einmündung des Ellerbachs in die Nahe stehen die früher von Fischern bewohnten Häuser mit hohen weit vorgebauten Balkonen und Erkern, **Klein-Venedig** wird das Eck genannt. Highlife herrscht am Eiermarkt, wo man sommers vor den hübschen Bürgerhäusern sitzt und einen Nahewein genießt. Ruhiger geht es im **Kurviertel** zu, dessen Zentrum das schlossartige Kurhaus (Hotel) ist. Das Bäderhaus bietet multikulturelles Kuren mit römischem Bad, maurischem Dampfbad, türkischem Hamam, Scheherezade-Bad und finnischer Sauna. In einem ehemaligen Quecksilberstollen wird außerdem eine Radon-Inhalations-Therapie angeboten, die bei Rheumaerkrankungen helfen kann.

Im Salinental zwischen Bad Kreuznach und Bad Münster am Stein-Ebernburg reihen sich 9 m hohe Gradierwerke mit einer Gesamtlänge von 1,1 km aneinander. Die mit Schwarzdornzweigen behängten Holzgerüste, über die Sole rieselt und verdunstet, wurden früher zur Salzgewinnung genutzt und sorgen heute zwischen Ostern und November für salzhaltige und wohltuende Luft.

Wer Bioweine verkosten möchte, hat bei Bad Kreuznach gleich mehrfach Gelegenheit dazu (s. S. 136 f.).

› Naturerlebnis-Tipp

Wanderung auf den Rotenfels

Die Wanderung beginnt in Bad Kreuznach mit einem längeren Anstieg, führt durch Wald zur Bastei, dem aussichtsreichsten Punkt auf dem Rotenfels (327 m ü. NN), und nach einem steilen Abstieg durchs Salinental zurück zum Ausgangspunkt. Für die rund 10 km lange Strecke sollte man 3–4 Stunden einplanen.

Beim Kurpark schwingt sich Bad Kreuznachs schmale Hängebrücke über die Nahe und auf der anderen Flussseite liegt am Waldrand der Startpunkt für mehrere Wanderungen rund um das Kurstädtchen.

Bis zur Bastei kann man der Markierung KH 3 folgen. Dabei geht es zunächst rechts aufwärts, am Waldrand entlang, an Reben vorbei, über ein Wiesenstück und in den Wald hinein. Weiter oben trifft die Route auf den Europäischen Fernwanderweg 8, auf den man links einbiegt. Bald ist der Anstieg geschafft.

Hinter einem asphaltierten Stück weist die Markierung abwärts zu einer Gaststätte und über eine Hochebene zur Abbruchkante des Rotenfels. Rechts geht es am Rand des Plateaus zur Bastei, dem aussichtsreichen Wendepunkt der Wanderung.

Am Rand des Rotenfels läuft man zurück, biegt aber nicht links ab, sondern wandert weiter geradeaus, bis rechts ein Pfad in den Wald abzweigt (zunächst als Rundwanderweg 10 markiert). Der Weg schwingt in steilen Serpentinen talwärts, an einer Ruhebank geradeaus weiter, zu den Weinhängen oberhalb von Bad Münster.

Am Rand der Weinhänge wird der Ort erreicht. Hinter der Kirche kommt man in den Kurbezirk und ans Ufer der Nahe und dort links durchs Salinental zurück nach Bad Kreuznach.

› In malerischer Lage am Fluss: Bad Münster am Stein-Ebernburg

› Bad Münster am Stein-Ebernburg

In scharfen Kurven windet sich die Nahe durch die Talenge bei Bad Münster. Riesige Felswände steigen senkrecht rechts und links des Flusses empor. Der zweitgrößte Kurort der Region (ca. 4000 Einw.) mit Salinen und einem Thermal-Solebad liegt auf einer knieförmigen Fläche am Fluss. In der Architektur des alten Kurmittelhauses, das über eine Brunnenanlage verfügt, sind Elemente des Jugendstils, aber auch Fachwerk vereint. Dem Kurpark gegenüber erhebt sich der 136 m hohe pyramidenförmige Porphyrfelsen **Rheingrafenstein** mit einer Burgruine auf der Spitze, einst Stammsitz der Reichsfreiherren von Stein. Vom Kurviertel zum Huttental am Fuß des Felsens kann man mit einem Nachen übersetzen. Der Fährmann bewegt das Boot, indem er sich an einem über den Fluss gespannten Seil entlanghangelt. Der Fußweg zur Ruine Rheingrafenstein durchs Huttental dauert eine halbe Stunde.

Flussaufwärts am anderen Ufer erhebt sich das noch gewaltigere Massiv des Rotenfels. Auf einem Hügel, dem Felsen gegenüber, thront die **Ebernburg** beim gleichnamigen Stadtteil. Sie ist Geburtsstätte des Ritters Franz von Sickingen (1481–1523), der hier Luther Asyl anbot. Mitte September verwandeln Ritter, Handwerker, Spielleute und allerlei fahrendes Volk den Stadtteil Ebernburg für ein Wochenende in einen mittelalterlichen Marktflecken. Fanfaren kündigen den Höhepunkt an, das Ritterturnier.

› Rund um Schloßböckelheim

Beim zwischen Bad Münster am Stein-Ebernburg und Bad Sobernheim gelegenen Schloßböckelheim ist das Nahetal besonders hübsch. Der Ort trägt

› Brücke bei Oberhausen

den Namen der **Burg Böckelheim,** von der nach Zerstörung durch die Franzosen im Jahr 1688 nur eine Ruine geblieben ist. Flussabwärts steigen die terrassierten Weinberge der ehemaligen staatlichen Weinbaudomäne Schloßböckelheim vom Fluss empor. Gegenüber liegt **Oberhausen an der Nahe,** um dessen Kirchlein sich Häuser und Winzerhöfe mit roten Ziegeldächern gruppieren, eingerahmt vom Grün bewaldeter Hügel, und als i-Tüpfelchen schmückt im Vordergrund eine alte vielbogige Brücke über die Nahe das Bild. Die Weinberge zählen zu den Top-Lagen der Region und bilden zusammen mit Felsen, Halbtrockenrasen und Waldstücken den Lebensraum für seltene Arten. Zahlreiche Orchideen blühen hier, die Smaragdeidechse huscht über Felsen und auch die Würfelnatter hat hier ihr Refugium. Bereits 1908 wurde durch eine Bekanntmachung der Ortspolizei das Pflücken von Pflanzen am Heimberg, dem Hausberg Schloßböckelheims, untersagt und das Gebiet 1912 mit einer gusseisernen Tafel als »Nahegau Pflanzenschutzbezirk« ausgewiesen. Damit ist es eines der ältesten Naturschutzgebiete in Deutschland. Seit Juni 2008 kann man von einem Aussichtsturm auf dem **Heimberg** den Blick über Soonwald und Nahetal bis hin zum Pfälzer Wald genießen.

Bioadressen

» Menschels Vitalresort (Biohotels)
Naheweinstr. 65, 55566 Bad Sobernheim-Meddersheim, Tel. 0 67 51/8 50, www.menschel.com/de
Hier verbinden sich Wellness, Bio und Genuss. Komfortable Zimmer sind auf mehrere Gebäude in einem Privatpark verteilt. Im Haupthaus befinden sich das Restaurant, die Felkestube mit Kachelofen und Vinothek und eine Arztpraxis unter Leitung von Dr. Matthias Menschel, dessen Großvater bei Emanuel Felke assistierte. Felkes Naturheilverfahren mit Licht, Luft, Wasser und Lehm steht heute noch im Mittelpunkt der aktivierenden Anwendungen des Hauses. Zum Wellnessbereich gehören u. a. Therme, Whirlpool, Dampfbad und Finnische Sauna. Im Restaurant werden die Gäste mit vielfältigen Menüs und Buffets verwöhnt, auch mit Zutaten aus dem eigenen Kräutergarten. Spezielle Ernährungsangebote wie Heilfasten nach Buchinger runden das Angebot ab. ○○○
Anreise: Vom Bahnhof in Bad Sobernheim mit Buslinie 273 zu erreichen.

» Ökologisches Weingut und Biohotel Gänz (Biohotels)
An der Bosenheimer Str., 55546 Hackenheim, Tel. 06 71/8 96 34 53, www.gaenz.com
Inmitten von Feldern und Weinbergen, vor den Toren Bad Kreuznachs, steht das nach baubiologischen Grundsätzen

errichtete Gästehaus. Die großzügig angelegten Zimmer sind mit Vollholzmöbeln und Naturmaterialien ausgestattet. Die Gäste können zum Abendessen hausgemachte Bioweine genießen oder das Sortiment bei einer Weinprobe kennenlernen. Weine, Brände, Traubenkernöl und Traubensaft sind neben vielen anderen Bioprodukten, darunter Obst, Gemüse, Käse und Tee, im Laden des Weinguts erhältlich (Di–Fr 14–18, Sa 9–13 Uhr). ❍❍
Anreise: Vom Bahnhof Bad Kreuznach mit Buslinie 226.

» Ferienhof Pfleger (Demeter)
Ausbacherhof 1, 67753 Reipoltskirchen, Tel. 0 63 04/84 31, www.lebendige-erde.de
Ein Höfe-Trio allein auf weiter Flur, außerhalb von Reipoltskirchen, 14 km südlich von Meisenheim am Glan. Eines der drei Anwesen ist der Hof der Familie Pfleger, dessen Geschichte bis ins 17. Jh. zurückreicht und in dessen baubiologisch renoviertem Wirtschaftsgebäude vier behagliche Ferienwohnungen für 2–7 Personen entstanden sind. Sie sind mit Massivholzmöbeln und geölten Holzfußböden ausgestattet und für Allergiker geeignet.

Beste Lebensmittel zur Selbstversorgung bietet der Hofladen (Mo–Fr 9–12, 14–19, Sa 9–14 Uhr): Brot, Brötchen und Kuchen von der Hofbäckerei, Obst, Gemüse, Fleisch, Kartoffeln, 40 Sorten Käse, gluten-, ei-, und milchfreie Produkte, Soja-Eis und vieles mehr. Spielwiese und Feuerstelle befinden sich auf dem Gelände. Traktormitfahrten, Mitarbeit in der Bäckerei, im Stall und auf dem Feld sind auf Wunsch möglich. ❍
Anreise: Abholung von den Bahnhöfen Rockenhausen oder Wolfstein nach Vereinbarung.

» Bannmühle (Bioland)
Staudernheimerstr. 1, 55571 Odernheim, Tel. 0 67 55/10 53, www.bannmuehle.de, Hofladen: Mi–Fr 16–18.30, Sa 10–12.30 Uhr, Übernachtung im Tipi 10 € pro Person.
In der Bannmühle, ein Stück vor der Mündung des Glans in die Nahe gelegen, kann man leckere Bioprodukte kaufen und auf dem Freigelände in Tipis übernachten oder sein eigenes Zelt aufschlagen. Neue Duschen und Toiletten sind in den alten Ställen eingerichtet, Tische und Bänke stehen im Heuschuppen. Im Hofladen gibt's Obst, Saft, Fleisch und Wurst aus eigener Erzeugung, dazu Biolebensmittel wie Milch, Käse, Gemüse, Kartoffeln und Brot aus der Region. Zur Saison können Erdbeeren selbst gepflückt werden. Feuerstelle und Kanuverleih am Platz. Auch sonst ist hier alles öko, Wasserturbinen und eine Fotovoltaik-Anlage liefern Energie, das Futter fürs Glanvieh kommt von den eigenen Wiesen und Obstbeständen und der Mist findet als organischer Dünger Verwendung.
Anfahrt: Am Bahnhof in Bad Sobernheim in Buslinie 260 Richtung Lauterecken wechseln.

» Bio-Eck
Bismarckstr. 10, 55743 Idar-Oberstein, Tel. 0 67 81/98 15 90, Mo–Fr 8–18, Sa 8–14 Uhr.
Gut sortierter Bioladen mit Bistro im Stadtteil Idar. Mittags bereitet Ellen Eck eine warme, meist vegetarische Mahlzeit zu. Dazu werden Salate, Desserts und hausgemachte Kuchen angeboten.

Alle Zutaten stammen aus dem eigenen Laden. Im Sortiment sind u. a. Obst, Gemüse, Kräuter, Kartoffeln, Milchprodukte, Fleisch und Backwaren von Demeter, Bioland und Naturland.
Anfahrt: Vom Bahnhof Idar-Oberstein zu Fuß oder mit Buslinie 301.

» Bornwiesenhof (Demeter)
Hußweilerstr. 38–40, 55767 Hußweiler, Tel. 0 67 87/7 11, www.bornwiesenhof-hunsrueck.de, Hofladen: Mi und Fr 16–18 Uhr.
Ein Reich für Käsefeinschmecker. Hofeigene Demetermilch wird frisch und naturbelassen verarbeitet und erhält so ihr unvergleichliches Aroma. Dass der Milch hier kein Transport, keine Erhitzung, Homogenisierung und Entrahmung zugemutet wird, schmeckt man dem Käse an. Die meisten Sorten sind preisgekrönt, 2006 war der Bornwiesenhof der erfolgreichste Teilnehmer bei der Käseprüfung des Verbandes für handwerkliche Milchverarbeitung im ökologischen Landbau (VHM). »Morgenstern« und »Kleelaibchen« heißen zwei der leckeren Rohmilchkäse. Favorit ist aber der »Flammkäs«, der »heiße Käse aus dem Hunsrück« zum Braten und Grillen, den es inzwischen in fünf würzigen und zwei fruchtigen Sorten gibt. Vor dem Kauf darf man ihn probieren, größere Käseproben nach Vereinbarung.
Anfahrt: Von Idar-Oberstein mit Buslinie 330 nach Rötsweiler-Nockenthal, dort weiter mit Buslinie 339.

» Weingut Fuchs-Jacobus (Demeter)
Hof Steyert, 55444 Schweppenhausen, Tel. 0 67 24/6 09 70, www.weingut-fuchs-jacobus.de, Weinprobe und -Verkauf nach Vereinbarung.
Auf der Schieferlage des Steyerbergs auf der Gemarkung Schweppenhausen betreibt die Winzerfamilie Jacobus biologisch-dynamischen Steillagenweinbau. Die Rebstöcke werden mit Hornmist und Hornkiesel gestärkt und alle Trauben von Hand gelesen. Ergebnis der arbeitsintensiven Produktion ist exzellenter Wein, mit dem Marlene und Wilfried Jacobus »einen Tropfen Freude« ins Leben bringen. Die 2003er Beerenauslese Weißer Burgunder wurde auf der Messe »Biofach« mit Silber ausgezeichnet, der Weinbrand »Alt Steyerberg« erhielt Gold beim internationalen Wettbewerb Mundus Vini.
Anfahrt: Ab Bad Kreuznach mit Buslinie 240 Richtung Stromberg.

» Weingut Brühler Hof (Ecovin)
Talgartenstr. 12, 55546 Volxheim, Tel. 0 67 03/6 06, www.bruehler-hof.de, Weinprobe und -verkauf nach Vereinbarung.
Schmetterlinge auf den Etiketten sagen schon, dass die Weine vom Brühler Hof aus ökologischem Anbau leicht und beschwingt sind. Klee und Wildkräuter wachsen auf den Weinbergen, luftig, mit 2,70 m Abstand sind die Rebzeilen gepflanzt. Im Keller erreicht eine sorgfältige Weinpflege den Erhalt aller natürlichen Fruchtaromen der jeweiligen Rebsorte und bringt geschmackvolle, lebendige, bekömmliche Tropfen. Mithilfe bei der Weinlese (ausschließlich Handarbeit) ist möglich.
Anfahrt: Vom Bad Kreuznacher Bahnhof fährt Buslinie 226 Richtung Stein-Bockenheim über Volxheim.

Weiter in Fließrichtung folgt **Niederhausen** am Nahestausee. Quer durch alle Lagen des Weindorfs führt ein 4,5 km langer Weinwanderweg mit Info-Tafeln, Keltern und Ruhebänken am Wegesrand. Am Lemberg zwischen Niederhausen und Feilbingert kann der **Schmittenstollen,** ein stillgelegtes Quecksilberbergwerk, besichtigt werden. 700 m des weitverzweigten Schacht- und Stollensystems, in dem früher Zinnobererze abgebaut wurden, sind für Besucher zugänglich (April–Okt. Di–So).

In **Sponheim,** nördlich von Schloßböckelheim, imponiert die ehemalige Klosterkirche und heutige katholische Pfarrkirche. Sie hat ihren Ursprung im frühen 12. Jh. Das Kloster war 1483 bis 1505 Wirkungsstätte des Abtes Johannes Trithemius, Vertrauter von Kaiser Maximilian und vieler Fürsten. Das benachbarte Weindorf **Burgsponheim** thront auf einer Anhöhe über dem idyllischen Ellerbachtal. Die Grafen von Sponheim haben sich hier um 1000 eine Burg gebaut, zogen aber im 13. Jh. auf die Kauzenburg in Kreuznach. Im Jahre 1620 zerstörte der spanische Feldherr Spinola die Festung.

› Bad Sobernheim

Im jüngsten Kurort (Bad seit 1995) von Rheinland-Pfalz kann man nach Herzenslust im Schlamm baden, ob bei der Heilschlamm-Kur nach »Lehmpastor« Emanuel Felke, der hier gewirkt hat und Ehrenbürger ist, oder auf dem Barfußpfad. Rund um den Marktplatz stehen einige hübsche Adelshöfe und Bürgerhäuser.

› Idylle in Bad Sobernheim

Beliebtes Ausflugsziel ist das **Freilichtmuseum** im nahen Nachtigallental (März–Anfang Nov. tgl. außer Mo). Hier wurden historische Gebäude aus allen Ecken von Rheinland-Pfalz in vier Museumsdörfern aufgebaut und innen mit entsprechendem Mobiliar originalgetreu ausgestattet. Ein Fachwerkhaus aus Enkirch an der Mosel wird als »Haus der rheinland-pfälzischen Weinkultur« mit Ausstellungen zu Weinbau und Weingenuss genutzt. In einer Hofanlage aus Neuburg in der Südpfalz ist historisches Kinderspielzeug, darunter eine Sammlung von Puppen und Puppenhäusern, zu sehen. Darüber hinaus geben eine Dorfschmiede, eine Uhrmacherwerkstatt, Schule, ein Backhaus und eine Wassermühle Einblick in das Landleben der Vergangenheit. Auf dem

› Die Heilige Hildegard von Bingen leitete das Kloster auf dem Disibodenberg

Gelände wurden auch ein Kräutergarten und ein Weinberg angelegt. Glanrinder, Gänse, Enten und Hühner laufen umher. Der Fußweg vom Bahnhof Bad Sobernheim (25 Min.) ist ausgeschildert.

In Bad Sobernheim lässt sich Bio- mit Wellnessurlaub hervorragend verbinden (s. S. 136).

› Naturerlebnis-Tipp

Barfußpfad

Raus aus den Schuhen und rein ins Vergnügen. Die Schuhe kommen ins Schließfach, dann geht's auf einem 3,5 km langen Rundweg über Sand, Kieselsteine, weichen Rindenmulch, Gras und knietief durch Lehmschlamm. »Barfuß durch die Natur« verschrieb schon Emanuel Felke seinen Patienten. Das massiert und stimuliert die Reflexzonen. Auf Balancestangen wird gleichzeitig das Gleichgewichtsgefühl gefordert. Die Nahe ist Teil des Parcours, sie kann man durchwaten, auf einer Hängebrücke oder mit einem Boot überqueren. Am besten ist es, in kurzer Hose oder Rock anzutreten (Mai–Anfang Okt. tgl. geöffnet, Dauer ca. 1,5 Std.). Der 750 m lange Fußweg vom Bahnhof Bad Sobernheim ist ausgeschildert. Der Barfußpfad liegt direkt am Nahe-Radweg.

› Glantal

Der 90 km lange Glan mündet bei Odernheim von Süden in die Nahe. Er entspringt in Höchen am Ostrand des Saarlandes, durchfließt das Nordpfälzer Bergland und, beim Eintritt in die Hunsrück-Nahe-Region, **Meisenheim.** »Rothenburg am Glan« wird die Kleinstadt wegen ihres intakten altertümlichen Stadtbildes genannt. Reihenweise Fachwerkhäuser bilden enge Gassen, durch die sich der Autoverkehr quält. Die hübschesten Fachwerk-Ensembles mit Häusern aus dem 15.–18. Jh. stehen in der Ober- und Untergasse. Ein idyllisches Bild gibt das Untertor mit der Bogenbrücke am Glan. Die sehenswerte spätgotische Schlosskirche überragt das Städtchen. Vom Schloss ist der Magdalenenbau erhalten. Seit dem 12. Jh. residierten die Grafen von Veldenz in Meisenheim, ab dem 15. Jh. die Herzöge von Pfalz-Zweibrücken.

Im Mündungsbereich des Glans in die Nahe erhebt sich der **Disibodenberg.** Unter hohen Bäumen auf seinem Plateau liegt die Ruine des ehemaligen Klosters der Heiligen Hildegard. Kirche, Kreuzgang und Kapitelsaal sind gut zu erkennen. Ein Meditationsweg mit Texten der Psalmen und Passagen aus den Schriften der Heiligen Hildegard (Hildegard von Bingen) führt um den Berg und endet an der neuen Hildegardiskapelle. Anfang des 7. Jhs. erbaute der irische Mönch Disibod auf der Anhöhe eine erste Taufkapelle und eine Klause. Im 12. Jh. errichteten Benediktiner hier ein Kloster, das Hildegard von 1136 bis 1147 leitete und während dieser Zeit mit der Aufzeichnung ihres ersten theologischen Werkes »Scivias«, »Wisse die Wege des Herrn«, begann.

Abenteuerlustige Urlauber finden auf einem Ökohof in Odernheim urige Übernachtungsmöglichkeiten und auch bei Reipoltskirchen lässt sich Biourlaub verbringen (s. S. 137).

› Naturerlebnis-Tipp

Draisinentour

Die etwas andere Fahrradtour – mit der Draisine auf Schienen am Glan entlang, mal rechts, mal links vom Fluss, mal über ihn drüber, rundum das Panorama des Nordpfälzer Berglands: Wiesen, korngelbe Hügel, Erlendickichte, Rebenreihen. Zwei Personen auf fahrradähnlichen Aufbauten treiben die Schienen-Rikscha an, zwei Passagiere können auf der Bank hinter ihnen Platz nehmen. Um auf der eingleisigen Strecke Kollisionen zu vermeiden, ist die Fahrtrichtung preußisch klar geregelt: an geraden Tagen fahren alle Richtung Altenglan, an ungeraden alle Richtung Staudernheim. Zur Auswahl stehen eine 20 km lange Schnupperstrecke bis zum Mittelpunkt Lauterecken und die komplette, 40 km lange Strecke zwischen Altenglan und Staudernheim.

Alle 2 km gibt es Haltestellen mit seitlich aufgepflasterten Parkplätzen in Dörfern oder mitten in der Natur – wer länger anhält, muss die Draisine aus dem Gleis heben. Allesamt sind sie ideale Ausgangspunkte für Exkursionen: für einen Galeriebesuch im »Kleinen Kunstbahnhof« von Eschenau, einem Ortsteil von St. Julian, oder um Honig einzukaufen im Lädchen gleich am Bahnübergang von Raumbach.

Infos: Naheland-Touristik, Adresse s. S. 144, www.draisinentour.de, März–Okt. Mo–Fr 35 €, Sa, So 39 € pro Draisine und Tag.

An- und Abfahrt: Parallel zur alten Bahnstrecke fährt Buslinie 260 zwischen Bad Sobernheim und Lauterecken mit Halt in Staudernheim und Meisenheim. Buslinie 270 ist zwischen Lauterecken und Altenglan unterwegs.

› Idar-Oberstein

Die frühlingsgrün glänzenden, sommerlich flirrenden oder herbstlich bunten Hunsrückwälder liegen wie ein Collier rund um die Edelsteinstadt (32 000 Einw.) am Zusammenfluss von Idarbach und Nahe. Im 17. und

18. Jh. erlebte das Schürfen und Schleifen in den Walddörfern der für ihre Achatvorkommen bekannten Gegend eine Blütezeit. Allein am Idarbach standen 56 Schleifen. Im 19. Jh. ebbte die Ausbeute allmählich ab, clevere Auswanderer sorgten aber für Nachschub aus Südamerika und schickten Smaragde und Diamanten in die Heimat. Idar-Oberstein entwickelte sich schließlich zum Zentrum der Edelsteinverarbeitung und des Schmuckwarenhandels in Deutschland.

Wie aus einem rohen Klumpen eine funkelnde Kostbarkeit wird, ist in der historischen **Weiherschleife** zu sehen, der einzigen erhaltenen wasserradgetriebenen Achatschleifmühle am Idarbach. Beim Schauschleifen legt sich der »Schliffer« bäuchlings vor ein Sandsteinschleifrad und bringt den Stein pressend so richtig zum Glänzen (Mitte März–Mitte Nov.). Auf dem benachbarten **Mineralienschürfplatz** können Besucher selbst an handgetriebenen Sandsteinschleifrädern und einem alten Polierrad Edelsteinen den letzten Schliff geben.

› Ein »Schliffer« bei der Arbeit

Die größte Schatztruhe des Landes, das **Deutsche Edelsteinmuseum,** ist in einer denkmalgeschützten Gründerzeitvilla im Stadtteil Idar untergebracht. Auf drei Etagen glitzern und funkeln 10 000 Exponate aus aller Welt, unter anderen Rohdiamanten, Aquamarin-, Saphir- und Smaragdkristalle (Nov.–Anfang Jan. Mo geschl., Mitte Jan.–Mitte Febr. geschl.).

Im **Museum Idar-Oberstein** am alten Obersteiner Marktplatz ist eine bedeutende Mineraliensammlung zu bestaunen (tgl. geöffnet).

Bis zu 125 m hohe Melaphyrwände (Mandelstein) überragen das Städtchen. In einer Felsennische auf 60 m Höhe klebt die berühmte **Felsenkirche** (1482–1484 erbaut). Tausende Pilger und Touristen steigen alljährlich 230 Stufen zu ihr hinauf, die oberen Treppen durch einen in den Fels geschlagenen Tunnel. Im Innern der schlanken Kirche hängt ein Achatkreuz aus Brasilien, seine Form schuf allein die Natur. Von der Aussichtsplattform neben der Kirche schweift der Blick über den Stadtteil Oberstein, der sich in das enge Tal quetscht und von einer vierspurigen Schnellstraße zerschnitten wird, die mit ihren sanften Kurven an einen Flusslauf erinnert. Tatsächlich wurde mit der Straße die Nahe komplett überbaut.

Auf Biokäse und andere Öko-Lebensmittel brauchen Urlauber in und um Idar-Oberstein (Hußweiler) nicht zu verzichten (s. S. 137 f.).

› Naturerlebnis-Tipps

Schatzsuche

Am Steinkaulenberg in Idar-Oberstein können Schatzsucher mit Pickel und Schaufel oberirdisch nach Edelsteinen der Region graben. Neben diesem »Edelsteincamp« gibt es, besonders für Kinder, Schürffelder, die täglich mit Mineralien aus aller Welt bestückt werden. Im Innern des Steinkaulenbergs liegt die einzige zur Besichtigung freigegebene Edelsteinmine Europas. 1875 wurde der Abbau eingestellt. Ein 400 m langer Besucherstollen führt zu einem unterirdischen See, Eisenablagerungen und den fünf hier vorkommenden Steinarten: Achat, Amethyst, Bergkristall, Rauchquarz und Jaspis. Schon der Fußweg zur Mine auf einem geologischen Lehrpfad durch ein Waldstück ist eine spannende Zeitreise. Am Wegesrand liegen Gesteinblöcke, wie Rhyolith, 287 Mio. Jahre alt, und Taunusquarzit, 400 Mio. Jahre alt.

Edelsteinmine Steinkaulenberg: Tel. 0 67 81/4 74 00, www.edelstein minen-idar-oberstein.de, Mitte März bis Mitte Nov. Auf Edelsteinsuche geht's nur nach Anmeldung, Arbeitskleidung und festes Schuhwerk werden empfohlen.

Anfahrt: Vom Bahnhof Idar-Oberstein mit Buslinie 303 bis Straßburgkaserne.

Historisches Kupferbergwerk

Mineralien im Gestein, die Wände und Decken bunt schimmern lassen, und skurrile Tropfsteine verwandeln das ehemalige Kupferbergwerk in Idar-Obersteins Nachbarort Fischbach in eine kleine Zauberwelt. Ein weitverzweigtes Stollensystem, hohe Hallen und eine rekonstruierte Kupferhütte können im Rahmen von Führungen besichtigt werden.

Kupferbergwerk Fischbach: Tel. 0 67 84/23 04, www.besucherberg werk-fischbach.de, Mitte Febr.–Mitte Nov. tgl. 10–17, Mitte Nov.–Mitte Febr. tgl. 11.30 und 13.30 Uhr.

Anfahrt: Vom Bahnhof Fischbach-Weierbach bis zum Bergwerk sind es etwa 2,5 km. Buslinie 362 fährt (selten) vom Bahnhof bis Fischbach-Feuerwehr, von dort sind es 800 m Fußweg. Tipp: warm anziehen, die Temperatur unter Tage beträgt übers ganze Jahr 11° C.

› Felsenkirche Idar-Oberstein

Allgemeine Infos

Naheland-Touristik
Bahnhofstr. 37, 55606 Kirn, Tel. 0 67 52/ 13 76 10, www.naheland.net

Mit Bus und Bahn

Bahn: Wer von Weitem mit der Bahn ins Nahetal reist, muss in Bingen, Mainz, Frankfurt oder Kaiserslautern umsteigen. Nach Bingen am Rhein Hauptbahnhof und Mainz fahren durchgehende Fernzüge u. a. von Hannover über Dortmund, von Münster über Köln und von München über Ulm und Stuttgart. Auf der Strecke von Bingen nach Kaiserslautern halten Nahverkehrszüge in Bad Kreuznach und Bad Münster am Stein, verlassen aber dahinter das Nahetal gen Süden. Auf der Linie Frankfurt-Mainz-Saarbrücken verkehren Regionalexpress-Züge, die ebenfalls in Bad Kreuznach und Bad Münster halten, aber westwärts weiter im Nahetal bleiben und die Stationen Bad Sobernheim, Kirn und Idar-Oberstein bedienen. Regionalbahnen zwischen Mainz und Idar-Oberstein bzw. Türkismühle ergänzen das Angebot mit Halt auch in den kleineren Orten im Nahetal.

Bus: Von Bingen-Hauptbahnhof fährt außerdem Buslinie 230 nach Simmern. In Bad Sobernheim startet Buslinie 260 nach Lauterecken über Staudernheim und Meisenheim im Glantal. Von Kirn steuert Buslinie 352 Bundenbach im Hahnenbachtal an.

Von Mai–Okt. ist Sa, So und Fei der Ausflugsbus **Regio-Radler Hunsrück** zwischen Bingen, Stromberg, Simmern und Emmelshausen unterwegs – mit viel Platz für Fahrräder.

Tageskarte: Im Rhein-Nahe-Nahverkehrsverbund (RNN) wird eine Tageskarte angeboten. Der Käufer kann sich ein Teilgebiet aussuchen, in dem der Fahrschein gelten soll, oder eine Tageskarte für das gesamte Netz des Verkehrsverbundes lösen. Einzelreisende zahlen höchstens 16,50 €, Gruppen mit bis zu 5 Personen höchstens 20 €. Damit sind die RNN-Tageskarten günstiger als das Rheinland-Pfalz-Ticket, lohnen sich aber nur, wenn man nicht über das Gebiet des Verkehrsverbundes hinausfährt. Es liegt westlich des Rheins zwischen Worms und Bingen, umfasst das Nahetal, bis westlich von Idar-Oberstein, einen Teil des Glantals bis südlich von Meisenheim, den Naturpark Soonwald-Nahe nur teilweise. So gehört z. B. Bundenbach dazu, Simmern nicht.

Rheinland-Pfalz-Ticket: Damit können bis zu 5 Personen einen Tag lang beliebig viele Fahrten in Rheinland-Pfalz und im Saarland unternehmen. Der Fahrschein gilt Mo–Fr ab 9 Uhr, Sa, So, Fei ab 0 bis jeweils 3 Uhr morgens am Folgetag in allen Nahverkehrszügen der Deutschen Bahn, auch S-Bahnen, Regionalbussen und Fahrzeugen der Verkehrsverbünde. Bestimmte Strecken außerhalb der Landesgrenze sind inklusive, z. B. der mit Mainz verbundene Stadtverkehr im hessischen Wiesbaden. Preis: 26 € online und am Automaten, plus 2 € in Reisezentren und Bahn-Agenturen, als Single-Ticket für Einzelreisende 18 bzw. 20 €.

Rhein-Nahe-Nahverkehrsverbund (RNN): Tel. 0 18 01/76 67 66, www.rnn.info

Deutsche Bahn: Tel. 08 00/15 070 90, www.bahn.de

Hohenlohe

»Als »eine besonders zärtlich ausgeformte Handvoll Deutschland« beschrieb Eduard Mörike die fruchtbare Hochebene im Nordosten Baden-Württembergs.

Bauernland, wohin man sieht, erstreckt sich rund um die Flüsse Bühler, Kocher, Jagst und Tauber. Den von wogenden Kornfeldern umgebenen Orten setzen imposante Schlösser die Krone auf. Seit dem 13. Jh. war Hohenlohe das Herrschaftsgebiet der weitverzweigten Fürstenfamilie, die sich nach einer Burg beim fränkischen Uffenheim nannte und die Region mit einem dichten Netz von Adelssitzen überzog. Bekannt sind vor allem das Mergentheimer Deutschordensschloss und die Burg Götz von Berlichingens oberhalb von Jagsthausen, im Volksmund schlicht Götzenburg genannt.

› Naturpark Schwäbisch-Fränkischer Wald

Der 904 km² große Naturpark umfasst den Raum zwischen Schorndorf, Schwäbisch-Gmünd, Heilbronn und Schwäbisch-Hall. Mehr als die Hälfte der Fläche ist von Wald bedeckt. Neben Buchen, Eichen, Fichten und Tannen machen versteckte Grotten, wildromantische Klingen (schluchtartige Einkerbungen), römische Wachtürme und historische Mühlen den Reiz dieser Kultur- und Erholungslandschaft aus.

Im Süden des Naturparks liegt der **Welzheimer Wald,** der sich an vielen Stellen zu Wiesentälern öffnet. In seinen Quellbächen tummeln sich seltene Fischarten, die angrenzenden Feuchtwiesen sind Lebensraum für

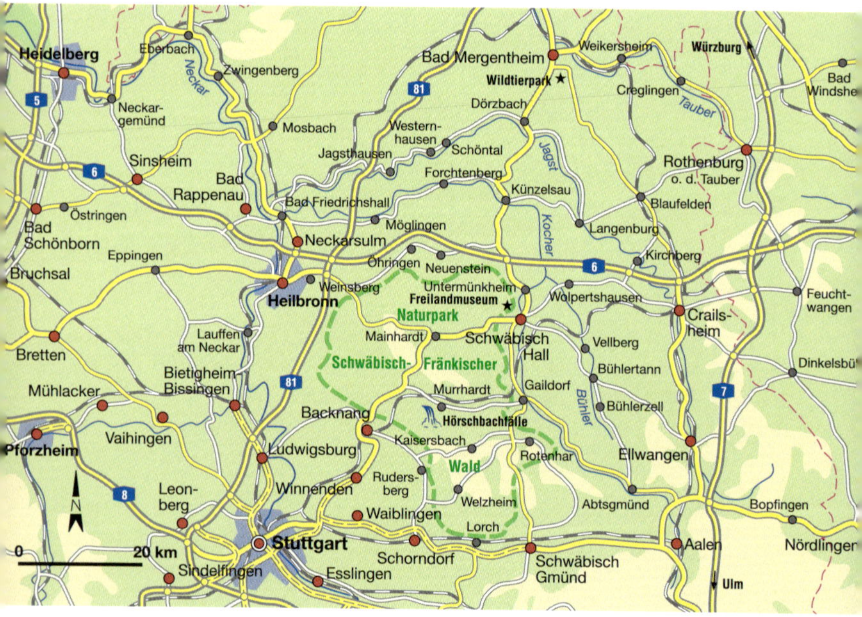

Orchideen, Trollblumen und selten gewordene Libellen- und Heuschreckenarten.

Ein 32 km langer Mühlenwanderweg verbindet elf Mühlen rund um **Welzheim** (Markierung: Mühlrad). Der Einstieg befindet sich an der Heinlesmühle zwischen Welzheim und Gschwend. Drei kürzere ausgeschilderte Rundwege haben eine Länge von 10–15 km. Die Klingenmühle an der Wieslauf, die auch per Bus zu erreichen ist, inspirierte den Dichter Justinus Kerner zu seinem Gedicht »Der Wanderer in der Sägmühle«.

Bis Mitte des 19. Jhs. bugsierten Flößer Holz aus dem Welzheimer Wald über Wieslauf und Rems nach Waiblingen und Neckarrems zum Weitertransport nach Stuttgart. Für die Flößerei wurde der **Ebnisee** an der oberen Wieslauf aufgestaut, um zu Transportzeiten Wassermassen in den Fluss schicken zu können. Später besuchten feine Herrschaften die »Perle des Schwäbischen Waldes« und bis heute gehört der Ebnisee zu den beliebtesten Ausflugszielen der Region.

Mitten durch das Gebiet des heutigen Naturparks verläuft in Längsrichtung der **Limes,** der einstige römische Grenzwall (UNESCO-Weltkulturerbe). Im Archäologischen Park Welzheim sind Mauerreste eines Römerkastells aus dem 2. Jh. n. Chr. und ein rekonstruiertes Tor zu sehen. Entlang der alten Grenzlinie führt der Limeswanderweg (Markierung: römischer Wachturm), ein Fernwanderweg, auf dem man beispielsweise vom Welzheimer Kastell 35 km nordwärts bis zum wiederaufgebauten Wachturm auf

› Limesreste im Murrhardter Wald

dem Heidebuckel südlich von Grab wandern kann, vorbei an weiteren freigelegten römischen Ruinen.

Am Marktplatz in **Murrhardt** befindet sich das Naturparkzentrum mit einer Erlebnisschau. »Sprechende Steine« berichten hier von der Entstehungsgeschichte der Region, Kinder können einem Waldxylophon Töne entlocken und sich in einen Dachsbau verkriechen. Das Informationszentrum ist Ausgangspunkt für Wanderungen in den **Murrhardter Wald,** zu Limesresten beim nordöstlich gelegenen Siegelsberg, wo der teilweise rekonstruierte Posten 9/91 steht, zu den Hörschbachfällen (s. Naturerlebnistipp S. 148) und zum Felsenmeer an einem Steilhang des Riesbergs. Dort liegen mächtige bemooste Sandsteinbrocken, die weiter oben aus einer Felswand gebrochen sind. Nahebei beschreibt ein Waldlehrpfad auf 15 Informationstafeln Baumarten, Ge-

› Erlebnisreiche Waldbus-Tour

schichte und Funktionen des Ökosystems. Auf dem Riesberg bietet ein 25 m hoher hölzerner Aussichtsturm einen guten Blick über Murrhardt und das obere Murrtal.

Im Naturpark lässt sich ein erholsamer Biourlaub verbringen (s. S. 152).

› Naturerlebnis-Tipps

Walderlebnispfad »Weiter Weg«

Eine Mischung aus Walderlebnis-, Kunst- und Besinnungspfad hat die Graf-Pückler-Stiftung im eigenen Wald bei **Gschwend-Rotenhar** anlegen lassen. Spaziergänger sollen an den neun Stationen des »Weiten Wegs« Inspiration zu wichtigen Fragen des Lebens erhalten. Der 5 km lange Rundweg führt an einem »Tal der Stille«, Bächlein und Teichen vorbei, zu Kunstobjekten aus Holz und Metall, an denen jeweils zwei Texttafeln stehen, eine beinhaltet Lebensweisheiten, die andere gibt dem Wanderer christliche Botschaften mit auf den Weg.

Anfahrt: Ab Stuttgart mit dem Regionalexpress nach Schwäbisch Gmünd, weiter mit Buslinie 63 nach Rotenhar, von dort sind es etwa 500 m zu Fuß zum »Weiten Weg«.

Zu den Hörschbachfällen

Die etwa 10 km lange Rundwanderung (ca. 2,5 Std.) führt von Murrhardt zur wildromantischen Hörschbachschlucht, die mit ihren beiden Wasserfällen als Naturdenkmal und Naturschutzgebiet ausgewiesen ist.

Los geht es beim Naturparkzentrum am Marktplatz auf dem Rems-Murr-Wanderweg (Markierung RM) an den südwestlichen Ortsrand und dort ein Stück aufwärts Richtung Waltersberg. Schon bald allerdings weist die Markierung steil abwärts ins **Hörschbachtal,** zum 5 m hohen Vorderen Wasserfall und durch das schluchtartige Tal 2 km bachaufwärts zum Hinteren Wasserfall, der als Kaskade 12 m in die Tiefe stürzt. Das Staubecken an seinem oberen Ende kann mit einer Klappe geleert werden, was den Wasserfall, besonders zu Niedrigwasserzeiten, besonders imposant erscheinen lässt. Vorbei an der Hörschhofer Sägemühle und am Hoblersberg wandert man schließlich durch die Franzenklinge zurück nach Murrhardt.

Anfahrt: In Murrhardt hält der Regionalexpress auf der Strecke Stuttgart-Schwäbisch Hall-Hessental-Crailsheim.

Waldbus-Touren

Von Mai bis Anfang Oktober verbindet an Sonn- und Feiertagen der Waldbus auf einem Rundkurs ab Schorndorf Orte und Ausflugsziele im Schwäbischen Wald. An bestimmten Tagen (s. Veranstaltungskalender im Internet) beginnen nach Ankunft des Busses an einigen Haltestellen Wanderungen unter Leitung von Naturparkführern. Von Kaisersbach, Haltestelle Täle, wird eine Naturerlebniswanderung durch

Hägeles- und Brunnenklinge zu Orchideenwiesen angeboten (4,5 Std., 9 €), von Rudersberg, Haltestelle Klaffenbach, eine ornithologisch-botanische Tour durch das Naturschutzgebiet Strümpfelbachtal (6 Std., 7 €) und vom Welzheimer Busbahnhof eine Exkursion mit Mühlenbesichtigung (5,5 Std., 10 €).
Infos: Naturparkzentrum, Marktplatz 8, 71540 Murrhardt, Tel. 0 71 92/21 37 77, www.naturpark-sfw.de, www.die-naturparkfuehrer.de
Anfahrt: In Schorndorf hält der Regionalexpress Stuttgart–Aalen.

› Bad Mergentheim

Eingebettet in die Wald- und Weinlandschaft des romantischen Taubertals liegt der geschichtsträchtige Kurort ganz im Norden Württembergs. Die Grafschaft »Merginthaim« wurde 1058 erstmals urkundlich erwähnt. Über sieben Jahrhunderte war Mergentheim Residenz des Deutschen Ordens. Die ersten Kurgäste kamen, nachdem 1826 ein Schäfer Bittersalzquellen entdeckt hatte. Im **Bade- und Wellnesspark Solymar** sorgen heute Saunen, Wellen- und Mineralbad für Entspannung. Am Tauberufer liegt das Kurviertel mit Park und Trinkhalle, auf der anderen Flussseite der Schlosspark mit dem **Deutschordensschloss** samt Museum, das die Geschichte der Ritter-Vereinigung dokumentiert. Die Anlage ging aus einer Wasserburg hervor, die im 12. Jh. unter den Herren von Hohenlohe errichtet und 1219 dem Deutschen Orden geschenkt wurde. Die Schlosskirche entstand zwischen 1730 und 1736 unter Mitwirkung von Balthasar Neumann. Der **Markt** mit Renaissance-Rathaus aus dem 16. Jh. und Fachwerkhäusern der Ordensbeamten gibt Bad Mergentheim ein altehrwürdiges Flair. Imposant überragt der hohe Turm des **Münsters St. Johannes** (13. Jh.) die historischen Häuser. Aus dem 14. Jh. stammt die Marienkirche südlich vom Marktplatz.

In der Kirche im nahen **Stuppach** findet man das berühmte Tafelgemälde von Matthias Grünewald (»Stuppacher Madonna«).

› Wildtierpark Bad Mergentheim

› Naturerlebnis-Tipp

Wildtierpark

Unter Geiern durch einen ehemaligen Steinbruch spazieren, den Wölfen beim Fressen zuschauen oder sich einfach auf dem Spielbauernhof von Zwergziegen und Hängebauchschweinen beschnuppern lassen – der Wildtierpark in Bad Mergentheim bietet auf jeden Fall spannende Begegnungen mit 70 fast ausnahmslos europäischen Tierarten auf einem 35 ha großen naturnahen Gelände. Besucher können morgens und mittags einen Tierpfleger begleiten, der u. a. Eulen, Fischotter, Luchse,

› Reizend von außen, interessante Führungen im Inneren: Schloss Langenburg

Biber und Polarfüchse füttert und erklärt, wie der Waschbär zu seinem Namen kam und wie schnell ein Braunbär rennen kann.
Infos: An der B 290, 97980 Bad Mergentheim, Tel. 0 79 31/4 13 44, www.wildtierpark.de, Mitte März–Anfang Nov. tgl., im Winter nur am Wochenende.
Anfahrt: Bad Mergentheim liegt an der Bahnstrecke Würzburg-Crailsheim. Zwischen Mai und September fahren Busse vom Bahnhof zum Wildpark.

› Jagsttal

Die Jagst entspringt am Rand der Ostalb und durchfließt erst nord-, dann westwärts in zig Schleifen das grüne Kernland Hohenlohes, um bei Bad Friedrichshall im Neckar aufzugehen.

»Perle des oberen Jagsttals« wird **Kirchberg** genannt, die 1373 gegründete Burgsiedlung und spätere Residenz der Grafen zu Hohenlohe-Kirchberg. Die fürstliche Vergangenheit ist mit Schloss, Orangerie und Hofgarten präsent. Im nahen **Gaggstadt** steht eine Jugendstilkirche, eine Rarität.

Jagstaufwärts liegt **Langenburg,** majestätisch thront die weiß getünchte Residenz derer von Hohenlohe-Langenburg mit mächtigen Rundtürmen auf einem Bergsporn hoch über dem Fluss. Das Panorama vom Schlosscafé und dem mit Rosen bepflanzten Park hinunter aufs üppig grüne Tal ist reizend. Die Gebäude um einen Renaissance-Innenhof aus dem frühen 17. Jh. wurden nach einem Brand 1963 wiederhergerichtet. Im Rahmen einer Führung können der Innenhof, die Schlosskapelle und sieben Museumsräume mit Stilmöbeln, alten Tapisserien, Bildern, Porzellan und Waffen besichtigt werden (Mai bis Sept. Di–So, April und Okt. nur an Wochenenden, im Winter geschl.). Auf dem Schlossgelände befindet sich außerdem ein Automobilmuseum.

Schmuckstück des 1226 erstmals urkundlich erwähnten Ortes Langenburg ist das Stadttor (1580) mit einem rot gestrichenen Fachwerkhaus auf der engen gemauerten Durchfahrt. Wer Lust auf Käse verspürt, sollte der Langenburger Schafkäserei einen Besuch abstatten (s. S. 153).

Vorbei an Heimhausen und Mulfingen fließt die Jagst zunächst gen Norden und dann in einem großen Bogen südwestlich nach **Schöntal,** bekannt durch die ehemalige Zisterzienserabtei (Gründung im 12. Jh.). Abt Benedikt Knittel ließ die Anlage im 17. Jh. im schwungvollen Barock umbauen. Hochwürden liebte ganz besonders das Reimen, nach ihm sind die Knittelverse benannt.

Im Kreuzgang befindet sich das Grabmal Götz von Berlichingens. Der gern zitierte Raufbold lebte 8 km flussabwärts in der Alten Burg oberhalb von **Jagsthausen,** die nach ihm auch **Götzenburg** genannt wird. Im Burgmuseum ist seine berühmte »eiserne Hand« neben anderen Erinnerungsstücken und römischen Funden zu sehen (April–Okt. Di–So 13.30–16 Uhr). Goethes Schauspiel »Götz von Berlichingen« ist Höhepunkt der alljährlich zwischen Juni und August im Burghof aufgeführten Festspiele (Infos unter Tel. 0 79 43/91 23 45, www.jagsthausen.de).

Biourlauben lässt sich auf dem Ökoferienhof Retzbach (s. S. 152).

› Radtour mit traumhafter Aussicht

› Naturerlebnis-Tipps

Radtour an Kocher, Jagst und Tauber

Hohenlohe bietet Radlern fast unbegrenzte Möglichkeiten. Die Radwege in den Tälern der nahezu parallel verlaufenden, nur durch einen mächtigen Bergrücken getrennten Flüsse Kocher und Jagst lassen sich zu einem 330 km langen Rundkurs kombinieren und sind über drei sogenannte Querspangen mit der 100 km langen Route durch das liebliche Taubertal verbunden.

Der Kocher-Jagst-Radweg kann gemütlich auf einer 6-Tages-Tour abgefahren werden. Ein guter Startpunkt ist die Römerstadt Aalen, von der die erste Etappe durchs Obere Kochertal nach Schwäbisch Hall führt. Am zweiten Tag geht es via Künzelsau nach Forchtenberg und auf der dritten Etappe zur Kochermündung in den Neckar, wo etwas nördlicher rechts ins Jagsttal eingebogen wird, Tagesziel: Neudenau. Bei einem Tagespensum von 50 km sind im Jagsttal flussaufwärts Dörzbach und Crailsheim geeignete Orte zum Übernachten. In Dörzbach beginnt auch die kürzeste (nördliche) Querspange (12 km) zum Taubertal-Radweg bei Bad Mergentheim. Weitere Möglichkeiten für einen Wechsel ins Taubertal sind die mittlere Querspange von Langenburg nach Weikersheim und die südliche Querspange von Crailsheim ins romantische Rothenburg ob der Tauber.

Infos: Die Broschüre »Kocher-Jagst-Radweg« und Informationen über Radwander-Pauschalen gibt's bei: Hohenlohe und Schwäbisch Hall Tourismus, s. S. 156.

Bioadressen

Ökoferienhof Retzbach (Demeter)
Naicha 7, 74572 Blaufelden-Naicha,
Tel. 0 79 53/5 42,
www.oekoferienhofretzbach.de
Ferienwohnungen, Heuhotel, Campingplatz – der Demeter-Hof der Familie Retzbach bietet viele Quartiere. Vielfalt herrscht auch im Betrieb. Kühe, Schweine, Federvieh und Bienen werden gehalten, Obst und Gemüse angebaut, Brote gebacken und die Familie stellt als erste in Deutschland Demeter-Eis her, in den Sorten Schokolade, Vanille, Haselnuss und in diversen Mischungen mit Joghurt.
Der Ferienhof bildet mit vier weiteren Höfen den kleinen Weiler Naicha, zwischen Wäldern und Feldern auf der Hohenloher Ebene, jeweils 15 km vom Jagsttal und von Rothenburg ob der Tauber entfernt. Zwei kleine Ferienwohnungen befinden sich im Dachgeschoss des Bauernhauses, größere und komfortablere Ferienwohnungen sind im benachbarten Ökoholzhaus am Obstgarten eingerichtet. Außerdem: Traktormitfahrten und Tiere füttern für große und kleine Gäste, Fahrradverleih, Wellnessangebote, z. B. Reiki. ❍
Anreise: Abholservice vom Bahnhof Blaufelden, ansonsten von dort mit Buslinie 94.

Wacholderhof (Bioland)
Wacholderhof 17,
71540 Murrhardt-Steinberg,
Tel. 0 71 92/77 10,
www.wacholderhof-ev.de
Landwirtschaft zum Anfassen mitten im Naturpark Schwäbisch-Fränkischer Wald. Kühe, Schafe, Hennen, Ponys und zwei Kaltblutstuten tummeln sich auf dem Gelände und Bienenvölker summen herum. Der Bioland-Betrieb bewirtschaftet 40 ha Acker-, Grün- und Gartenland und Streuobstwiesen in hügeligem Gelände. Die Produkte, darunter Feld- und Feingemüse, Kartoffeln, Salat, Obst, Butter, Käse, Fleisch und selbst gebackenes Holzofenbrot, werden freitags auf dem Markt in Murrhardt und samstags in Backnang angeboten und können auch von den Urlaubern erworben werden. In der ruhig gelegenen Ferienwohnung haben bis zu 7 Personen Platz. Für Wanderreiter stehen Boxenplätze und Koppeln bereit. Darüber hinaus gibt es spezielle Angebote: z. B. Kochkurse und Kinderbauernhoftage. ❍
Anreise: Vom Bahnhof Murrhardt mit Buslinie 374 oder Abholung nach Absprache.

Biolädle (Demeter)
Riegenhof 4, 74535 Mainhardt,
Tel. 0 79 03/27 82, www.biolaedle.de,
Mi, Sa 9–13, Fr 15–19 Uhr,
Camping gegen Gebühr.
Demeter-Hof mit gut sortiertem Bioladen und Zeltmöglichkeit, nahe Mainhardt im Naturpark Schwäbisch-Fränkischer Wald gelegen. Zum Betrieb gehören 37 ha Fläche, vor allem Grünland. Mehrere Obst- und Gemüsesorten stammen aus dem Hausgarten, verschiedene Brotsorten werden in der eigenen Backstube hergestellt. An der Käsetheke gibt's Spezialitäten der Dorfkäserei Geifertshofen, außerdem Bärlauchkäse, Bergkäse, Feuerkäse u. a.
Anfahrt: Busverbindung ab Bahnhof Backnang mit Linie 380 bis Mainhardt Maßstabfabrik und weiter mit Linie 20.

» Restaurant Rose
Ortsstr. 13, 74541 Vellberg-Eschenau, Tel. 0 79 07/22 94, www.eschenau-rose.de, Mo geschl.
Mit aromenreichen, kreativ zubereiteten Speisen verwöhnt Jürgen Andruschkewitsch, Mitglied der Vereinigung »Bio-Spitzenköche« und Autor eines Kräuterkochbuchs, seine Gäste im Dorf Eschenau bei Vellberg. Gemüse, Salate, Obst und Fleisch stammen zum Teil aus eigener Landwirtschaft. Zig verschiedene Kräuter aus dem Garten, von Wiesen und Wäldern des Bühlertals verfeinern das Geschmackserlebnis. Empfehlung: Dinkelflädle mit Spinat, hausgetrockneten Tomaten und Feta gefüllt, zum Dessert Holunderblütenküchle an Vanille-Sahne-Sauce mit Löwenzahnblüteneis.
Im Frühjahr werden Naturexkursionen und Kräuterwanderungen, einige inklusive Kochkurs, angeboten.
Anfahrt: Vom Holzmarkt Schwäbisch-Hall (kurzer Fußweg vom Bahnhof) Busverbindungen nach Vellberg, von dort weiter nach Eschenau.

» Dorfkäserei Geifertshofen
Bachstr. 2, 74426 Bühlerzell-Geifertshofen, Tel. 0 79 74/91 00 21, www.dorfkaeserei.de, Di, Do, Fr 14–18, Sa 7–14 Uhr.
Im Dorf Geifertshofen am Rand des Bühlertals stellt die Kleinkäserei aus silagefreier Kuh-, Schaf- und Ziegenmilch köstliche Hart-, Schnitt- und Weichkäsesorten her. Zehn Demeter- und Biolandbauern aus der Umgebung liefern täglich frische Milch. Spezialität: Schwäbischer Mostkäse. Besucher können nach Vereinbarung bei der Käse- und Joghurtherstellung, beim Quarkschöpfen und Buttern zuschauen und Käseproben genießen.
Anfahrt: Von den Busbahnhöfen Schwäbisch-Hall und Ellwangen (Jagst) fährt Buslinie 7870 nach Bühlertann, Kirchplatz, dort weiter mit Linie 12.

» Langenburger Schafkäserei (Demeter)
Breberweg 2, 74595 Langenburg, Tel. 0 79 05/4 75, www.schafkaese.com, geöffnet nach Vereinbarung.
Die Langenburger Schafkäserei der Familie Fischer beliefert Hohenlohes Spitzengastronomie und wird immer wieder ausgezeichnet. »In reiner Handarbeit mit Geduld, Gefühl und Sorgfalt« werden die Bio-Käsespezialitäten aus der aromareichen Rohmilch der eigenen Schafe hergestellt. Fantastisch im Geschmack ist der Roque-Blue, ein Edelschimmelkäse, der drei Monate im Gewölbekeller reift.
Anfahrt: Vom Bahnhof Blaufelden mit Buslinie 71 bis Langenburg Roseneck, von dort ein Stück zu Fuß.

› Dorfkäserei Geifertshofen

› Stadtpanorama von Vellberg

Waldkletterpark Hohenlohe
Hoch in die Bäume geht's am Rand des Schlossparks in Langenburg. Dort lockt der Waldkletterpark in die Vertikale, ein etwa 1 km langer Parcours mit 75 Elementen, Plattformen, Seilen, schwingenden Hängebrücken und Reifen auf bis zu 15 m Höhe. Die Ausrüstung (Gürtel, Haken, Seile) wird zur Verfügung gestellt.
Infos: Schloss 1, 74595 Langenburg, Tel. 0 79 05/9 41 90 33, www.waldkletterpark-hohenlohe.de. Anmeldung empfohlen, April–Anfang Nov. Fr–So, zu Ferienzeiten in Baden-Württemberg und nach Vereinbarung auch Di–Do.

› Sauwohlfühlen in Wolpertshausen

› Bühlertal

Die 51 km lange Bühler hat ihre Quelle bei Abtsgmünd-Pommertsweiler im Ostalbkreis und fließt nordwärts zwischen den Limpurger und Ellwanger Bergen, durch Bühlerzell, Bühlertann und Vellberg und mündet bei Geislingen am Kocher in den Kocher.

Auf einer Bergzunge der Ellwanger Berge bei Bühlertann thront **Schloss Tannenburg** hoch über dem Fluss. Zu dieser Burganlage aus dem 13. Jh. gehört eine hübsche, der heiligen Magdalena geweihte, 1632 erstmals erwähnte Kapelle.

Vellberg entwickelte sich um eine mittelalterliche Burg und hat im »Städtle« um den Marktplatz sein altehrwürdiges Gesicht gewahrt, mit Fachwerk- und Giebelhäusern, Wehranlage, Zwinger und Kanonenturm. Gegenüber dem »Städtle« erhebt sich die **Stöckenburg** mit der Martinskirche aus dem 15. Jh.

Östlich der Bühlermündung liegt die »Modellgemeinde« **Wolpertshausen,** die 70 Prozent ihres Strombedarfs mit selbst erzeugten, regenerativen Energien deckt und sich bald komplett autark und umweltschonend versorgen will.

Auf den Weiden grasen die seltenen Limpurger Rinder und auch Schwäbisch-Hällische Landschweine sieht man wieder vermehrt in der Gegend. Anfang der 1980er Jahre war diese typisch Hohenloher Schweinerasse mit schwarzem Kopf, Schlappohren und dunklem Hinterteil vom Aussterben bedroht, bis sich eine Handvoll Bauern für die Tiere einsetzte – mit Erfolg.

Mit dem Restaurant Rose in Vellberg und der Dorfkäserei Geifertshofen bietet das Bühlertal hervorragende Bioadressen (s. S. 153).

› Schwäbisch Hall

Eine Solequelle verhalf dem Ort im engen Kochertal zum Aufstieg zur wohlhabenden Freien Reichsstadt. »Hal« ist das althochdeutsche Wort für Salz. Die seit dem 12. Jh. hier geprägten Häller Pfennige (Heller) trugen den Namen der Stadt ins Land hinaus. Heute ist Schwäbisch Hall (37 000 Einw.) vor allem als Hochburg der Häuslebauer bekannt – übrigens liegt der Ort Wüstenrot ganz in der Nähe. Die Salzquelle wird mittlerweile nur noch für das **Solebad**, eine moderne Wellness-Oase, genutzt.

Halls malerische Altstadt wirkt am nachhaltigsten vom Kocher-Ufer aus gesehen, wo sich auf mächtigen Mauern gebaute Fachwerkhäuser an einem terrassierten Hang auftürmen, überragt von dem wuchtigen im 16. Jh. als Zeughaus errichteten »Neubau«. Der Turm der **St. Michaelskirche** mit romanischem Sockel (12. Jh.) und Aufbau aus dem 16. Jh. bietet ebenfalls einen imposanten Blick auf die Altstadt. Hinauf zur Kirche führen die 54 Stufen einer weit geschwungenen Freitreppe, die sommers als »Bühne« der Häller Freilichtspiele fungiert. Gegenüber steht das barocke Rathaus. Patrizierhäuser umrahmen den Marktplatz (Ökoprodukte bietet der Wochenmarkt}.

In sieben historischen Gebäuden, mit dem im 13. Jh. erbauten Keckenturm als Mittelpunkt, ist das **Hällisch-Fränkische Museum** eingerichtet, u. a. mit Exponaten zur Geschichte der Salzgewinnung (Untere Herrengasse, Mo geschl.). Die **Kunsthalle Würth,** eine Dependance der bedeutenden Sammlung des Industriellen Reinhold Würth in Künzelsau, zeigt zeitgenössische Kunst (Lange Str. 35).

› Malerisches Schwäbisch Hall

› Naturerlebnis-Tipp

Hohenloher Freilandmuseum

Wie anno dazumal werden die Äcker und Bauerngärten des Hohenloher Freilandmuseums in Wackershofen bei Schwäbisch Hall bewirtschaftet. Rund um die 50 historischen, originalgetreu wieder aufgebauten Gebäude aus Nordwürttemberg tummeln sich Limpurger Rinder und Schwäbisch-Hällische Landschweine. Viele Veranstaltungen rund ums Jahr, z. B. Pflanzen- und Käsemarkt, Kartoffeltag und Backofenfest.

Infos: Herdgasse 2, 74523 Schwäbisch Hall-Wackershofen, Tel. 07 91/97 10 10, www.wackershofen.de, Mitte März bis Anfang Nov. Di–So, Mai–Sept. auch Mo.

Anfahrt: Direkt neben dem Gelände ist der Bahnhof Wackershofen.

Allgemeine Infos

Hohenlohe und Schwäbisch Hall Tourismus
Münzstr. 1, 74523 Schwäbisch Hall, Tel. 07 91/7 55 74 44, www.hs-tourismus.de

Mit Bus und Bahn

Bahn/S-Bahn: Im Fernverkehr sind Stuttgart und Nürnberg die besten Umsteigebahnhöfe zur Weiterfahrt in die Region Hohenlohe. Beide Stationen sind untereinander mit Regionalexpress-Zügen verbunden, die durch den Naturpark Schwäbisch-Fränkischer Wald und über die Hohenloher Ebene fahren, mit Halt in Backnang, Murrhardt, Schwäbisch Hall-Hessental und Crailsheim. Die Regionalexpress-Linie Stuttgart-Würzburg führt über Möckmühl im unteren Jagsttal und Heilbronn. Von Heilbronn fahren Nahverkehrszüge über Öhringen und Neuenstein nach Schwäbisch Hall. Regionalbahnen auf der Strecke Würzburg–Crailsheim halten in Bad Mergentheim, und Blaufelden.
An den Rand des Naturparks fahren ab Stuttgart die S-Bahnlinie 2 nach Schorndorf und die S 3 nach Backnang.
Bus: In Schorndorf startet Bus 263 nach Welzheim, zu bestimmten Zeiten auch nach Althütte via Ebnisee. Von Mai bis Anfang Oktober an So und Fei ist außerdem der Waldbus zwischen Schorndorf und Ausflugszielen im Naturpark (u. a. Welzheim und Ebnisee) unterwegs. Von Möckmühl verkehrt Buslinie 11 via Jagsthausen und Schöntal nach Dörzbach. Von Schwäbisch-Hall nach Langenburg, bestehen Verbindungen mit Linie 71 (Busbahnhof Schwäbisch Hall–Blaufelden-Schorren).

Verkehrs- und Tarifverbund Stuttgart (VVS): Dazu zählt das Gebiet des Naturparks zwischen Welzheim und Murrhardt, sowie südlich und westlich davon. Ein Tages-Ticket für Einzelreisende kostet je nach Geltungsbereich 5,60 € (1–2 Zonen) bis 11,50 € (gesamtes Netz), für Gruppen bis zu 5 Personen 9,30 € bzw. 15 €.
Heilbronner-Hohenloher-Haller Nahverkehrsverbund (HNV): Zu dem nördlich von Stuttgart gelegenen Verkehrsverbund gehören u. a. Öhringen, Neuenstein und Jagsthausen, zu dessen Erweiterungsgebiet z. B. Mainhardt, Schwäbisch-Hall und Bad Mergentheim. Dort gibt's eine Tageskarte für Einzelreisende ab 3,60 €, für Gruppen (bis 5 Personen) ab 7,20 €. Im Erweiterungsgebiet gilt der Fahrschein nur bei der »Ein- und Ausreise«, nicht aber für Fahrten innerhalb dieser Bereiche, also beispielsweise auf der Fahrt von Heilbronn nach Bad Mergentheim, nicht aber in den Stadtbussen von Bad Mergentheim.
Wer über den Bereich eines dieser Verkehrsverbünde hinausfährt und eine Tageskarte kaufen will, der sollte rechnen, ob nicht das Baden-Württemberg-Ticket die günstigere Variante ist, s. S. 189.
In Bad Mergentheim können Kurgäste mit Kurkarte die Stadtbusse kostenlos nutzen.
Verkehrs- und Tarifverbund Stuttgart (VVS): Tel. 07 11/1 94 49, www.vvs.de
Heilbronner-Hohenloher-Haller Nahverkehr: Tel. 0 71 31/88 88 60, www.h3nv.de
Deutsche Bahn: Tel. 08 00/1 50 70 90, www.bahn.de

Schwäbische Alb

Magische Orte über und unter dem Erdboden zeichnen die zwischen Schwarzwald, Ries, Neckar und Donau gelegene Schwäbische Alb aus.

Unter bizarren Felsformationen, Mischwäldern und Wacholderheiden liegen die Geheimnisse des Mittelgebirges verborgen. So verschwindet das Wasser der Donau stellenweise im Boden, während andernorts Quellen unergründlich aus der Tiefe sprudeln, wie am blaugrün schillernden Blautopf. Bis heute nicht vollständig erforscht sind die Höhlensysteme der Region.

› »Knopfmacher-Blick« bei Beuron

› Naturpark Obere Donau

Die Donau hat sich in vielen Jahrtausenden einen Weg durch mächtige harte Jurakalke gegraben. Zwischen Tuttlingen und Sigmaringen ist ein verschlungenes, wildromantisches Durchbruchstal entstanden, das sogenannte **Donautal.** Der blaue Fluss, an den sich schmale Wiesen schmiegen, ist eingerahmt von steilen, bewaldeten Hängen und 200 m hohen, weißen Kalkfelsen. »Die Seele eines reizenden Idylls«, so schwärmte der Dichter Eduard Duller Mitte des 19. Jhs. in seinem Reisebericht. Die Landschaft rund um das Durchbruchstal ist als Naturpark ausgewiesen und natürlich dort am schönsten, wo keine Straßen verlaufen, beispielsweise zwischen Fridingen und Beuron. Zu den beliebtesten Radstrecken gehört der **Donauradweg** von Donaueschingen nach Passau, der den Naturpark auf einer Länge von 96 km durchquert. Gut ausgebaut ist das über 3000 km lange **Wanderwegenetz.** Die Fußreise empfahl schon 1840 der Schriftsteller Franz Xaver Staiger: »Anders ist es auch nicht möglich allen Windungen des Flusses zu folgen.« An Wochenenden und Feiertagen zwischen Mai und Mitte Oktober fährt der **Naturpark-Express** entlang der schönen blauen Donau (s. S. 172). Sein umgebauter Packwagen bietet Platz für rund 100 Fahrräder, Anhänger und Kanus. An manchen Tagen herrscht im Tal ein regelrechter Ausflugsrummel, aber abseits der Hauptwege ist immer noch Waldeinsamkeit zu finden, so im **Liebfrauental** an der Lourdes-Grotte nahe Beuron.

› Imposante Lage oberhalb des Donautals: Schloss Werenwag

Die bedeutende Erzabtei **Beuron** hat ihren Ursprung vermutlich im 8. Jh. Im Jahr 1077 ließ Graf Peregrin von Hoßkirch für Augustiner Chorherren eine Klosteranlage am heutigen Platz errichten, in einem von jäh aufragenden Kalkfelsen umgebenen Talkessel. Nach der Säkularisation brachten Benediktinerpatres die Abtei wieder zur Blüte, unter ihnen Künstler, die mit streng stilisierter symbolhafter Malerei die sakrale Kunst zu reformieren suchten. Die barocke Klosterkirche von 1738 ist ganzjährig geöffnet und kann außerhalb der Gottesdienstzeiten besichtigt werden. In einer angebauten Kapelle steht das Gnadenbild der Schmerzensmutter, eine Pieta aus dem 15. Jh., zu der seit dem späten Mittelalter und noch immer alljährlich Zehntausende Gläubige pilgern.

Im ehemaligen Bahnhofsgebäude von Beuron befindet sich das **Naturschutzzentrum Obere Donau.** Hier klärt nicht nur eine Ausstellung über ökologische Zusammenhänge und Gefährdungen der Landschaft auf, sondern von hier aus starten auch spannenden Exkursionen und naturkundliche Wanderungen (s. S. 160).

Hoch über dem Oberen Donautal kleben Burgen an Felskanten, beispielsweise das heute in Privatbesitz befindliche **Schloss Bronnen** in abenteuerlicher Position am Abgrund, flussaufwärts von Beuron. Oder die 1077 erstmals erwähnte **Burg Wildenstein,** die vom Wallfahrtsort ein Stück weiter in Fließrichtung der Donau erbaut worden ist, und zwar so, »das kain aichhorn könte hinauf kommen«. Die Burg thront auf einem Felsvorsprung, 200 m über dem Fluss, und wird heute als Jugendherberge genutzt. Die Gäste wähnen sich im Mittelalter, wenn sie die einen tiefen Graben querende Zugbrücke und die Wehrgänge betreten. Weiter östlich am anderen Ufer steht **Schloss Werenwag** auf einem steilen, weit ins Tal vorgeschobenen Kliff. Das Schloss wurde im 17. und 18. Jh. anstelle einer mittelalterlichen Burg, der Heimat des Minnesängers Hugo von Werenwag, errichtet. Vom **Eichfelsen** bei Irndorf sind Schloss Werenwag, Burg Wildenstein und die das Tal flankierenden Felsen zu sehen.

Ein großartiges Panorama auf die Hochebene der Baar, den Schwarzwald und Alpengipfel bietet der Turm auf dem **Lemberg** (1015 m), der höchsten Erhebung des Naturparks und der gesamten Schwäbischen Alb.

Einen ausgezeichneten Naturkostladen findet man in Liptingen (s. S. 165).

› Naturerlebnis-Tipps

Exkursionen zu Störchen, Bienen und Fledermäusen

Menschen für die Natur zu begeistern und für einen schonungsvollen Umgang mit ihr zu sensibilisieren, ist eine der Hauptaufgaben des **Naturschutzzentrums** im ehemaligen Bahnhofsgebäude von Beuron. Deswegen werden übers ganze Jahr **Exkursionen** zu verschiedenen Themen organisiert. Neben Wanderungen unter Leitung des Schwäbischen Albvereins gehören Storchen-, Waldbienen- und Fledermausexkursionen sowie Pflanzenbestimmungskurse zum Programm. Speziell für Kinder gibt es abenteuerliche Wanderungen, wie »Auf der Suche nach den Zwergen im Wald«. Für einige Termine ist eine Anmeldung erforderlich und eine Gebühr zu entrichten.

Naturpark Obere Donau: Wolterstr. 16, 88631 Beuron, Tel. 0 74 66/9 28 00, www.naturpark-obere-donau.de

Anfahrt: Beuron ist Bahnstation an der Strecke Donaueschingen–Sigmaringen–Ulm.

Donauwasser auf Abwegen

Es ist eine geologische Besonderheit und damit eine Attraktion der Region: Im Oberen Donautal versickert an manchen Stellen urplötzlich das Wasser im Juragestein, im Sommer und Herbst läuft das Flussbett bisweilen ganz leer. Zum Vorschein kommen dann Kies und Gras. Wohin das versinkende Donauwasser fließt, haben Wissenschaftler mit Färbversuchen herausgefunden. Durch Spalten und Höhlen im Karstgestein gelangt es nach durchschnittlich 60 Stunden zum 14 km südlich gelegenen **Aachtopf**, einer der schüttungsstärksten Quellen in Deutschland. Der Aachtopf speist die Radolfzeller Aach, deren Wasser in den Bodensee und weiter in den Rhein fließt. Große Versickerungsstellen befinden sich nahe der **Immendinger Eisenbahnbrücke** und bei **Fridingen.** Am Bahnhof Immendin-

› Donauversickerung, Immendingen

› Fantastische Naturlandschaften erwarten einen auf dem Donauradweg

gen beginnt ein rund 10,5 km langer **Rundweg,** vorbei an den Versickerungsstellen.

Anfahrt: In Immendingen halten Regionalexpress-Züge auf der Strecke Donaueschingen-Sigmaringen-Ulm. Nach Fridingen fahren Züge der Hohenzollerischen Landesbahn bzw. Busse ab Tuttlingen.

Kolbinger Höhle

Mehrere Hallen, Spalten, Schächte und Nebenräume gehören zur wild zerklüfteten Kolbinger Höhle. Sie hat eine Gesamtlänge von 330 m, der Schauteil ist 88 m lang. Hinter dem Eingang geht es zunächst in einen »Stephansdom« genannten Hohlraum, in dem früher ein Tunichtgut namens Stephan sein Diebesversteck hatte. Als es entdeckt wurde, ahnten Forscher bald, dass sich dahinter ein größeres Höhlensystem befindet. Und tatsächlich, schmale Gänge führen zu weiteren Hohlräumen, die heute Namen wie »Gralsburg« und »Maurisches Schlösschen« tragen – die formenreichen Tropfsteine regen seit jeher die Fantasie an.

Im Winter nutzen Fledermäuse die Kolbinger Höhle als Quartier. Sie ist zwischen Ostern und Oktober Sa 13–17 und So 10–17 Uhr geöffnet und auf markierten Wanderwegen von Mühlheim und Fridingen über das schneeglöckchenreiche Hintelestal zu erreichen.

Anfahrt: Nach Mühlheim und Fridingen fahren Züge der Hohenzollerischen Landesbahn bzw. Busse ab Tuttlingen.

Auf dem Donauradweg von Fridingen nach Sigmaringen

Auf dieser 41 km langen Etappe kann man das Wasser ein Stück auf seinem Weg vom Schwarzwald zum Schwarzen Meer begleiten und erlebt im Durchbruchstal eine fantastische Landschaft.

Vom Bahnhof in Fridingen radelt man zum südlichen Ortsausgang und biegt von der Straße Unterer Damm rechts auf den Asphaltweg ab, der 2 km über Grünland führt, parallel zu den

Versickerungsstellen. Beim **Laibfelsen,** wo sich das Tal verengt, wird der Fluss überquert und dann geht's auf schmalen Pfaden entlang seiner engen Schleifen, durch Wald und Wiesen. Hinter einer Kurve eröffnet sich ein grandioses Panorama: mit **Schloss Bronnen** auf einem senkrecht emporragenden Felsen. Dann tauchen die barocken »Neubauten« des **Klosters Beuron** auf. Der Radweg bleibt rechts von Kloster und Gleisen. Bei Oberhausen wird die Bahnstrecke unterquert und die Donau zweimal überquert, die hier in einer Schleife fließt. Rechts hoch oben thront **Burg Wildenstein,** gegenüber und flussabwärts grüßt **Schloss Werenwag.** Hinter **Thiergarten** quert der Radweg wieder zweimal die Donau und führt nach Gutenstein. Weiter geht's zum Durchbruch »Teufelsloch«, wo noch einmal ein Stück am linken Ufer geradelt wird, bis zum Bahnhof **Inzigkofen.** Schließlich beginnt rechts der Donau die »Zielgerade« nach **Sigmaringen.**
Anfahrt: Nach Fridingen fahren Züge der Hohenzollerischen Landesbahn, u. a. der Naturpark-Express (Fahrräder werden mitgenommen), mit dem an Wochenenden und Feiertagen zwischen Mai und Mitte Oktober auch die Rückfahrt von Sigmaringen problemlos möglich ist.

› Naturpark Schönbuch

Baden-Württembergs ältester Naturpark liegt im nördlichen Vorland der Schwäbischen Alb, vor den Toren Tübingens. Mit 86 % ist der Waldanteil im Erholungsgebiet besonders groß. Drei Waldstücke sind als Bannwald ausgewiesen und sollen sich ohne Eingreifen des Menschen entwickeln: der **Eisenbachhain** zwischen Dettenhausen und Walddorfhäslach, das Waldstück **Silbersandgrube** in der Gemarkung Altdorf und das Waldstück **Steinriegelhang** bei Bebenhausen. Prächtige Alleen, mächtige Bäume und am Südwestrand Streuobstwiesen prägen das Bild des Naturparks.

In mehreren Schaugehegen kann man Wildschweine, Mufflons, Dam- und Rotwild beobachten. Naturbelassene Still- und Fließgewässer sind ein Refugium für seltene Tiere und Pflanzen. Allein im **Goldersbachtal** haben Botaniker 90 Moosarten gezählt. Bärlapp, Sonnentau und Wollgras siedeln am **Birkensee,** einem beinahe verlandeten, moorartigen Gewässer. Doch auch Feuersalamander, Hirschkäfer und Gelbbauchunken tummeln sich im Naturpark Schönbuch.

In den 1960er-Jahren wäre der Wald beinahe abgeholzt worden, denn es gab Pläne, an dieser Stelle den Flughafen Stuttgart zu bauen. Der Landesregierung schien das Gebiet geeignet, da es kaum besiedelt und überwiegend in staatlichem Besitz war. Trotzdem war der Widerstand gegen das Projekt in der Bevölkerung groß. Der Ruf, den Wald unter Schutz zu stellen, wurde immer lauter, und im März 1972 erklärte man den Schönbuch zum Naturpark.

Wanderwege mit einer Gesamtlänge von 560 km und fünf Lehrpfade sind markiert. Am Rittweg, der Verbindungsstraße zwischen Waldhäuser-Ost und Bebenhausen, befindet sich der Einstieg zum **Waldökologielehr-**

› Lautlos gleiten die Stocherkähne über den Neckar, vorbei am Hölderlinturm

pfad, der veranschaulicht, wie der Stoffkreislauf im Wald funktioniert, was sich in einem Baum und im Boden abspielt. Im alten Schreibturm des **Klosters Bebenhausen** ist ein **Informationszentrum** untergebracht. Hier wird ein Einblick in die Flora und Fauna des Schönbuchs gegeben (Mo geschl.).

› Naturerlebnis-Tipp

Fledermausexkursionen

13 Fledermausarten konnten Tierkundler in den letzten Jahren im Naturpark Schönbuch nachweisen. Tagsüber suchen die fliegenden Kleinsäuger Unterschlupf in Baumhöhlen, nachts sind sie auf der Jagd nach Insekten. Die Naturparkverwaltung bietet eine Exkursion zu den Lieblingsplätzen von Wasser-, Rauhautfledermaus und Co. an. Mit Detektoren werden die Ultraschalllaute der Tiere hör- und sichtbar gemacht. Zum Veranstaltungsprogramm gehören außerdem literarische Spaziergänge, Wanderungen und Radtouren mit dem Revierförster. Teilnahme an der Fledermausexkursion gegen Spende, Anmeldung bei der Naturparkverwaltung, Treffpunkt im Informationszentrum im Kloster Bebenhausen.
Naturparkverwaltung: Im Schloss, 72074 Tübingen-Bebenhausen, Tel. 0 70 71/60 22 62, www.naturpark-schoenbuch.de.
Anfahrt: Von Tübingen fahren Busse Richtung Dettenhausen über Bebenhausen.

› Tübingen

Alt und zugleich quirlig wirkt die Universitätsstadt am Nordrand der Schwäbischen Alb. Die malerischen Altstadtgassen bevölkern neben Touristen vor allem Studenten. Von 87 000 Einwohnern sind 23 000 an der 1477

Bioadressen

» Biohotel Rose (Biohotels)
Aichelauer Str. 6, 72534 Hayingen-Ehestetten, Tel. 0 73 83/9 49 80, www.rose-ehestetten.de
Zum Aufblühen, dieses Biohotel in Ehestetten, 7 km nordwestlich vom Luftkurort Hayingen. Biospitzenküche mit raffinierten Kreationen, z. B. »Ziegenkäsenougat im gegrillten Zucchinimantel auf Mangosauce mit geschmortem Chicoree und Oliventapenade«, und das nur als Vorspeise. Viele Zutaten, darunter Gemüse, Fleisch, Milch, Getreideprodukte und Aufstriche stammen vom eigenen, seit 1950 biologisch-dynamisch bewirtschafteten Bauernhof (Restaurant-Ruhetag Di, Nov.–März auch Mo). Im nach baubiologischen Kriterien errichteten Gästehaus umfängt einen Leinöl- und Bienenwachs-Duft. Die behaglichen Zimmer sind mit Massivholzmöbeln ausgestattet. Donnerstags führt der Chef des Hauses über den Hof und täglich lädt die Chefin des Hauses zu Energieübungen. ❍❍
Anreise: Abholung vom Bahnhof Riedlingen möglich.

» Hof Freytag (Demeter)
Steighof 9, 72525 Münsingen-Bichishausen, Tel. 0 73 83/5 04, www.demeterhof-freytag.de.
Landwirtschaft hautnah bietet der unweit von Bichishausen im Lautertal gelegene Aussiedlerhof. Es ist möglich, im Stall und auf dem Feld mitzuarbeiten und beim Käsen und Brotbacken zuzuschauen. Wanderwege führen direkt am Hof vorbei, die Lauter lädt zum Baden und Kanufahren ein. Vier Ferienwohnungen in zwei Häusern bieten Platz für jeweils fünf, eine für max. sieben Gäste. Zur Verpflegung gibt's selbst erzeugte Milch- und Getreideprodukte, Gemüse der Saison, Fleisch und Äpfel in Demeter-Qualität. ❍
Anreise: Mit dem Zug bis Bad Urach, dort weiter mit dem Bus bis Münsingen oder Bichishausen. Abholung von der Haltestelle nach Vereinbarung.

» Ferienhof Schmid (Demeter)
Hofweg 4, 73463 Westhausen, Tel. 0 73 63/49 86, www.bioferienhof.de
Der vom Kneippbund als Gesundheitshof und von der »Allianz für Tiere in der Landwirtschaft« für seine artgerechte Tierhaltung ausgezeichnete Biohof liegt ruhig am Ortsrand von Westhausen auf der Schwäbischen Ostalb. Kinder können hier was erleben, im Heu toben, mit den Katzen spielen, Kühe füttern und auf dem Traktor mitfahren, während die Eltern sich im Whirlpool, im Wassertretbecken oder in der urigen, 350 Jahre alten Bauernstube vergnügen.

Sieben Ferienwohnungen werden vermietet. Im Hofladen sind Produkte aus eigener Herstellung und von anderen Demeter-Höfen erhältlich, Obst und Gemüse der Saison, Fleisch, Eier, Honig, Milch- und Trockenprodukte und Leckeres aus der Backstube. ❍
Anreise: Abholung vom Bahnhof Aalen möglich.

» Gärtnerhof (Bioland)
Schillingstr. 15, 72820 Sonnenbühl-Genkingen, Tel. 0 71 28/92 98 76, www.bioland-alb.de,
Di, Do 16–18, Mi, Fr 10–12 Uhr.
Die Produkte des Bioland-Gärtnerhofs, u. a. Kartoffeln, Blaukraut, Salate, Rote Beete, Sellerie, Zwiebeln und Spinat, werden im Hofladen im Sonnenbühler

› Der Naturpark Schönbuch erstreckt sich dort, wo einst der Flughafen Stuttgart geplant war

Ortsteil Genkingen und dienstags, donnerstags und samstags auf dem Wochenmarkt in Reutlingen verkauft. Zum Betrieb gehört außerdem ein Lieferservice mit einer vielfältigen Bioproduktpalette für Reutlingen und die Reutlinger Alb (u. a. die Ortsteile von Sonnenbühl und Lichtenstein).

Anfahrt: Ab Reutlingen mit Buslinie 7635 zu erreichen.

» Breitewies (Bioland)

Jägerstr. 4, 78576 Liptingen,
Tel. 0 74 65/25 15,
www.breitewies.de, Mo, Di, Do 16–18, Mi, Sa 9–12, Fr 9–18 Uhr.

Mehrmals bei der Leserwahl der Zeitschrift Schrot & Korn ausgezeichneter Naturkostladen, einmal mit »Gold« für die fachkundige Beratung. Im Sortiment sind vor allem Produkte der eigenen Bioland-Gärtnerei, deren Mitarbeiter übers Jahr mehr als 30 Sorten Fein- und Wurzelgemüse anbauen, Beeren von Sträuchern und Steinobst von alten Bäumen ernten. Zur Schneckenbekämpfung werden im Garten indische Laufenten eingesetzt.

20 Käsesorten, Fleisch und Backwaren stehen zur Auswahl. Die Produkte werden auch in einen Teil des Naturparks Obere Donau geliefert, u. a. nach Tuttlingen und Fridingen.

Anfahrt: Liptingen liegt in der Südwestecke des Naturparks und ist ab Tuttlingen mit dem SBG-Bus 7375 zu erreichen, aussteigen an der Haltestelle Emminger Straße.

» Kornblume

Haaggasse 15, 72070 Tübingen,
Tel. 0 70 71/5 27 08,
Mo–Fr 9–18.30, Sa 9–14.30 Uhr.

Bioladen mit Bistro in der Tübinger Altstadt hinter dem Marktplatz. Neben verschiedenen Suppen und Salaten kann man sich hier mittags mit einem vegetarischen vollwertigen Hauptgericht stärken.

» Alnatura

Hügelstr. 3, 72072 Tübingen,
Tel. 0 70 71/3 65 92 47, Mo–Sa 9–20 Uhr.

Die Adresse, um den Kühlschrank in der Ferienwohnung zu füllen. Großer Biosupermarkt, relativ günstige Preise, im Sortiment auch einiges aus Übersee.

gegründeten Universität immatrikuliert, die heute den Namen Eberhard-Karls-Universität trägt. Die Institute sind in der Innenstadt verteilt.

Noch bevor man die Altstadt betritt, grüßt Tübingen mit seiner Schokoladenseite am Fluss. Vor der Neckarinsel gondeln die Stocherkähne lautlos übers Wasser zum **Hölderlinturm,** dem »Rundel«, in dem der Dichter die zweite Hälfte seines Lebens von 1807 bis zu seinem Tod 1843 bei einer Schreinerfamilie verbrachte und wo sich heute eine Gedenkstätte befindet. Die rosa gestrichene Burse flussaufwärts hinter dem Turm ist das älteste Gebäude der Universität (15. Jh.). Hier hielt der große Humanist und Reformator Philipp Melanchthon zwischen 1514 und 1518 Vorlesungen. Am Fuße des Schlossbergs steht das berühmte **Evangelische Stift,** das im 16. Jh. von Herzog Ulrich als Eliteschule gegründet wurde und unter dessen Schülern Hegel, Hauff, Hölderlin, Kepler, Mörike und Schelling waren. Vom Neckarufer steigt die romantische Altstadt stufenartig an. Sie wirkt wie ein »Boizle«, ein uriges schwäbisches Weinstübchen. Verwinkelte Gassen mit schmucken, bunt gestrichenen historischen Häusern führen auf und ab und zu heimeligen Plätzen. Durch die Neckargasse geht's zur spätgotischen **Stiftskirche** (15. Jh.) am Holzmarkt, von deren Turm man einen Panoramablick über Tübingen genießen kann. Hinter der Kirche links in der Münzgasse stehen die Alte Aula und die ehemalige Juristische Fakultät mit dem Universitätskarzer im Keller. Am Ende der Münzgasse rechts wird schnell der Marktplatz mit dem Neptunbrunnen erreicht. Das **Rathaus** (Teile aus dem 15. Jh.) mit bemalter Fassade, astronomischer Uhr und turmbekröntem Giebel dominiert hier eine Runde prächtiger Häuser. Über die steile Burgsteige nahe beim Markt gelangt man zum **Schloss Hohentübingen** (16. Jh.) mit schmuckem Renaissanceportal, das wertvolle Sammlungen der Universität birgt, die öffentlich zugänglich sind. So etwa archäologische Fundstücke, darunter eine Ägyptische Grabkammer (Mo, Di geschl.). Nördlich des Schlossbergs fließt der Ammerkanal durch die Unterstadt, den Brücken seitlich der hübschen Ammergasse queren. Ein Spaziergang durch dieses Quartier führt zum Kornhaus (Stadtmuseum, Mo geschl.) in der Kornhausstraße, zu **Stiefelhof** und **Fruchtkasten** (hübscher Fachwerkbau) in der Bachgasse. In der Neckarhalde 24 steht das **Geburtshaus** des Dichters **Ludwig Uhlands** (1787–1862). Als krönender Abschluss eines Rundgangs empfiehlt sich eine **Stocherkahnpartie auf dem Neckar,** wo man sich auch selbst als Gondoliere versuchen kann. Anleger befinden sich z. B. am Hölderlinturm oder an der Neckarbrücke.

Für eine Pause bietet sich das Biobistro Kornblume an; außerdem gibts in der Stadt mehrere Einkaufsmöglichkeiten für Bioprodukte (s. S. 165).

› Reutlinger Alb

In den Ortsteilen Genkingen und Erpfingen des Städtchens **Sonnenbühl** auf der Reutlinger Alb liegen die Eingänge der bekanntesten **Tropfstein-Schauhöhlen** der Region, der Nebel- und der Bärenhöhle. Die von bewaldeten Kuppen umgebene Gemeinde bietet sich für Urlaub mit der ganzen Familie an. Da gibt es das als besonders familienfreundlich ausgezeichnete **Ferien-** und **Erlebnisdorf Sonnenmatte,** die **Sonnenbühler Bobbahn,** und, direkt bei der Bärenhöhle, den **Freizeitpark Traumland** mit Märchenwald und Ponyreiten. Im **Ostereimuseum** im ehemaligen Schulhaus im Ortsteil Erpfingen sind über 1000 filigrane Kunstwerke aus vielen Ländern zu bestaunen: mit farbigen Scherenschnitten oder kleinen Hufeisen verzierte Eier, handbemalte Ikoneneier und Eier aus russischen Goldschmiedewerkstätten (Steigstr. 8, Mitte Mai-Anfang Nov. So 13–17, Ende Febr.-Anfang Mai Di–Sa 10–17, So 11–17 Uhr). Ein gutes Biosortiment findet man auf dem Gärtnerhof (s. S. 164).

Eine Ritterburg wie aus dem Bilderbuch thront beim Nachbarort Lichtenstein auf hohem Fels über dem Echaztal. **Schloss Lichtenstein,** eines der Wahrzeichen der Schwäbischen Alb, wurde allerdings erst 1840–1842 unter Graf Wilhelm von Württemberg nach Plänen des Nürnberger Architekten Heideloff im neugotischen, romantischen Stil erbaut. Literarische Inspirationsquelle für den Bau der Burg war Wilhelm Hauffs Roman »Lichtenstein«. Das Schloss hat einen großen runden Turm, eine Zugbrücke, Erker und Zinnen und sieht auch von innen aus wie zuhause bei Rittersleuten. Die Besichtigung des Schlosses ist nur mit einer 30-minütigen Führung möglich (April–Okt. tgl. 9–17.30, Nov., Febr., März Sa, So 10–16 Uhr).

› Auf Fels erbaut: Schloss Lichtenstein

› Das Skelett eines Bären, das hier gefunden wurde, gab der Höhle den Namen

› Naturerlebnis-Tipp

Nebelhöhle und Bärenhöhle

Besonders schöne Tropfsteine sind in der **Nebelhöhle** beim Sonnenbühler Ortsteil Genkingen zu bewundern. Schon im 15. Jh. wurde ein »Nebelloch« in der Gemarkung erwähnt, aus dem in den Wintermonaten bisweilen geheimnisvoller Nebel aufstieg, was die Menschen zu der Zeit zur Mythenbildung anregte. So glaubte man lange, dass sich an der Felsspalte ein Tor zur Unterwelt befände. Kurfürst Friedrich I. von Württemberg machte die Höhle bekannt, als er sie im Jahr 1803 besuchte. Über 140 Stufen geht es hinunter ins Dunkle, Stille und Kalte (9,5 °C) und zwischen Stalaktiten und Stalagmiten durch ein 380 m langes Hohlraumsystem.

Stalaktiten sind Kalkablagerungen aus langsam tropfendem Wasser an der Decke, Stalagmiten sind beim Auftreffen der Tropfen am Boden über Jahrtausende aus den Kalkresten wachsende Gebilde – bis sich Stalaktiten und Stalagmiten zu einer Tropfsteinsäule vereinen.

Die **Bärenhöhle,** nördlich vom Sonnenbühler Ortsteil Erpfingen, verdankt ihren Namen einem über 20 000 Jahre alten Bärenskelett, das in ihr gefunden wurde und als Rekonstruktion hier ausgestellt ist. Sie ist mit der seit 1834 bekannten Karlshöhle verbunden, wurde selbst aber erst vor 50 Jahren entdeckt. Begehbar sind 271 Höhlenmeter durch sieben Hallen (im Sommer tgl. 9–17.30 Uhr). An Pfingsten herrscht buntes Treiben beim Nebelhöhlenfest, an Christi Himmelfahrt steigt das Bärenhöhlenfest, beides sind Volksfeste mit Blasmusik und »Höhlenbraten«.

Anfahrt: Ab Reutlingen Hauptbahnhof mit Buslinie 7635 bis Genkingen, Pfullinger Str., von dort 40 Minuten Fußweg zur Nebelhöhle. Ebenfalls ab Reutlingen mit Buslinie 400 bis zur Haltestelle Erpfingen Bärenhöhle, 10 Minuten Fußweg zur Höhle.

› Blaubeuren

Bewaldete Höhenzüge und schroffe Felsen umgeben das mittelalterliche Städtchen (12 000 Einw.) am berühmten Blautopf, einer der tiefsten Quellen Deutschlands. Ehemalige Handwerkerhäuser der Weber und Gerber und stolze Bürgerhäuser mit viel Fachwerk

› Geheimnisvoller Blautopf – bis heute sind die Höhlen nicht gänzlich erforscht

säumen die Altstadtgassen. Kaiser Friedrich III. verlieh Blaubeuren im Jahr 1471 das Wappen mit dem »Blaumännle«. Bereits 1085 hatten Sigiboto von Ruck und seine Brüder Anselm und Hugo von Tübingen ein **Kloster am Blautopf** gegründet, das fünf Jahre später Benediktiner aus Hirsau unter Abt Azelinus bezogen. In der Reformation wurden die katholischen Mönche vertrieben. Die im 15. Jh. neu gebaute Klosteranlage ist weitgehend erhalten und beherbergt heute das 1817 eröffnete Evangelisch-theologische Seminar, ein altsprachliches Gymnasium mit Internat. Teile des ehemaligen Klosters können besichtigt werden, darunter die Kirche mit Chorgestühl und spätgotischem Hochaltar und der Kreuzgang mit Brunnenkapelle, in der sich die Mönche vor den Mahlzeiten mit Wasser aus dem Blautopf reinigten (im Sommer tgl. 9–18 Uhr).

Trotz der evangelischen Einflüsse ist Blaubeuren seit mehr als 800 Jahren **Marienwallfahrtsort.** Prozessionen sind auch immer wieder zum Blautopf gezogen, der vermutlich schon in vorchristlicher Zeit eine Kultstätte war. Die im 18. Jh. an dem Quelltopf im engen Talkessel errichtete **Schleifmühle** wurde später zur Hammerschmiede erweitert. Ein Wasserrad treibt über einen Wellbaum ihre Hämmer an.

› Naturerlebnis-Tipp

Am Blautopf

Vom Blautopf geht ein Zauber aus. »Dieser Teich ist einwärts wie ein tiefer Trichter, sein Wasser von Farbe ganz blau, sehr herrlich, mit Worten nicht wohl zu beschreiben«, heißt es in Eduard Mörikes »Historie von der schönen Lau«, der Wasserfrau, die »zuunterst auf dem Grund saß«. Im Anhang gibt Mörike Auskunft über den Aberglauben um die geheimnisvolle Quelle. Dass der Blautopf als unergründlich galt, und als dann doch einer Maß nahm, habe man sich gewundert, dass das Senkblei nicht geschmolzen sei, »denn eine alte Sage sprach von glühender Hitze in den untersten Schichten«.

Bis heute ist dem trichterförmigen Quelltopf nicht jedes Geheimnis genommen. Gewiss, der Blautopf ist mit 21 m Tiefe eine der tiefsten und mit einer Schüttung von 310 bis zu 32 000 l

Wasser pro Sekunde eine der stärksten Karstquellen in Deutschland. Klar ist auch, dass Regenwasser aus einem Gebiet von 160 km² im porösen und brüchigen Kalksgestein der Albhochfläche versickert und durch Spalten, Röhren und Höhlen zum Blautopf strömt. Allerdings ist das gigantische, zum Großteil unter Wasser liegende Höhlensystem am Blautopf noch immer nicht vollständig erforscht. Tauchgänge sind wegen starker Strömungen und düsenartiger Engstellen zu gefährlich. Wer um den Blautopf wandert, wird sicher auch einen Blick in die historische **Hammerschmiede** werfen, in der nostalgische Werkzeuge ausgestellt sind.
Anfahrt: Blaubeuren hat einen Bahnhof an der Strecke Ulm–Sigmaringen–Tuttlingen–Donaueschingen.
Vom Ortszentrum führt ein ausgeschilderter Fußweg in gut 5 Minuten zum Blautopf.

› Zwischen Zwiefalter Aach und Großer Lauter

Die **Zwiefalter Aach** entspringt in der Wimsener Höhle und mündet westlich der Großen Lauter in die Donau. Wiesen und bewaldete Hügel begleiten ihren Lauf von der Höhle zum 4 km entfernten alten Kloster- und Wallfahrtsort Zwiefalten. Benediktiner aus Hirsau gründeten im Jahr 1089 das Kloster mit dem berühmten doppeltürmigen Münster »Unserer lieben Frau«. Nach der Säkularisation wurde hier eine königlich-württembergische Heilanstalt eingerichtet (heute psychiatrische Klinik). Die Kirche, 1739 bis 1765 nach Plänen von Johann Michael Fischer errichtet, gilt als eines der bedeutendsten Bauwerke des Spätbarocks. Im üppig verzierten Innenraum prangen Deckenfresken von Franz Josef Spiegler, Stuckaturen von Johann Michael Feichtmayr und über dem Kreuzaltar ein grandioses Gnadenbild der Gottesmutter (im Winterhalbjahr Mo–Sa Zutritt nur in die Vorhalle, Besichtigung nur So).

Auch in dieser Region lässt sich Biourlaub machen: in Ehestetten und in Münsingen-Bichishausen (s. S. 164).

Zahlreiche Burgruinen prägen das Bild des **Großen Lautertals.** Am imposantesten wirkt die **Ruine Hohengundelfingen** mit einem über 10 m hohen Buckelquaderbergfried aus der Stauferzeit. Sie bietet einen guten Blick auf das Tal, Felsen, Steilhänge und die benachbarten Burgen Niedergundelfingen, Hohenhundersingen und Derneck.

Bei all der Burgenromantik und grünen Idylle ahnt man nicht, dass ganz in der Nähe unbeschreiblich grausame Menschheitsverbrechen begangen wurden. Unweit von Marbach, das für sein Haupt- und Landesgestüt bekannt ist, liegt **Grafeneck.** Im Jahr 1928 erwarb die evangelische Samariterstiftung das Schloss von Grafeneck und richtete dort ein Heim für benachteiligte Menschen ein. Das Württembergische Innenministerium beschlagnahmte 1939 das Anwesen »für Zwecke des Reiches«. Im folgenden Jahr wurden auf dem Gelände im Rahmen des nationalsozialistischen »Euthanasieprogramms« über 10 600 Menschen ermordet, die meisten waren aus Krankenanstalten und Hei-

› Der Natur zuliebe: Das Paddeln auf der Lauter ist nur stellenweise erlaubt

men verschleppt worden. Zum Mahnen und Gedenken entstand in den letzten Jahren eine offene Kapelle und ein **Dokumentationszentrum** (tgl. geöffnet). Ein Buch, bis heute fortgeschrieben, bewahrt die Namen von über 8000 Opfern.

› Naturerlebnis-Tipps

Im Boot durch die Wimsener Höhle

Dass »die hier waltende Nymphe« den hohen Besuch begrüßt, ist auf Lateinisch am Eingang zu lesen. Gemeint ist Kurfürst Friedrich von Württemberg, der anno 1803 der Höhle einen Besuch abstattete. Seitdem heißt die Wimsener Höhle auch Friedrichshöhle. Aus einer etwa 3 m hohen Öffnung im Fels plätschert ein Flüsschen ans Tageslicht, ein Kahn steht bereit, mit dem die Besucher in das faszinierende Höhlensystem hineingleiten. Hinter dem Portal weitet sich die Höhle, verengt sich aber weiter innen zu einem Gang, an einigen Stellen wird es eng, je nach Wasserstand. Insgesamt 70 m kann der Kahn vordringen, doch das System aus Gängen, Hallen und Spalten geht weiter, bislang hat man die Höhle auf 723 m erforscht. Für Besucher ist hintere Bereich unzugänglich (Mitte März bis Ende Okt. tgl. geöffnet).

Anfahrt: Vom Bahnhof Bad Urach bzw. Münsingen fährt die Buslinie 7645 zur Wimsener Höhle. Zwischen Mai und Mitte Okt. macht So, Fei auch der Lautertal-Freizeit-Bus hier Station.

Paddeln auf der Großen Lauter

Unter Burgen auf der schönen Lauter paddeln, an Wäldern, Felsen und Wacholderheiden vorbei, ist ein riesiges Vergnügen für die ganze Familie. Spannend wird die Fahrt, durch kleine Stromschnellen und Wasserfälle. Zum Schutz von Pflanzen und Tieren dürfen Boote nur auf einer Teilstrecke fahren, nämlich zwischen Buttenhausen und Indelhausen (4–5 Std., Juli–Sept. Mo–Fr, Okt.–Febr. tgl.)

Kanutouren im Wilden Süden: Fuerstenbergstr. 2, 72525 Münsingen-Bichishausen, Tel. 0 73 83/4 08, www.kanutouren.com

Anfahrt: Bichishausen ist mit der Buslinie 7645 vom Bahnhof Bad Urach bzw. Münsingen zu erreichen und zwischen Mai und Mitte Oktober sonntags mit dem Lautertal-Freizeit-Bus.

Allgemeine Infos

Schwäbische Alb Tourismusverband
Marktplatz 1, 72574 Bad Urach,
Tel. 0 71 25/94 81 06,
www.schwaebischealb.de

Mit Bus und Bahn

Bahn: Nach Stuttgart und Ulm, den wichtigsten Bahnhöfen zur Weiterfahrt auf die Schwäbische Alb, gibt es durchgehende ICE-Züge ab München, ab Berlin über Hannover und Frankfurt, sowie ab Hamburg über Bremen, Münster, Köln und Frankfurt. Eine weitere ICE-Linie verbindet Frankfurt via Stuttgart und Tuttlingen mit Zürich. Von Stuttgart fahren Regionalexpress-Züge über Metzingen und Reutlingen nach Tübingen. Ab Metzingen können Passagiere eine Regionalbahn nach Bad Urach nehmen und dort mit Bus 7645 nach Münsingen, ins Große Lautertal, nach Zwiefalten, zu bestimmten Zeiten bis ins Donautal zu den Bahnhöfen Riedlingen bzw. Munderkingen fahren. In Riedlingen und Munderkingen halten Regionalexpress-Züge auf der Strecke Donaueschingen-Tuttlingen-Ulm, die außerdem Station in Beuron, Sigmaringen, Schelklingen und Blaubeuren machen. In Schelklingen zweigt die Strecke der Schwäbischen Albbahn ab, die nach Münsingen und weiter nach Kleinengstingen (nahe Lichtenstein und Sonnenbühl) führt. Eine weitere Strecke verbindet das Donautal in Sigmaringen mit Tübingen über Albstadt, Balingen und Hechingen.

Busse/Ausflugsverkehr: An Wochenenden zwischen Mai und Mitte Oktober sind auf der Schwäbischen Alb mehrere Freizeitzüge und -busse unterwegs, die auch Platz für Fahrräder bieten, hier eine Auswahl: Der **Naturpark-Express** verkehrt samstags, sonn- und feiertags im Donautal zwischen Sigmaringen und Blumberg mit Halt u. a. in Tuttlingen, Fridingen, Beuron, Hausen im Tal und Thiergarten. **»Ulmer Spatz«** und **»Roter Brummer«** heißen die Ausflugszüge, die sonn- und feiertags auf der Strecke der Schwäbischen Albbahn verkehren, ab Ulm bzw. Schelklingen nach Münsingen und weiter bzw. mit Anschluss nach Grafeneck (Gedenkstätte), Marbach und Kleinengstingen. Nach Kleinengstingen kommt man sonn- und feiertags auch mit dem Rad-Wander-Shuttle ab Tübingen. Ab Münsingen steuert der Lautertal-Freizeit-Bus das Große Lautertal und Zwiefalten an.

Tageskarten: Der Verkehrsverbund Neckar-Alb-Donau (naldo), der die Landkreise Reutlingen, Sigmaringen, Tübingen und Zollernalb umfasst, hat eine Tageskarte für Gruppen mit bis zu 5 Personen im Angebot. Sie kostet für ein Teilgebiet, eine Wabe, 7,50 € und für das gesamte naldo-Netz 15 €. Das »Tagesticket Solo« für Einzelreisende gibt's für maximal 12,30 €. Für Einzelreisende und Gruppen, die über das naldo-Gebiet hinaus in Baden-Württemberg reisen, empfiehlt sich das Baden-Württemberg-Ticket, das es ebenfalls als Single- und als Gruppenfahrschein gibt, s. S. 189

Verkehrsverbund Neckar-Alb-Donau: Tel. 0 74 71/93 01 96 96, www.naldo.de

Fahrplanauskunft Baden-Württemberg: Tel. 0 18 05/77 99 66, www.3-loewen-takt.de

Deutsche Bahn: Tel. 08 00/1 50 70 90, www.bahn.de

Südschwarzwald

» Immer dem Ruf des Kuckucks folgen – schon ist man im Naturidyll, in dunklen Wäldern, an gurgelnden Bächen, bunten Blumenwiesen und Höfen mit ihren typischen, tief heruntergezogenen Walmdächern.

»Sie sagen, man sieht dort nur Finstres / Weil Tannen vorm Lichte stehen / Wir aber haben dort unten / Das Schauspiel der Welt gesehen«, resümiert Bertolt Brecht nach einer Schwarzwald-Reise. Und tatsächlich erwartet den Besucher ganz tief im Südwesten Deutschlands ein facettenreiches Naturspektakel: zerklüftete Schluchten, denen helle Weidfelder folgen, tosende Wasserfälle und die sprudelnden Quellen großer Flüsse wie Neckar und Donau.

› Naturpark Südschwarzwald

Deutschlands zweitgrößter Naturpark, nach dem Naturpark Schwarzwald Mitte/Nord, erstreckt sich auf einer Fläche von 3700 km^2 von Triberg im Norden bis zur Schweizer Grenze im Süden und von der Rheinebene im Westen bis Donaueschingen im Osten. Die schönsten Panoramaberge der Region sind neben **Feldberg** und **Belchen** der **Kandel** zwischen den Tälern von Glotter, Elz und Wilder Gutach und der Freiburger Hausberg **Schauinsland.** Wildromantische Schluchten mit zerklüfteten Felsen, schäumenden Bächen und heimeligen Mühlen, wie die vom Höllental (s. S. 177) abgehende **Ravennaschlucht** und die **Wutachschlucht** (s. S. 180) nahe Neustadt, prägen das Landschaftsbild. Eindrucksvolle Naturerlebnisse bieten nicht nur die **Wasserfälle in Todtnau und Triberg,** sondern auch Quellen großer Flüsse. Bei Furtwangen entspringt die Breg, die sich in Donaueschingen mit der Brigach zur Donau vereinigt. Der Necker hat im Schwemminger Moos sein Quellgebiet.

› Wieder ansässig: der Auerhahn

Typisch für den Südschwarzwald sind kräuterreiche Weidfelder, auf denen Besenginster, Bärwurz und die alte Heilpflanze Arnika blühen. Auf den waldfreien Hochflächen konnten Relikte der Eiszeit überdauern: Scheuchzers Glockenblume und Alpen-Troddelblume z. B. Eine echte Rarität ist der Unterwasserfarn Stachelsporiges Brachsenkraut im **Titisee** und im **Feldsee.** Das seltene Auerhuhn hat im Naturpark ebenfalls sein Revier, und selbst das Pinselohr, wie der Luchs noch heute genannt wird, wurde wieder gesichtet. Einen Luchs in freier Wildbahn zu Gesicht zu bekommen, dürfte allerdings schwierig sein, denn er ist ein Heimlichtuer und hält sich tagsüber gut versteckt.

Weniger scheue typische Vertreter der Region sind die kleinen, robusten, genügsamen Hinterwälder Rinder. Sie kommen gut mit den steilen Hängen und dem Klima der Höhen klar. Schwarzwälder Käse ist übrigens seit dem Mittelalter für die abgelegenen Höfe eine geschmackvolle Art, Milch haltbar zu machen.

› Naturerlebnis-Tipps

Pilzschule

Mykologe Walter Pätzold lehrt das Einmaleins der Pilze, erläutert, wie man erkennt, welcher essbar und welcher dagegen giftig ist. Von Juli bis Oktober werden Kurse für Einsteiger, aber auch Seminare für Experten angeboten. Das Programm ergänzen Pflanzenbestimmungs- und Kräuterkurse.
Schwarzwälder Pilzlehrschau: Werderstr. 17, 78132 Hornberg, Tel. 0 78 33/63 00, www.pilzzentrum.de.
Ein Wochenendkurs kostet ab 95 €.
Anfahrt: Hornberg liegt an der Bahnstrecke Offenburg-Donaueschingen.

Triberger Wasserfälle

Schäumend und rauschend stürzt das Wasser der Gutach bei Triberg über sieben Fallstufen einen bewaldeten Talkessel hinab. Mit 163 m Fallhöhe ist der Triberger, außerhalb der Alpen, der höchste Wasserfall Deutschlands. Über Granitfelsen und unter hohen Fichten führen Wege entlang der Kaskaden. Für den Rundweg entlang der Wasserfälle sollte man 20–30 Minuten einplanen. Abends sind die Wasserfälle bis 22 Uhr beleuchtet.
Anfahrt: Triberg liegt an der Bahnstrecke Offenburg-Donaueschingen.

› Naturschauspiel: Triberger Wasserfälle

Vogelpark Steinen

So nah kommt man Adlern, Falken und Eulen nur selten. Täglich um 11 und um 15 Uhr finden im Vogelpark Steinen (nahe Lörrach) Greifvogel-Vorführungen statt. In dem 10 ha großen Park leben etwa 1000 Vögel in 300 Arten aus aller Welt, außerdem Kängurus, Berberaffen und Zwergziegen. Im Schaubruthaus kann manchmal das Schlüpfen von Hühnerküken beobachtet werden. Erfrischend: eine 30 m lange Wassertretanlage mit angeschlossenem Barfußpfad, wo man verschiedene Naturmaterialien mit den Füßen erfühlt.
Infos: 79585 Steinen-Hofen, Tel. 0 76 27/74 20, www.vogelpark-steinen.de, Mitte März–Anfang Nov. tgl. geöffnet.
Anfahrt: Mit dem Zug bis Steinen, ab Rathaus Steinen mit Buslinie 7305 zum Vogelpark.

› Historisches Kaufhaus in Freiburg

Erdmannshöhle Hasel
Durch Kalkablagerungen aus tropfendem Wasser bilden sich Gesteinsnasen. Riesentropfsteine, einer ist 4 m hoch, 2 m dick und etwa 135 000 Jahre alt, sind in der Erdmannshöhle Hasel gewachsen. Die vermessene Gesamtlänge der Höhle beträgt 2185 m, der Schauteil ist ganze 360 m lang. Den Namen verdankt die Höhle den Erdmännli und Erdwiebli, Schwarzwald-Wichteln, die der Sage nach einst hier lebten.
Infos: Wehrer Str. 25, 79686 Hasel, Tel. 0 77 62/80 99 01, www.gemeinde-hasel.de, Mai–Sept. tgl. 10–17, April und Okt. Mo–Fr 13–17, Sa, So 10–17 Uhr.
Anfahrt: Hasel liegt zwischen Lörrach und Todtmoos. Es ist mit der Buslinie 7335 ab Schopfheim zu erreichen.

› Freiburg

Wie ein feiner steinerner Finger zeigt der Turm des Freiburger **Münsters** vor der Kulisse des Südschwarzwaldes gen Himmel. Der »schönste Turm der Christenheit«, so der Basler Kunsthistoriker Jacob Burckhardt, ist Wahrzeichen und Mittelpunkt der Stadt. Freitags um 11 Uhr läutet die Hosanna-Glocke von 1258, die »Knöpfleglocke«, damit die Köchinnen und Köche rechtzeitig Wasser für die Knöpfle (Spätzle) aufsetzen. Die Gässle und die Bächle, die offen fließenden Wasserrinnen am Rand der Straßen, geben der Stadt eine ganz besondere Note. Wer unbeabsichtigt hineintappt, kommt nie wieder von Freiburg los, sagt man.

Ein guter Ausgangspunkt für einen Rundgang durch die weitgehend autofreie Altstadt ist das Universitätsgebäude an der Bertoldstraße, das mit der angrenzenden Kirche im 17. Jh. als Kollegium für den Jesuitenorden errichtet wurde. Die **Universität** wurde bereits 1457 von Erzherzog Albrecht VI. gegründet und war nach Wien die zweite Universität Österreichs – Freiburg stand damals unter dem Protektorat der Habsburger. Heute ist fast jeder Fünfte der rund 200 000 Einwohner in der eng gebauten Stadt Student. Hinter der Universität liegt der **Rathausplatz** mit einem

› Eine reizvolle Landschaft umgibt Hinterzarten

Denkmal für den Franziskanermönch Bertold Schwarz, der in Freiburg 1353 das nach ihm benannte Schießpulver zusammengemixt haben soll. Hinter dem Alten und dem Neuen Rathaus erhebt sich die gotische **St.-Martins-Kirche.** Rechts geht es weiter zum **Münsterplatz** mit dem um 1200 begonnenen Meisterwerk gotischer Baukunst und dem rot glänzenden, von zwei Erkern mit Spitzhauben flankierten **Historischen Kaufhaus** (1532).

Die Gässle hintan führen nach Oberlinden, einem lauschigen Platz am Schwabentor, und durch ein malerisches Quartier zum Martinstor an der Kaiser-Joseph-Straße. Wo Freiburgs Boulevard, kurz »Kajo« genannt, die alte krumme Salzstraße kreuzt, steht der **Bertoldsbrunnen,** ein Reitermonument für den Stadtgründer (1120), Herzog Bertold II. von Zähringen.

Der **Schlossberg** (Aufstieg ab Schwabentor) bietet einen schönen Blick auf die sonnenreiche Breisgau-Metropole, durch die die Dreisam fließt, die drauß´ vom Schwarzwald herangeplätschert kommt.

Freiburg hat gleich mehrere Bioläden, in denen man biologisch angebaute und gesiegelte Produkte einkaufen kann: so z. B. den Vita Naturmarkt und zwei Alnatura Biosupermärkte. Im östlich gelegenen St. Peter bietet der Freienhof Quartiere für Biourlaub (s. S. 183).

› Höllental und Hinterzarten

Stellenweise 500 m hohe Steilhänge bilden das schluchtartige **Höllental,** durch das die B 31 und eine eingleisige Bahnstrecke vom Ort Himmelreich am Taleingang nach Hinterzarten oberhalb des Talausgangs führen. An der engsten, Hirschsprung genannten Stelle hockt ein Hirsch aus Kupfer sprungbereit auf einem Felsen. Der Sage nach soll hier einem Hirsch auf der Flucht vor einem Jäger der Sprung über die Schlucht zum Felsen der Ruine Falkensteig gelungen sein. Überbaut von einem 100 m hohen Eisenbahnviadukt, mündet die wildromantische **Ravennaschlucht** ins Höllental. Ganz in der Nähe steht die **St.-Oswald-Kapelle** aus dem 12. Jh.

› Zu jeder Jahreszeit reizvoll – der Feldberg

Obwohl eine Touristen-Hochburg, hat Hinterzarten sein ländliches Flair bewahrt, gepflegte Schwarzwaldhäuser säumen die Straßen. In einem restaurierten Bauernhof (Hugenhof) haben die Ski-Asse Georg und Dieter Thoma, die in Hinterzarten wohnen, ein Ski-Museum eingerichtet, am Ortsrand liegt die bekannte Adlerschanze. Das Kurhaus ist Startpunkt eines 2 km langen Naturerlebnispfads und zahlreiche Wanderwege und Mountainbike-Routen führen in die reizvolle Umgebung, z. B. nach Titisee oder zum Feldberg. Und nicht zuletzt lässt sich in Hinterzarten auch bio wohnen und essen (s. S. 182).

› Feldberg

Der Gipfel jeder Schwarzwaldreise. Besonders am Wochenende tummeln sich auf Deutschlands höchster Erhebung (1493 m) – außerhalb der Alpen – scharenweise Erholungsuchende und Freizeitsportler: Wanderer und Mountainbiker im Sommer, Schlitten-, Ski- und Snowboardfahrer im Winter. Steilhänge mit Tannen und Fichten, Moos-, Flechten- und Kräutermatten rund um den »König des Schwarzwaldes« bilden das älteste und größte Naturschutzgebiet Baden-Württembergs. Das **Haus der Natur** unterhalb des Gipfels informiert über die Tier- und Pflanzenwelt, aber auch über die Bewirtschaftung und Möglichkeiten für Sportler und Erholungssuchende im Naturpark Südschwarzwald (Mo geschl.). Nebenan befindet sich die Talstation des ganzjährig verkehrenden Sechsersesselllifts zum baumlosen, 1448 m hohen **Seebuck** (Teil des Feldbergs), auf dem ein Bismarck-Denkmal und der Feldbergturm stehen und familienfreundliche und mittelschwere Skiabfahrten beginnen. Bei günstiger Witterung eröffnet sich ein großartiger Rundblick auf die »blaue Mauer« der Schwäbischen Alb, die Schweizer Alpen und die Vogesen. Zum ebenfalls baumlosen Feldberggipfel mit Turm, Wetterwarte und Radaranlage geht es über einen Sattel noch einmal 45 m aufwärts.

Eine schöne Wanderroute ist der **Gipfelrundweg** Feldberg (Markierung: R2, 8 km, 2 Std.) vom Bismarck-

Denkmal zum Feldberg-Gipfel und weiter via Todtnauer Hütte zur Talstation des Sesselliftes. In der Nähe führt hinter der Seebuckhütte ein Pfad steil abwärts zum fast kreisrunden, von bewaldeten Steilhängen und Felsen eingeschlossenen eiszeitlichen **Feldsee.**

Zur Gemeinde Feldberg gehören weit gestreute Teilorte. Der urige Ortsteil **Altglashütten** Richtung Schluchsee hat seinen Ursprung – wie der Name verrät – in einer 1634 gegründeten Glashütte.

› Naturerlebnis-Tipps

Haus der Natur am Feldberg

Schlau macht schon die Schau vor dem Naturschutzzentrum **Haus der Natur** unterhalb des Feldberg-Gipfels. Die acht wichtigsten Gesteine des Schwarzwaldes sind zu sehen, vom Gneis bis zum Gletschergeschiebe, mit Info-Tafeln zu Entstehung, Fundort und Verwendung. Im Haus der Natur selbst verdeutlicht eine Ausstellung das Zusammenspiel von Mensch und Natur in der Region, von der Siedlungsgeschichte bis zum Spannungsfeld Wintersport und Naturschutz.

Zu den Höhepunkten gehören ein Hochsitz mit Tierquiz, ein Terrarium und ein Aquarium mit Bewohnern des Feldsees. Vom Haus der Natur führt ein Holzsteg zum Feldberggarten. Hier gedeihen typische Pflanzen der Region, entsprechende Namensschilder geben Auskunft. Für Kinder gibt's eine Garten-Rallye. Die Fragen des Wichtels Velt stehen auf Tafeln, die Antworten auf einem Lösungszettel, erhältlich an der Infothek im Haus der Natur.

Naturschutzzentrum Südschwarzwald: Dr.-Pilet-Spur 4, 79868 Feldberg, Tel. 0 76 76/93 36 30, www.naturschutzzentren-bw.de, www.naturparksuedschwarzwald.de, Di–So 10–17 Uhr, in den Sommerferien tgl.
Anfahrt: Von Freiburg aus fahren stündlich Züge zum Bahnhof Bärental, von dort geht es mit dem Bus bis zur Haltestelle Feldbergerhof (in der Nähe der Talstation des Sessellifts).

Schneeschuhwanderungen

Die eigene Spur im glitzernden Schnee, abseits präparierter Pisten, wie ein Trapper im hohen Norden Amerikas ... Dabei versinken die Füße nicht bei jedem Schritt tief im Schnee, weil ein Kunststoffrahmen an jedem Schuh das Gewicht des Trägers verteilt. Schneeschuhe und Teleskopstöcke werden im Haus der Natur vermietet, die Technik lernt man rasch. Von Mitte Dezember bis Mitte März werden sonntags um 12 Uhr kostenlose Touren rund um den

› Lehrreiche Naturführung

› Der Titisee: Einer Sage zufolge hausen hier Titis, feenhafte Wesen

Feldberg mit einem Führer des Naturschutzzentrums angeboten (Anmeldung erforderlich), für Gruppen zum Wunschtermin.
Naturschutzzentrum Südschwarzwald: Adresse s. S. 179

› Titisee-Neustadt

Bewaldete Kuppen umrahmen den märchenhaften Titisee, der selbst an schönen Sommertagen Ruhe ausstrahlt, wenn Surfer, Tret- und Ruderboote auf ihm ihre Runden drehen und Touristen die Promenade des gleichnamigen Kurorts an seinem nordöstlichen Rand bevölkern. In dem 2 km langen, 700 m breiten und 40 m tiefen See sollen Titis hausen, feenhafte Wesen, die in mancher Vollmondnacht aus dem Wasser auftauchen. Durch den Kurort schieben sich jährlich ca. 2 Mio. Besucher. Kein Wunder also, dass sich im autofreien Zentrum Andenkenläden aneinanderreihen, übervoll mit Trachtenmode, Schinken, Tannenhonig, Kirschwasser und Kuckucksuhren jeder Qualität.

Die Gemeinde Titisee wurde in den 1970er Jahren mit dem 6 km entfernten Industrie- und Handwerksstädtchen Neustadt zusammengeschlossen. Auf einer Flanke von Neustadts Hausberg **Hochfirst** (1190 m) liegt die größte Naturschanze Deutschlands. Sie wird auch für Weltcup-Springen genutzt und ermöglicht Sprungweiten bis zu 140 m. Auf dem Hochfirst-Gipfel gewährt ein Aussichtsturm einen weiten Blick bis zu den Alpen und den Vogesen. Das **Heimatmuseum** in der Scheuerlenstr. 31 (Sa, So geschl.) erinnert u. a. mit einer historischen Werkstatt an Neustadts Uhrmachertradition.

› Naturerlebnis-Tipp

Zu Fuß durch die Wutachschlucht

Tosendes Wildwasser, haushohe Felsen, Baumriesen und schmale Sumpfwiesen, so sieht der »Grand

› Die spektakuläre Wutachschlucht: der »Grand Canyon des Schwarzwalds«

Canyon des Schwarzwalds« aus. Flora und Fauna der südöstlich von Titisee-Neustadt gelegenen Wutachschlucht sind faszinierend, allein 500 Schmetterlingsarten wurden gezählt, Botaniker haben in dieser Gegend seltene Pflanzen wie Silberblatt und Hirschzunge entdeckt.

Besonders spektakulär und entsprechend beliebt bei Wanderern ist das Teilstück zwischen Schattenmühle und Wutachmühle (12 km). Nach der Schneeschmelze im März wird die Wutach zum gefährlichen Wildwasser. Zu jeder Jahreszeit werden knöchelschützende Wanderschuhe mit dicker Profilsohle empfohlen, denn selbst im Sommer sind die Wege stellenweise glitschig.

Anfahrt:
Am Wochenende und an Feiertagen verbindet ein Wanderbus der SBG die Mühlen.

Vom Bahnhof Löffingen (Strecke Neustadt–Donaueschingen) fährt Buslinie 7344 zur Schattenmühle.

› Schluchsee

Aha, so heißt der erste Ort am Schluchsee, den von Norden anreisende Touristen erreichen. Und sie sind überrascht, nicht nur beim Blick auf das Ortsschild, sondern auch wenn sie den von Fichten und Tannen eingefassten, herrlichen See sehen – ein Wassersport-Dorado für Schwimmer, Surfer, Segler und Taucher. Mit einer Länge von über 7 km ist er der größte See des Schwarzwaldes, seitdem man 1932 das vormals 1 km^2 kleine Gletschergewässer an seinem Südende nahe dem Sackbahnhof Seebrugg zur Elektrizitätsgewinnung aufgestaut hat. Ein 18 km langer Wanderweg führt um den See. Touristisches Zentrum am Schluchsee ist der gleichnamige moderne heilklimatische Kurort in der Mitte des Ostufers, wo die katholische Pfarrkirche St. Nikolaus mit einem Zwiebelturm auf sich aufmerksam macht. Im Wald bei **Eisenbreche** am Südwestufer wurden zwei geheimnisvolle keltische Steinkreise gefunden.

Bioadressen

» Biohotel Alpenblick (Biohotels)

St. Georg Str. 9, 79862 Höchenschwand, Tel. 0 76 72/41 80, www.alpenblick-hotel.de

In der Ferne glühen die Alpen im Abendrot und drinnen knistert es im Kamin. Behaglichkeit und Komfort bietet das Bio- und Wellnesshotel in einem Schwarzwaldhaus in Höchenschwand, südlich des Schluchsees. Neben tiereiweiß- und glutenfreier Kost wird besonders auf die Kraft der Sole gesetzt, ob bei Solebädern, Salzpeelings, Sole-Trinkkuren oder beim Inhalieren im Salarium, einem »Raum aus Salz, Wasser und Licht«. Im Angebot sind Pauschalen wie Entschlackungswochen und Wellness-Wochenenden. ❍❍❍

Anreise: Nach Höchenschwand fährt Buslinie 7322 ab Häusern, nach Häusern Buslinie 7319 ab Seebrugg.

» Biohotel Naturion

Sonnenbühlweg 6, 79856 Hinterzarten, Tel. 0 76 52/52 82, www.naturion-hinterzarten.de

Das 15-Betten-Hotel bietet ausschließlich Nichtraucher-Zimmer, auch Suiten, die im Landhausstil mit Massivholzmöbeln eingerichtet sind. Bibliothek, Kachelofen, Wintergarten und Liegewiese sorgen für eine entspannende Atmosphäre. Eine Naturheilpraxis ist im Haus untergebracht. Exzellent ist die Küche von Kochbuchautorin Rosemarie Muth: biologisch, vegetarisch, vollwertig, mit frischen Kräutern. Das 5-Gänge-Menü um 18 Uhr können nach Anmeldung auch externe Gäste genießen. Tiereiweißfreie Gerichte und Kost für Allergiker auf Wunsch. ❍❍

Anreise: Hinterzarten liegt an der Bahnstrecke Freiburg-Titisee.

» Haus Sonne

Untermulten 6, 79677 Aitern-Multen, Tel. 0 76 73/74 92, www.haussonne.com

1000 m über dem Meeresspiegel, über den Nebeln der Täler und nahe dem Gipfel des Belchens, hat die Biopension ein sonniges Plätzchen. Ein typisches Schwarzwaldhaus mit Walmdach, Holzschindeln, Kachelofen und Ofenbank, aber auch richtig öko mit Solarmodulen und Naturholzmöbeln. Vegetarische Vollwertküche (nach Anmeldung auch für externe Gäste), Zutaten in Bioland- und Demeter-Qualität, auf Wunsch tiereiweißfrei. Extras: Bibliothek, Liegewiese, Naturheilpraxis, Wander-Pauschalen. ❍❍

Anreise: Mit Buslinie 7300 ab Zell, Todtnau oder Bahnhof Bärental bis Abzweigung Aitern und weiter mit Buslinie 7306 nach Multen.

» Hof Bogenschütz (Demeter)

Fürstenberg Str. 12, 78183 Hüfingen-Sumpfohren, Tel. 07 71/6 40 82, www.hof-bogenschuetz.de

Kinderfreundlicher Bauernhof auf 700 m Höhe an der östlichen Naturparkgrenze bei Donaueschingen. Zwei gemütlich eingerichtete Ferienwohnungen für 2–5 Personen und ein Gästezimmer. Auf Wunsch: biologisch-dynamisches Frühstück mit hofeigenen Spezialitäten, z. B. Schnittkäse aus der Hofkäserei. Im Hofladen sind Milch- und Getreideprodukte, Wurst, Fleisch, Eier, Gemüse und Produkte vom Biogroßhandel erhältlich. Außerdem: Mithilfe im Stall und beim Melken möglich, Mitfahren auf dem Traktor und Reiten (auch Reittherapie-Angebote). ❍

Anreise: Vom Busbahnhof in Donaueschingen mit Linie 7277.

» Breitwiesenhof (Demeter)
79777 Ühlingen-Birkendorf,
Tel. 0 77 43/2 32,
www.breitwiesenhof.de
Kühe, Schweine, Schafe, Hühner, Enten und Gänse tummeln sich auf dem Bauernhof am Eingang des Schluchtals. Zu dem sympathischen Familienbetrieb gehört auch eine Gärtnerei. Die Gäste sind in 2 Ferienwohnungen untergebracht, versorgen sich selbst und können dabei im Hofladen köstliche Demeter-Produkte kaufen, z. B. Gemüse, Wurst, Milch, Eier, Käse und Getreide. Wer will, kann in der Landwirtschaft oder der Gärtnerei zuschauen oder mithelfen. Fahrradverleih. ❍
Anreise: Mit dem Zug bis Bahnhof Seebruck, von dort Abholung nach Vereinbarung oder weiter mit dem Bus (Richtung Grafenhausen).

» Freienhof
Eichwaldstr. 3, 79271 St. Peter,
Tel. 0 76 60/4 51, www.freienhof.de
Familienfreundlicher Bauernhof im Grünen, 2 km außerhalb von St. Peter. Zur Verfügung stehen 2 Ferienwohnungen und ein Ferienhaus. Selbstversorgung, die Gastgeber bieten aber hausgemachten Apfelsaft, Vollkornbrot, Pizza, Eier und Honig an. ❍
Anreise: Buslinie 7216/7205 bis St. Peter, dort wird man auf Wunsch abgeholt.

» Vita Naturmarkt mit Bistro Cantina
Robert-Bunsen-Str. 6, 79108 Freiburg,
Tel. 07 61/50 05 08, www.vita-naturmarkt.de, Mo–Fr 9–19, Sa 9–16 Uhr.
In dem 1985 gegründeten Biosupermarkt kann man sich bestens mit Lebensmitteln eindecken. Das Bistro Cantina bietet zudem zwischen 12 und 14 Uhr mehrere leckere Biomittagessen, z. B. Grünkernküchle auf Zucchini-Karottengemüse.
Anfahrt: Der Naturmarkt liegt außerhalb der Innenstadt nahe der Haltestelle Stübeweg, ab Hauptbahnhof mit SBG-Bus 7206 oder mit der Straßenbahn Nr. 5 bis Hornusstr. und weiter mit Buslinie 23.

» Alnatura Biosupermärkte
Kaiser-Joseph-Str. 261 (nahe Martinstor), 79098 Freiburg, Tel. 07 61/2 92 11 44, Mo–Fr 9-20, Sa 9–18 Uhr;
Merzhauser Str. 179 (Stadtteil Vauban), 79100 Freiburg, Tel. 07 61/1 37 36 33, Mo–Fr 8.30–20, Sa 8.30–18 Uhr,
www.alnatura.de
In den Alnatura Super Natur Märkten findet man ein reichhaltiges Nahrungsmittelsortiment.

» Bioladen Herrmann
Hauptstr. 19, 79682 Todtmoos,
Tel. 0 76 74/81 05,
www.bioladen-herrmann.de,
Mo–Sa 9–12.30, Di, Do, Fr 15–18 Uhr,
1. Mo im Monat geschl.
Der Bioladen, einer der besten in Deutschland (Auszeichnung der Zeitschrift Schrot & Korn) bietet »Feines zum Leben«. Es gibt frische Bioprodukte und viele Naturkosmetikwaren.

» Hof Till (Demeter)
Aeule 9, 79859 Schluchsee-Aeule,
Tel. 0 76 56/17 92, Verkauf und Führung nach Vereinbarung.
Feinen Bergkäse aus der Milch von Hinterwälder Kühen, Ziegenkäse und luftgetrocknetes Rindfleisch nach Bündner Art bietet Hof Till in Demeter-Qualität.

Wer sich mit frischen Bioprodukten versorgen möchte, dem stehen der Hof Till in Schluchsee-Aeule und der Breitwiesenhof im nahe gelegenen Ühlingen-Birkendorf (auch mit Ferienwohnungen), zur Auswahl (s. S. 183).

› Naturerlebnis-Tipp

Wanderung vom Schluchsee zum Titisee

Die Wanderstrecke durch Fichtenwald vom Schluchsee zum Titisee (23 km/6 Std.) beginnt am Bahnhof Seebrugg. Von hier wandert man auf einem asphaltierten Gehweg entlang der Bundesstraße bis zur Schluchsee-Staumauer, auf der das Schwarzatal überquert wird. Dahinter führt der **Seerundweg** am stillen Südwestufer, vorbei an der beliebten Vesperstube Unterkrummenhof, wo man eine herrliche Rast einlegen kann, nach **Aha** (Markierung: roter Punkt). Kurz hinter Aha wird die Bundesstraße über- und die Bahnlinie unterquert, um dann links den Schildern »Altglashütten« bzw. der blauen Raute mit senkrechtem weißen Querstrich zu folgen.

Weiter geht die Wanderung durch Fichtenwald bis zur Kreisstraße 4990, dort links halten, bis zum **Windgfällweiher**. Vom Parkplatz beim Weiher zweigt die Route in den Wald hinein ab, bald wird **Altglashütten** erreicht. Bei der Kirche überquert man die Bundesstraße, wandert rechts hinauf den Hang entlang und nutzt dann die alte, kaum befahrene Verbindungsstraße von Altglashütten nach **Bärental.** Kurz vor Bärental mündet der Westweg (Markierung: rote Raute), dem man durch den Wald links der Bahnlinie und schließlich rechts des **Titisees** bis zum Ziel, dem gleichnamigen Kurort, folgt.

› Wanderparadies Schwarzwald

› Sankt Blasien

Mit einer mächtigen Kuppel ragt der **Dom** von St. Blasien im engen waldreichen Tal des Flusses Alb empor. Er gehört zu einem Kloster, dessen Geschichte bis ins 9. Jh. zurückreicht. 1783 wurde die frühklassizistische Abteikirche eingeweiht. Der Kuppelbau ist mit 46 m Durchmesser und 63 m Höhe der drittgrößte seiner Art in Europa. Imposant auch innen das Rund weißer Säulen. Zwei Reliquienkreuze mit Knochenstücken des Heiligen Blasius werden hier aufbewahrt.

Auf den Namensgeber der Gemeinde, einen der 14 Nothelfer, geht auch der bekannte Blasiussegen mit zwei gekreuzten Kerzen zurück. In den benachbarten Abteigebäuden sind heute ein Jesuitenkolleg mit Internat sowie die Orts- und Kurverwaltung untergebracht. An das Klostergelände schließt der Kurpark an. Seit dem 19. Jh. kom-

› Internationales Schlittenhunderennen in Todtmoos

men Kurgäste wegen des wohltuenden Klimas in das Städtchen.

Im nahe gelegenen Ort Höchenschwand ist das Hotel Alpenblick eine feine Adresse für Biourlaub (s. S. 182).

› Todtmoos

Westlich Sankt Blasiens liegt der Marienwallfahrtsort mit seinen 13 Ortsteilen. Mittelpunkt der Gemeinde ist die barocke **Wallfahrtskirche** von 1632 in Vordertodtmoos, zu deren Hochaltar heute noch Gläubige pilgern. Die erste Kapelle ließ hier der Priester Dietrich von Rickenback im Jahr 1255 errichten, in diesem Zusammenhang wurde Todtmoos auch erstmals urkundlich erwähnt. Wegen der guten Luft kommen seit dem 19. Jh. Urlauber in den heilklimatischen Kurort. Wanderwege führen auf den Hausberg **Hochkopf** (1263 m), entlang der Wehra und zum **Wasserfall** in Hintertodtmoos. Im **Heimethus,** einem 250 Jahre alten Schwarzwaldhaus, sind historische Alltagsgegenstände ausgestellt (Murgtalstr. 15). Und in Todtmoos-Mättle können Gänge des ehemaligen Bergwerks **Hoffnungsstollen** besichtigt werden (Mai–Okt. Sa, So 14–17, Nov.–April 1. und 3. Sa im Monat 14–17 Uhr).

Der Ort verfügt zudem über einen der besten Bioläden Deutschlands (s. S. 183).

› Naturerlebnis-Tipps

Im Hundeschlitten unterwegs

Am letzten Januarwochenende starten Musher aus aller Welt beim Internationalen Schlittenhunderennen in Todtmoos. Wer selbst einmal ein Husky-Gespann durch die Tannenwälder jagen will, kann einen Musherkurs buchen und sogar ein Diplom erwerben.

Infos: Landgasthaus Pension Sternen, Hangstr. 4, 79682 Todtmoos-Schwarzenbach, Tel. 0 76 74/9 05 20, www.todtmoos.de, Wochenendkurs 425 €.

Anfahrt: Mit dem Bus ab Freiburg, Kirchzarten oder Seebrugg.

Hochseilgarten
Von einem frei stehenden, hohen Stamm auf die Landschaft schauen, eine schmale, geländerlose Hängebrücke überqueren, über Netze, Drahtseile oder schwingende Schlaufen klettern und dann mit dem »flying fox«, einer 85 m langen Seilbahn, zurück zum Boden sausen. Der Hochseilgarten Schwarzwald in Todtmoos macht Grenzerfahrungen möglich und verspricht dabei jede Menge Spaß. Natürlich ist jeder Teilnehmer durch Seile gesichert, die mit einem Gurt am Körper fest verbunden sind. Eine durchschnittliche Kondition und stabile Herz- und Kreislauffunktionen werden vorausgesetzt. Anmeldung unbedingt erforderlich.
Hochseilgarten Schwarzwald:
Am Mühlenbach 3, 79682 Todtmoos, Tel. 0 76 74/92 10 55, www.hochseilgarten.com
Regelmäßige Termine: März–Okt. So 13 Uhr, Gruppen nach Vereinbarung.
Anfahrt: Mit dem Bus ab Freiburg, Kirchzarten oder Seebrugg.

› In herrlicher Lage: Todtnau

› Todtnau

Ein imposanter **Wasserfall** und ein **Barfußpfad** machen Todtnau im hübschen Wiesental für Naturfreunde interessant. Das Städtchen wurde mit dem Silberbergbau im 14. Jh. groß und ist heute als Zentrum der Tourismusregion Todtnauer Ferienland Ziel für Wanderer, Mountainbiker, Kletterer, Ski- und Snowboardfahrer.

Mit ihren Doppeltürmen überragt die Pfarrkirche den Ort, sie stammt aus dem Jahr 1876. In 10 Minuten gelangt man per Sessellift auf den Hausberg **Hasenhorn** (1065 m), wo ein **Bergbaulehrpfad** über Geschichte und Auswirkungen des Erzabbaus informiert. Zwischen den Ortsteilen Präg und Herrenschwand stehen am **Weidelehrpfad** 15 Tafeln mit Informationen zur Höhenlandwirtschaft.

In Aitern-Multen, südwestlich von Todtnau, kann man Biourlaub buchen (s. S. 182).

› Naturerlebnis-Tipps

Barfußpfad
Im hoch gelegenen Ortsteil Muggenbrunn, an der Südflanke des Schauinsland, können auf einem 600 m langen **Barfußpfad** verschiedene Untergründe wie Fichtenzapfen und -nadeln, Rindenmulch, Kies, Sand und Schlamm,

außerdem kühles Bergwasser gefühlt werden. Der Pfad befindet sich in der Nähe des Campingplatzes und ist täglich geöffnet.
Anfahrt: Von Freiburg, Kirchzarten, Zell oder Titisee aus verkehren Busse nach Todtnau.

Todtnauer Wasserfälle

Kraftvoll und tosend stürzt der Stübenbach an einer fast senkrechten Felswand zwischen Aftersteg und Todtnauberg 97 m zu Tal. Der Bach entspringt am 1386 m hohen Stübenwasen, fließt plätschernd durch das Hochtal von Todtnauberg, bis er das steile Granitmassiv erreicht, wo sein Wasser in Stufen nach unten rauscht. Von Todtnau führt ein Wanderweg über die Sonnhalde zum Wasserfall (2 km). Einstiege zum Wasserfall-Rundweg (3,5 km, 150 Höhenmeter) über die steilen, bewaldeten Hänge rechts und links des stürzenden Bachs befinden sich beim Kiosk am Wasserfall und am Hangloch in Todtnauberg.
Anfahrt: s. o. Barfußpfad

› Badenweiler

Am Ostrand der Oberrheinebene, an einem Hang des 1165 m hohen Blauen, liegt der traditionsreiche Kurort Badenweiler (4000 Einw.). Schon die Römer aalten sich hier im Wasser der warmen Quellen. Im Kurpark sind zwischen Mammutbäumen die Überreste ihres Badehauses aus dem 1. Jh. zu sehen. Heute lässt man sich von den Warmwasser-Spielen der **Cassiopeia-Therme** im restaurierten Markgrafenbad verwöhnen. Alleen, klassizistische Villen, stattliche Hotels, das Belvedere und das ehemalige Großherzogliche Palais halten Badenweilers mondänes Flair wach, das schon Kurgäste wie Thomas Mann, Friedrich Nietzsche und Hermann Hesse anzog. Im **Kurhaus** sind im Tschechow-Salon Erinnerungsstücke an den russischen Dichter Anton Tschechow zusammengetragen, der 1904 nach Badenweiler kam und hier auch gestorben ist. Rund um Kaiser- und Luisenstraße locken feine Läden, Restaurants und Weinstuben.

Oberhalb des weitläufigen Kurparks erblickt man die Ruine der alten **Zähringerburg** (11. Jh.). Im Hintergrund schimmern grün die Reben und blau der **Blauen,** von dem sich ein fantastischer Blick über die Oberrheinebene zu den Vogesen und über den Südschwarzwald zu den Schweizer Alpen eröffnet.

› Belchen und Münstertal

Einer der populärsten Schwarzwald-Berge ist der 1414 m hohe **Belchen.** Vom Jägerstüble in **Obermulten** schwebt eine Kabinenbahn in 5 Minuten knapp 300 Höhenmeter bergauf. Von der Bergstation sind es noch einmal 15 Minuten Fußweg bis zum Gipfelkreuz, wo einem Schwarzwald-Höhen und Täler, Rheinebene, Vogesen und Schweizer Jura zu Füßen liegen. Gleitschirmflieger, Kletterer, im Winter Snowboard- und Skifahrer nutzen die beeindruckende Berggestalt als Freizeitrevier.

Von der Rheinebene steigt das **Münstertal** zum mächtigen Belchen-

› Barockkloster St. Trudpert

massiv an, eine Schwarzwaldlandschaft, wie man sie sich vorstellt: Steilhänge mit Weiden, Wald, Kapellen und alten Höfen. Der Kaltwasserhof im Ortsteil Kaltwasser war Kulisse der TV-Serie »Schwarzwaldhaus 1902«, in der die Familie Boro aus Berlin drei Monate lebte, als wäre es im Jahre 1902: ohne Strom im Dunkeln, mit dem Vieh unter einem Dach.

Auf einer Anhöhe in der unteren Talhälfte thront das Kloster **St. Trudpert** mit Zwiebeltürmen und mächtiger Kuppel. Der irische Mönch Trudpert begann im frühen 7. Jh. mit der Missionierung des Tals und wurde angeblich drei Jahre nach seiner Ankunft ermordet. An der Stelle seiner Einsiedelei errichteten Benediktiner ihr erstes Kloster rechts des Rheins. Nach Zerstörungen durch Krieger aus Freiburg und später aus Schweden baute der Vorarlberger Peter Thumb die Anlage 1710 im barocken Stil aus. Heute wohnen hier Josephschwestern.

Beim Ortsteil **Mulden** kann der 600 m lange **Stollen eines alten Silberbergwerks** besichtigt werden (Mo, Mi, Fr geschl.).

› Staufen

Auf einem rebenumwachsenen Bergkegel thront die Burgruine von Staufen, Blickfang des sonnenverwöhnten Markgräflerlands. Die Burg aus dem 12. Jh. war Wohnsitz der Freiherren von Staufen und wurde Anfang des 17. Jhs. zerstört.

Das »Faust«-Städtchen Staufen zu Füßen des Burgbergs am Eingang des malerischen Münstertals hat einen mittelalterlichen Kern mit einem spätgotischen Rathaus und der spätgotischen Kirche St. Martin. Ein Blickfang ist das Gasthaus Löwen (16. Jh.) mit dem Wandgemälde von Fritz Geiges, das zeigt, wie Mephistopheles dem Faust an die Gurgel geht. Der Alchimist, den Goethe weltbekannt machte, soll in einer Nacht des Jahres 1539 im Zimmer Nr. 5 gemeuchelt worden sein, vom flüchtenden Teufel persönlich stammt angeblich der Fußabdruck auf der obersten Stufe des Rathausturms – mysteriös ist nur, dass das Staufener Rathaus erst ganze sieben Jahre später erbaut wurde (unterhaltsam ist die Mephisto-Tour: Sa 15, Do 17 Uhr).

Jedes Jahr im September findet hier das bunte Spektakel »Staufener Zeitreise« statt. Straßen und Plätze sind dann erfüllt von mittelalterlichem Markt- und Handwerkstreiben, Musik aus neun Jahrhunderten, Feuerschein und Kanonendonner. Zu den Höhepunkten zählt das 1930 uraufgeführte Schauspiel »Dr. Faustens Tod«, am Gasthof Kreuz-Post starten Postkutschenfahrten und im alten Schloss hat dann ein historischer Weinkeller seine Pforten geöffnet.

Allgemeine Infos

Schwarzwald Tourismus GmbH
Ludwigstr. 23, 79104 Freiburg,
Tel. 0 18 05/66 12 24,
www.schwarzwald-tourismus.info

Mit Bus und Bahn

Bahn: Zahlreiche Fernverkehrszüge aus dem Norden fahren über Freiburg nach Basel. Von Freiburg führt eine spektakuläre, von Regionalbahnen befahrene Strecke durchs Höllental, über Hinterzarten, Titisee und Feldberg-Bärental nach Seebrugg am Schluchsee. Einige Züge auf dieser Strecke zweigen in Titisee nach Neustadt ab. Dort besteht Anschluss nach Donaueschingen, mit Stopps nahe der Wutachschlucht. Nach Donaueschingen verkehren auch Bahnen ab Offenburg über Triberg auf einer ebenfalls faszinierenden Strecke mit vielen steilen Abschnitten, Kehren und Tunnels. Auf der Linie Freiburg-Basel fährt ab Bad Krotzingen eine Stichbahn nach Staufen (dort Busse ins Münstertal und zum Belchen).

Bus: Die Buslinie 7300 verbindet die Bahnhöfe Titisee und Feldberg-Bärental mit dem Feldberg (Haltestelle »Feldbergerhof« beim Sessellift), Todtnau und Schopfheim. Von Schopfheim fahren Busse nach Steinen und Hasel. Die Strecke Seebrugg-Sankt Blasien bedient Linie 7319, mit Umstieg in Sankt Blasien kommt man so nach Todtmoos (Buslinie 7320). Todtmoos und Todtnau sind vom Hauptbahnhof Freiburg auch direkt mit Buslinie 7215 zu erreichen.

KONUS-Gästekarte: Damit haben Urlauber freie Fahrt in Nahverkehrs-Bussen und -Bahnen im Schwarzwald (auch längere Strecken, IC und ICE sind

› Umweltbewusst: Anreise per Bahn

ausgeschlossen). Die Karte erhält man kostenlos nach Anmeldung beim Gastgeber, sie ist nur in Verbindung mit einem Personalausweis gültig.

Baden-Württemberg-Ticket: Mit diesem Ticket können bis zu 5 Personen einen Tag lang (Mo–Fr ab 9, Sa, So ab 0 Uhr) in allen Nahverkehrszügen der DB und in allen Verkehrsmitteln zahlreicher Verbünde in Baden-Württemberg fahren, u. a. Regio Verkehrsverbund Freiburg, Regio Verkehrsverbund Lörrach, Verkehrsverbund Schwarzwald-Baar. Der Fahrschein gilt außerdem auf einzelnen Strecken außerhalb von Baden-Württemberg, beispielsweise für die Fahrt nach Basel SBB. Preis: 27 € beim Kauf am Automaten und im Internet, plus 2 € in den DB-Reisezentren. Das Single-Ticket für Einzelreisende ist ab 18 € zu haben.

Fahrplanauskunft Baden-Württemberg: Tel. 0 18 05/77 99 66, www.3-loewen-takt.de, www.suedbadenbus.de, www.konus-schwarzwald.info

Deutsche Bahn: Tel. 08 00/1 50 70 90, www.bahn.de

Das Nordufer des Bodensees

Eine Landschaft wie ein Garten voller Obstbäume, Weinreben – und Wasser, das sich vor der Kulisse der Appenzeller Alpen ostwärts zum »Schwäbischen Meer« weitet.

Die tiefste Stelle des Bodensees misst 254 m, die breiteste 14 km und die längste 63 km. In der letzten Eiszeit entstand dieses gewaltige Becken, als der Rheingletscher den Untergrund ausschürfte und seine Ausläufer das nördliche Hügelland modellierten. Eine schöne Bühne, auf der die Natur jeden Tag ein faszinierendes Schauspiel inszeniert, mal lieblich, wenn weiß und zartrosa die Apfel-, Birn- und Kirschbäume blühen, mal dramatisch, wenn der Wind graue oder schwarze Wolken schickt.

› Naturlandschaften und geschützte Gebiete

Wenn im Sommer am See Touristentrubel herrscht, stellen die Naturoasen zwischen den Uferorten und auf den Höhen eine willkommene Abwechslung dar.

Von der Schussenmündung bei Langenargen bis zur Rotachmündung bei Friedrichshafen erstreckt sich das **Eriskircher Ried,** das größte und bedeutendste Naturschutzgebiet am Nordufer des Bodensees. Seine Auwälder, Schilfflächen, Streuwiesen und eine bis zu 1 km breite Flachwasserzone sind Brut- und Rastraum für viele Tiere. Singschwäne, Haubentaucher, Schwarzhalstaucher, Alpenstrandläufer, Schnatterenten, Schwarzmilane, Pirole, Eisvögel und Nachtigallen tummeln sich hier. Die Flachwasserzone ist warm, hell und nährstoffreich, was das Pflanzenwachstum fördert. Ab Mitte Mai blühen Tausende Sibirische Schwertlilien und verwandeln die Riedwiesen in ein blaues Blütenmeer.

Wasservögel mögen auch das Naturschutzgebiet **Stockenweiler Weiher.** Der Weiher mit kleinen Inseln und einem Schilfgürtel liegt im Landkreis Lindau. An seinen feuchten Ufern, Refugium der seltenen Kreuzotter, gedeihen Moosbeere, Wollgras und Orchideen. Ein weiteres Naturschutzgebiet umfasst den **Flusslauf der Argen,** ihre Uferbereiche und Talhänge. Im Westallgäuer Hügelland entspringen die Untere und die Obere Argen, die sich nahe Wangen zur Argen vereinen. Stellenweise hat der Fluss seinen ursprünglichen, wilden Charakter bewahrt.

Obstbäume, Rebstöcke, Hopfengärten und Haine bedecken das von Flüssen durchzogene Hügelland nördlich des Bodensees, den **Linzgau.** Markant für diese zum Landschaftspark erklärte Region, die vom Überlinger Bodenseearm emporsteigt, sind außerdem zahlreiche Weiher und Tobel

› Brutgebiet vieler Tiere: Eriskircher Ried

(Schluchten). Im Naturschutzgebiet **Aachtobel** bei Hohenbodman, nördlich von Überlingen, durchfließt die Aach eine von Bäumen, Moosen und Farnen bewachsene felsige Schlucht.

Durch die Intensivierung der Land- und Forstwirtschaft und den Straßen- und Siedlungsbau sind viele Biotope und damit einhergehend viele Tier- und Pflanzenarten verschwunden. Von 24 Fischweihern, die um 1800 im Salemer Gebiet gezählt wurden, sind heute nur noch 13 vorhanden. Um die Artenvielfalt wieder zu erhöhen, rief die Heinz Sielmann Stiftung den Biotopverbund Bodensee ins Leben. Als Pilotprojekt wurde 2005 der 1,2 ha große **Heinz-Sielmann-Weiher** angelegt, eingebettet in Feuchtgrünland im **Billafinger Tal.** Von einem Steg und einer erhöhten Plattform aus können mit etwas Glück selten gewordene Vögel beobachtet werden, beispielsweise Raubwürger, Bluthänflinge und Bekassinen. Im Salemer Tal ließ die Stiftung den **Olsenweiher** renaturieren.

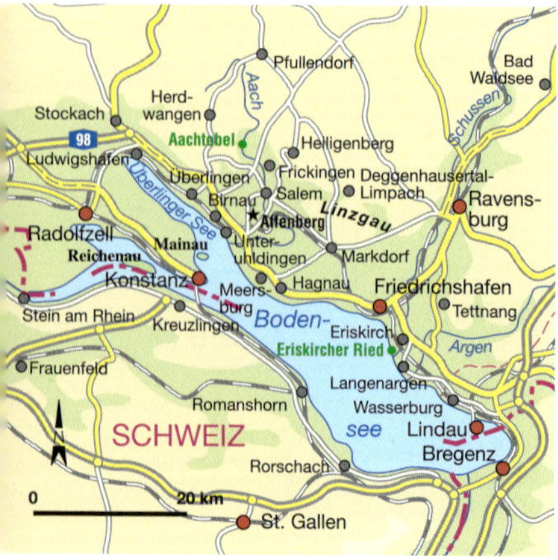

› Naturerlebnis-Tipp

Naturschutzzentrum Eriskirch

Das ehemalige Bahnhofsgebäude von Eriskirch beherbergt ein Naturschutzzentrum mit einer Dauerausstellung zu den Tier- und Pflanzengesellschaften am Bodensee. Ein vielfältiges Programm zum Thema Natur, darunter Vorträge, Ausstellungen und Aktionstage, auch für Kinder, runden das Angebot ab. **Lehrpfade** informieren über die **Irisblüte** und andere ökologische Höhepunkte und im benachbarten Eriskircher Ried kann man am Bodenseeufer von zwei Ausguckkanzeln Vögel beobachten. Noch tiefere Einblicke ins Ried vermitteln **geführte Exkursionen,** beispielsweise eine naturkundliche Morgenfahrt in einem historischen Lastensegler entlang des Naturschutzgebiets (Anmeldung erforderlich), sowie Heilpflanzen-, Fledermaus- und Vogelstimmenwanderungen.

Infos: Bahnhofstr. 24,
88097 Eriskirch, Tel. 0 75 41/8 18 88,
www.naz-eriskirch.de,
April–Sept. Di–So 14–17, Fr außerdem 9–12 Uhr, Okt.–März Di–Do 14–16, Fr 9–12, So 14–17 Uhr.

Anfahrt: Viele Züge der Bahnlinie Singen-Friedrichshafen-Lindau halten direkt am Naturschutzzentrum.

› Lindau

Lindau bedeckt mit seiner malerischen Altstadt die kleine Insel Lindau im Osten des Bodensees. Die Bahn bringt einen über einen Damm direkt an die Promenade, doch ohne Zweifel ist es am schönsten, sich Lindau von der Seeseite aus zu nähern. Rechts

› Durch die malerische Altstadt von Lindau lässt sich herrlich bummeln

grüßt der 6 m hohe **bayerische Löwe** am Ende der fahnengeschmückten Mole, und links strahlt einem der 35 m hohe **Neue Leuchtturm** von 1856 entgegen. Wer seine 139 Stufen bezwingt, kann gleich einen prächtigen Ausblick auf Hafen, Altstadt, See und Alpen genießen. Nahe am Hafenbecken ragt der **Alte Leuchtturm** (Mangturm) aus dem 13. Jh. mit lang gezogener Turmspitze empor.

Wer hinter dem Alten Leuchtturm durch die Färbergasse in den autofreien Teil der Altstadt hineinspaziert, wird bald auf Lindaus Pracht-Boulevard stoßen, die **Maximilianstraße,** wo sich Patrizierhäuser mit Laubengängen aneinanderreihen. Rechts öffnet sie sich zum Bismarckplatz, das **Alte Rathaus** mit seinem farbenfrohen Fassadengemälde wird sichtbar.

Weiter östlich, am Marktplatz, erheben sich die evangelische **Kirche St. Stephan,** und rechts daneben, beim Stiftsgebäude, das katholische **Münster Unserer Lieben Frau.** Das **Haus zum Cavazzen** (18. Jh., heute Stadtmuseum) gegenüber mit seinem riesigen Walmdach und dem perspektivisch wirkenden Fassadengemälde gilt als schönstes barockes Bürgerhaus am Bodensee.

Durch die Straße In der Grub, parallel zur Maximilianstraße, geht's zum Schrannenplatz mit dem **Diebesturm** (altes Gefängnis) und der **Peterskirche** aus dem 10. Jh. Sie birgt eine kunsthistorische Kostbarkeit: ein 18-teiliges Wandgemälde zur Leidensgeschichte Christi, 1480 von Hans Holbein dem Älteren geschaffen.

› Wasserburg

Die »Idylle vom Bodensee«, auf die Mörike sieben Gesänge schrieb, ist in Wasserburg besonders ausgeprägt: Auf einer Halbinsel ragt die **Georgskirche** mit spitzer Turmzwiebel über das Schloss, alte Fischerhäuser und das Wasser. Bis 1720 war Wasserburg eine Insel wie das nahe Lindau, dann wurde der Seegraben aufgefüllt. Die Fugger, die 1592–1755 das Eiland unter ihren

› Bis ins 18. Jh. war Wasserburg eine Insel im Bodensee

Fittichen hatten, wollten nicht länger die Zugbrücke zum Festland in Schuss halten. »Wazzarburuc« taucht schon in Quellen aus dem 8. Jh. auf, St. Galler Mönche feierten damals im Vorgängerbau der St. Georgskirche Gottesdienste. Sein heutiges Aussehen erhielt der barockisierte Sakralbau 1815 nach einem Brand. Teile des mit seinen mächtigen Buckelquadern burgähnlichen Schlosses (heute Hotel) stammen aus dem 13. Jh.

Am Festlandsufer bei Wasserburg kann man durch eine Pappelallee spazieren und dann wunderbar am Wasser rasten. **Malerwinkel** heißt die Ecke mit der traumhaften Aussicht über die Nonnenhorner Bucht auf Wasserburg, die zu den meistgemalten und -fotografierten am Bodensee zählt.

› Langenargen

An der Argenmündung zwischen Friedrichshafen und Lindau liegt Langenargen und strahlt mit **Schloss Montfort** weit über den Bodensee. Das Schloss ließen die württembergischen Könige 1861 aus ockerfarbenen und roten Steinen im maurischen Stil mauern. An dieser exponierten Stelle auf einer schmalen Landzunge stand zuvor die Ruine der Burg Argen der Grafen von Montfort. »Ein echt romantischer Punkt«, befand damals Annette von Droste-Hülshoff.

Langenargens lange Uferpromenade verwandelt sich alljährlich im August zur Tribüne, wenn auf dem See das **Fischerstechen** steigt und sich Burschen mit langen Stangen von Booten zu stoßen versuchen.

Friedlich plätschert der Brunnen auf dem Marktplatz im autofreien Ortskern. Touristen pilgern zur barocken St. **Martinskirche,** errichtet im frühen 18. Jh. unter Graf Anton III. und seiner Gemahlin Anna Leopoldine. Anton Maulbertsch verzierte das Kreuzgratgewölbe mit Szenen aus dem Neuen Testament. Sein Sohn war der berühmte Barockmaler Franz Anton Maulbertsch, dessen Gemälde »Schlüsselübergabe an Petrus« im Museum Langenargen zu bewundern ist.

› Ein Muss für Technikinteressierte: das Zeppelin-Museum in Friedrichshafen

› Naturerlebnis-Tipp

Auf dem Argenpfad

Von der Malerecke am Langenargener Bodenseeufer führt der mit einem halb blauen, halb grünen Balken markierte Argenpfad (5,5 km) an einem begradigten Flussstück entlang bis zur B31, dort links über den Mühlbach und rechts des Mühlkanals zurück nach Langenargen. Unterwegs informieren Infotafeln über die besondere Tier- und Pflanzenwelt dieser Region.
Wer will, bleibt an der Argen und wandert oder fährt mit dem Rad flussaufwärts bis zum etwa 20 km entfernten, landschaftlich reizvollen Zusammenfluss von Oberer und Unterer Argen bei Mindbuch.

› Friedrichshafen

Das Wirtschaftszentrum und beliebte Touristenziel (58 000 Einw.) ist vor allem als **Heimat des Zeppelins** bekannt. Am 2. Juli 1900 startete Graf Ferdinand von Zeppelin in der Bucht von Manzell bei Friedrichshafen das erste Luftschiff, das »LZ 1«, eine Art Ballon mit einem inneren Gerüst. Die silbernen Riesen wurden lange Zeit hochgejubelt, bis am 6. Mai 1937 die »Hindenburg«, das größte Passagierluftschiff der Geschichte, im amerikanischen Lakehurst in Flammen aufging und 36 Menschen dabei ums Leben kamen. Heute kann man ein kleines High-Tech-Exemplar für eine Sightseeing-Tour mieten (Tel. 0 75 41/ 5 90 00, www.zeppelinflug.de).

An der bogenförmig geschwungenen Promenade schweift der Blick über den an dieser Stelle extrem breiten Bodensee. Eine besonders beeindruckende Perspektive bietet der 22 m hohe **Moleturm** am Fährhafen am Ostende der Promenade. Ein Stück weiter an der Seestraße steht der 1933 im Bauhausstil errichtete und zum **Zeppelin-Museum** umgebaute alte Hafenbahnhof.

Prunkstück des Museums mit der weltweit größten Sammlung zur Geschichte der Luftschiffe ist ein rekonstruierter Teil samt Luxus-Passagierraum des Zeppelins »Hindenburg«. Kunst, u. a. Werke von Otto Dix und

Bioadressen

» Naturhotel Mohren (Biohotels)
Kirchgasse 1, 88693 Deggenhausertal-Limpach, Tel. 0 75 55/93 00, www.naturhotel-mohren.de
Lust aufs Land macht das Naturhotel Mohren. Schon die mehrfach ausgezeichnete, frische, saisonale Küche mit Produkten vom angeschlossenen Naturland-Gutshof lohnt einen Ausflug in das Haus im Dörfchen Limpach, 15 km nördlich des Bodensees (Restaurant-Öffnungszeiten: Di–Do ab 17 Uhr, Fr–So ganztägig). Die Zimmer in Grün- und Terrakotta-Tönen sind gemütlich eingerichtet, viele haben einen Balkon. Zum Tagen stehen Seminarräume mit Gartenzugang zur Verfügung. Entspannen können sich die Gäste auf der Terrasse mit Bodenseeblick, im Kaminzimmer und im Wellnessbereich »Mohren-Vital« im Kräuter-Dampfbad und in der Biosauna. Verlockend sind die Pauschalen, z. B. »Romantik für Zwei« inklusive eines Rosenblätterbades bei Kerzenlicht. ○○
Anreise: Vom Bahnhof Überlingen mit Buslinie 7381 oder von Rathaus in Markdorf mit Buslinie 7384 nach Deggenhausertal-Wittenhofen und dann mit Linie 7385 nach Limpach.

» Haus Sonnenstein
Lindhalden 7, 88682 Salem-Mittelstenweiler, Tel. 0 75 44/9 50 90, www.haus-sonnenstein.de ○○
Atem holen bei Yoga, Qigong, Ayurveda oder einer Chakra-Energie-Massage – im Gesundheitshotel Haus Sonnenstein im Salemer Tal werden Körper und Geist auf vielfältige Weise verwöhnt. Terrasse, Liegewiese und Garten laden zum Träumen und Meditieren ein, und nahe am Haus beginnen schöne Wander- und Radwege. Die Zimmer sind behaglich. Morgens gibts ein Biofrühstück, dazu kann ein vegetarisches Bioabendessen gebucht werden.
Anreise: Abholservice vom Bahnhof Salem.

» Landsitz Sinnreich
Rickenwiesen 12–14, 88699 Frickingen, Tel. 0 75 32/31 01 03, www.sinnreich-bodensee.de
Ein Reich für die Sinne ist hier vor allem der große Obstgarten, durch den ein Bach fließt und in dem die Gäste sommers ein leckeres Biofrühstück genießen können. Wiesen und Wälder umgeben das Grundstück außerhalb von Frickingen im Salemer Tal.

Die Zimmer und Ferienwohnungen im separaten Gästehaus sind hübsch gestaltet. Der Gastgeber ist Pianist und gibt ab und zu kleine Hauskonzerte. ○○
Anreise: Buslinie 7379 fährt ab Überlingen nach Frickingen.

» Hofgemeinschaft Heggelbach (Demeter)
Heggelbach 8, 88634 Herdwangen, Tel. 0 75 57/92 95 20, www.hofgemeinschaft-heggelbach.de
Ein Kleinod nördlich von Überlingen. Urlauber können die Ruhe rund um das Dörfchen Heggelbach mit den Freizeitmöglichkeiten in den Tourismuszentren am Bodensee verbinden und nicht nur im Kuh- und Schweinestall in die Landwirtschaft »hineinschnuppern«. Während die Kinder die Kälbchen streicheln, mit dem Minitrecker fahren oder im Heu toben, packen Mama und Papa, wenn sie wollen, beim Füttern der Tiere mit an oder holen die Kühe von der

Weide. Salat, Kartoffeln, Pastinaken, Zwiebeln, Petersilie, Rote Beete und vieles mehr bauen die drei Familien der Hofgemeinschaft an. Die Milch der 45-köpfigen Kuhherde wird in der eigenen Käserei liebevoll zu Alpkäse, Tilsiter, Camembert und zur Spezialität »Schibli« verarbeitet. Die Ferienwohnungen im Dach des alten Bauernhauses und eines anschließenden Neubaus haben große Panoramafenster mit Alpenblick. ❍

Anreise: Nächster Bahnhof Überlingen. Abholung vom Bahnhof nach Vereinbarung.

» Hof Höllwangen (Demeter)

Höllwangen 15, 88662 Überlingen, Tel. 0 75 51/35 84, www.biohof-hoellwangen.de

Die Geschichte von Hof Höllwangen reicht über 750 Jahre zurück. 1988 haben Marije Walinga und Klaus Niedermann den Betrieb auf biologisch-dynamische Wirtschaftsweise umgestellt. Direkt am Grundstück führen markierte Wanderwege vorbei.

Gäste wohnen im baubiologisch renovierten Haus, können sich im Hofladen mit Brot aus der eigenen Backstube, Milch-, Fleisch- und Trockenprodukten, Gemüse und Obst versorgen und sind eine willkommene Hilfe, wenn es heißt: Kühe füttern oder von der Weide treiben. In hervorragender Alleinlage auf einer Anhöhe am Waldrand. ❍

Anreise: Abholservice vom Bahnhof Überlingen.

» Helchenhof (Demeter)

88662 Überlingen-Bonndorf, Tel. 0 77 73/92 08 30, www.helchenhof.de

Inmitten von Wiesen, Äckern, Obstgärten und Wäldern liegt der Helchenhof, 3 km nördlich von Ludwigshafen am Bodensee. Vier unterschiedlich große, helle Ferienwohnungen stehen zur Auswahl. Im Hofladen können frisches Gemüse, Apfelsaft, Milch- und Trockenprodukte erworben werden. Darüber hinaus besteht die Möglichkeit, zu reiten, beim Gemüseanbau und beim Füttern der Tiere zu helfen. ❍

Anreise: Abholung vom Bahnhof Ludwigshafen auf Anfrage.

» Restaurant und Hotel Naturata

Rengoldshauser Str. 21, 88662 Überlingen, Tel. 0 75 51/9 51 60, 95 16 13, www.naturata-gmbh.de

Aus einem 1977 eröffneten Bioladen mit integriertem Café ging das Restaurant (Mo bis 18, Di–Sa bis 23 Uhr, So Ruhetag) mit kleinem Hotelbetrieb hervor. Unbehauene und geschälte Baumstämme bilden die Tragekonstruktion des Naturata-Neubaus im Überlinger Gewerbegebiet. Für die Ausstattung der Gästezimmer auf der Galerie im Obergeschoss wurden ausschließlich Naturmaterialien verwendet. Neben dem Restaurant im Erdgeschoss werden nach wie vor Naturwaren verkauft. In der Küche sind Tiefkühlware und Mikrowelle tabu. Die Produkte, auch Öle und Gewürze, stammen allesamt aus Biolandbau und überwiegend aus der Bodenseeregion. Lecker sind die Kürbisspätzle mit Mangold und Käse, fantastisch das Bodenseezanderfilet an Kräuter-Rieslingsauce, unwiderstehlich ist der hausgemachte Kuchen. ❍❍

Anreise: Ab Bahnhof Überlingen z. B. mit Regionalbuslinie 7392 oder 7378.

Max Ackermann, ergänzt die Schau (Seestr. 22, Juli–Sept. tgl. geöffnet, sonst Mo geschl.).

Am anderen Ende der Promenade erhebt sich eines der wenigen in Friedrichshafen erhaltenen historischen Gebäude: die **Schlosskirche** im prächtigen Barock, errichtet 1695–1701. An die Kirche schließt sich das Schloss an, das aber in Privatbesitz und nicht zu besichtigen ist. Über Schule anno dazumal informiert sehr anschaulich das **Schulmuseum** in der Friedrichstr. 14 (im Winter Mo geschl.).

› Malerische Gassen in Meersburg

› Meersburg

»Wir haben doch hier ein Götterleben geführt«, schrieb die Dichterin Annette von Droste-Hülshoff 1842, die bis zu ihrem Tod in den Turmzimmern des **Alten Schlosses** in Meersburg (5500 Einw.) gewohnt hat. Die etwa 1000 Jahre alte, auf einer Felsnase errichtete Burg mit ihrem Dagobertsturm und vier mächtigen Ecktürmen überragt das Bilderbuchstädtchen an einem steilen Hang des Nordufers und ist ein markanter Blickfang.

Im Fürstenhäusle auf einem Weinberg oberhalb der Burg ist das **Droste-Museum** eingerichtet, das sich mit Leben und Werk der Dichterin auseinandersetzt (Mo geschl.). Der Burg zur Seite steht das rosa gestrichene **Neue Schloss,** im 18. Jh. unter Mitwirkung von Balthasar Neumann für die Konstanzer Fürstbischöfe erbaut. Heute beherbergt das Schloss die Städtische Galerie, außerdem finden hier Konzerte statt. Von der Schlossterrasse schweift der Blick übers Schwäbische Meer, über Schiffe und Inseln bis hin zu den Schweizer Alpen.

Nah beim Schlossplatz liegt der hübsche **Marktplatz,** dem das rote Obertor von 1330 und ein ebenfalls rot verputztes Gasthaus besonders malerische Akzente schenken. Über steile Gassen, wo sich sommers manchmal die Touristen stauen, gelangt man weiter hinunter in die aus einem Fischerdorf entstandene Unterstadt direkt am Wasser. An der Promenade herrscht im Sommer meist Hochbetrieb. Weiße Boote tuckern heran und ziehen tutend wieder fort, Touristen relaxen unter Platanen und Palmen.

› Naturerlebnis-Tipps

Radeln auf dem Prälatenweg (35 km/4 Std.)

Diese Radtour bietet herrliche Panoramablicke auf den See und führt zu geschichtsträchtigen Orten.

Von Meersburg radelt man auf dem Seeufer-Radweg Richtung Überlingen, am **Pfahlbaumuseum** in Unteruhldingen vorbei, bis nach 7 km die Route einen Schwenk zur **Birnau** macht. An der Wallfahrtskirche stößt man auf den Prälatenweg, den früher der geistliche Würdenträger des Klosters nach Salem wanderte. Erst aufwärts durch ein Waldstück, dann abwärts nach Mendlishausen **(Affenberg)** führt der Pfad. Weiter wird etwa 1 km entlang der Straße in Richtung Tüfingen geradelt, dann geht es rechts ab auf einem Teerweg durch den Wald zum **Schloss Salem.** Dort fährt man rechts hinunter ins Tal der Aach nach Mimmenhausen und folgt von dort den Wegweisern nach Neufrach. Am Ortsende von Neufrach wird die Bahnlinie unterquert, um parallel zur Bahn nach Bermatingen zu radeln. Rechts kann man schließlich via Ahausen und auf kleinen Sträßchen über Baitenhausen und Riedetsweiler bergab zurück nach Meersburg rollen. Für Familien mit Kindern ist die Tour nur bedingt geeignet.

Wanderung durch die Weinberge

Ein herrlicher Wanderweg verbindet die Weinorte Meersburg und Hagnau (5 km,1,5 Std.). Der **Weinkundeweg,** ein Höhenweg, ist mit einem Teil des Bodensee-Rundwanderweges identisch. Beim Töbele-Parkplatz (ausgeschildert), nicht weit vom Winzerverein Meersburg entfernt, liegt der Einstieg. Über Treppen geht es hinauf zum Lehrpfad (Markierung: roter Balken auf weißem Grund), der durch die Weinberge führt und immer wieder einen hübschen Blick über die Bodenseelandschaft gewährt. Südöstlich wird Hagnau erreicht. Zurück nach Meersburg bietet sich, alternativ zum Höhenweg, die Wanderung direkt am Bodenseeufer an.

› Berühmt: die Abtei Salem

› Salem und Heiligenberg

Kunstreisende zieht es in den Linzgau, das hügelige Hinterland des Überlinger Bodenseearms, zur ehemaligen **Zisterzienserabtei Salem.** Vielversprechend ist schon der Name in Anlehnung an die heiligen Stätten in Jerusalem. Mit den Klöstern auf der Insel Reichenau und in St. Gallen hatte die Abtei eine kulturelle Strahlkraft weit

› Das Pfahlbaumuseum in Unteruhldingen entführt Besucher in die Steinzeit

über die Region hinaus. Architektonischer Glanzpunkt ist das 1414 geweihte hochgotische Münster, das im Barock überschwänglich ausgeschmückt wurde. Pracht herrscht auch im einstigen Klostergebäude, das mittlerweile als markgräflich-badisches Schloss fungiert: reiche Stuckaturen im Kaisersaal, königliches Mobiliar. Der Westflügel beherbergt seit 1920 die bekannte Internatsschule.

Der Luftkurort **Heiligenberg** liegt 8 km nördlich von Salem. Auf dem sagenumwobenen heiligen Berg thront majestätisch das gleichnamige Schloss Heiligenberg der Fürsten von Fürstenberg. Pracht herrscht hier vor allem im hohen Rittersaal mit einer filigran geschnitzten Kassettendecke aus Lindenholz.

Mit dem Haus Sonnenstein besitzt Salem ein beliebtes Bio- und Gesundheitshotel. In Frickingen, im Salemer Tal, lockt Landsitz Sinnreich mit hübschen Ferienwohnungen (s. S. 196).

› Begegnungen auf dem Affenberg

› Naturerlebnis-Tipp

Affenberg Salem

Störche, die am Himmel kreisen, weisen den Weg. Sie haben 18 Nester rund um den Mendlishauser Hof am Affenberg und lassen sich von Menschen füttern, so wie die eigentlichen Helden des Hinterlands zwischen Kloster Salem und der Klosterkirche Birnau: die vom Aussterben bedrohten Berberaffen. In einem fast 20 ha großen, eingezäunten Waldstück tummeln sich 200 Berberaffen, die ursprünglich aus Marokko und Algerien stammen, und spielen sogar manchmal mit den Besuchern. Auf dem Gelände lebt außerdem ein Damhirsch mit 20 Hirschkühen und Jungtieren.
Infos: 88682 Salem, Tel. 0 75 53/3 81, www.affenberg-salem.de, Mitte März–Ende Okt. tgl. 9–18, Ende

Okt./Anfang Nov. tgl. 9–17 Uhr, zu bestimmten Zeiten Füttervorführungen bei Affen, Störchen und Damwild. **Anfahrt:** Vom 1. Mai–3. Okt. verkehrt der ErlebnisBus zwischen dem Affenberg und Unteruhldingen (Pfahlbauten), dem Schloss Salem sowie den Bahnhöfen Salem und Uhldingen-Mühlhofen.

› Uhldingen-Mühlhofen und Birnau

Die Attraktion von Uhldingen-Mühlhofen ist das **Pfahlbaumuseum** im Ortsteil Unteruhldingen. Dort, wo der Ober- in den Überlingersee übergeht, stehen auf Stelzen im Flachwasser rekonstruierte Hütten, die veranschaulichen, wie die Menschen in der Steinzeit um 3500 v. Chr. und der Bronzezeit um 1000 v. Chr. wohnten und lebten. Die Häuschen sind zu Dörfern gruppiert, u. a. ist das Dorf in der ARD-Serie »Steinzeit – Das Experiment« mit allen Requisiten zu sehen.

Die ersten Rekonstruktionen entstanden in den 1920er Jahren unter ziemlich romantischen Vorstellungen vom Leben unserer Urahnen überm plätschernden Wasser. Tatsächlich wurden in und um den Bodensee Reste uralter aufgebockter Bauern- und Fischerhäuser gefunden, die allerdings, nach neuesten Erkenntnissen, nicht im Wasser, sondern nur auf dem feuchten Ufergrund gestanden haben sollen (Tel. 0 75 56/85 43, April–Sept. tgl. 9–19, Okt. tgl. 9–17 Uhr, Nov. und März nur Sa, So 9–17 Uhr, im Winter Besichtigung nur im Rahmen einer Führung möglich).

Hoch über dem Bodensee thront 3 km nördlich Richtung Überlingen die 1750 vollendete Wallfahrtskirche St. Maria, die **Birnau,** ein Barockjuwel, kaum fassbar üppig, verschwenderisch ausgeschmückt. Süßes Detail: der »Honigschlecker«-Putto am Bernhardsaltar, ein Symbol für die »Worte wie Honig« des Heiligen.

› Naturerlebnis-Tipps

Steinzeit-Tage im Pfahlbaumuseum

Feuer machen, kochen und Schmuck herstellen wie ein Urmensch – das können Besucher der Steinzeit-Aktiv-Tage im Mai im Pfahlbaumuseum. Während

› Barockes Juwel: die Birnau

› Im Frühling verwandeln Tulpen die Insel Mainau in ein Blütenmeer

der Hauptsaison (Juni-Anfang Sept.) immer sonntags, in den Sommerferien auch samstags, zeigt Steinzeitmann »Uhldi« alte Methoden zur Herstellung von Pfeilen und Töpfen und wie man aus Pyrit und Zunderschwamm Feuer entfacht. Für Schulklassen gibt es Projekte zur Fertigung von Fischernetzen, Feuersteinmessern, Schwirrhölzern und Perlen aus Kalkstein und Handangeln mit Haken aus Kupfer.

Pfahlbaumuseum: Strandpromenade 6, 88690 Unteruhldingen,
Tel. 0 75 56/85 43, www.pfahlbauten.de
Anfahrt: Vom Bahnhof Uhldingen-Mühlhofen zu Fuß in 30 Minuten oder mit dem ErlebnisBus zum Museum.

Insel Mainau

Rosen in 1200 Sorten verströmen im Juni ihren Duft, Tulpen leuchten in 200 Farbabstufungen – die Mainau ist ein einziges Blütenmeer, ein »Blumenschiff« auf dem Bodensee. Der italienische Rosengarten, eine Zitrussammlung und das Schmetterlingshaus, wo 25 Arten farbenprächtiger Tagfalter friedlich umherflattern, bilden Hauptanziehungspunkte für Besucher. Dabei begann alles mit einem herzoglichen Küchengarten. Seit 1853 ist die Mainau in Familienbesitz, nachdem Großherzog Friedrich I. von Baden die Insel erworben hatte, exotische Bäume von seinen Reisen mitbrachte und den Park anlegte. Die Pflanzenvielfalt ist ideal für einen anschaulichen Naturkundeunterricht, deswegen rief Gräfin Sonja Bernadotte die »Grüne Schule Mainau« ins Leben, die in Projekten ökologische Themen ganzheitlich und erlebnisorientiert vermittelt.

Infos: 78465 Mainau, Tel. 0 75 31/30 30, www.mainau.de, geöffnet von Sonnenaufgang bis Sonnenuntergang.
Anfahrt: Von Unteruhldingen, Überlingen und Meersburg aus ist die Insel mit dem Schiff zu erreichen.

› Überlingen

Die einstige Freie Reichsstadt Überlingen (21 000 Einw.) liegt am nach ihr benannten nordwestlichen Teil des Bodensees, dem Überlinger See. Sie ist Premium Kneippheilbad und beeindruckt mit zahlreichen jahrhundertealten Gebäuden, aber auch mit der lang gezogenen Uferpromenade und dem exotischen Stadtgarten, wo Agaven und Kakteen wachsen. Die Altstadt in Form eines Dreiecks wird vom Rest einer mittelalterlichen Befestigungsanlage begrenzt. Westlich schließt sich der Stadtgarten an und südlich davon, an der Seepromenade, liegt der Kurgarten. Vom Schiffsanlegeplatz zieht sich die von spätgotischen Bauten gesäumte Franziskanerstraße durch die Altstadt. Nördlich geht sie am schmucken Franziskanertor von 1495 in die Aufkircher Straße über, die am Aufkirchertor am ehemaligen Befestigungsring endet.

Nahe beim Franziskanertor steht die 1348 geweihte und im 18. Jh. barockisierte **Franziskanerkirche.** Die Münsterstraße nahe dem Seeufer führt zum Münsterplatz, an dem sich das gotische **Münster St. Nikolaus** hoch über das Rathaus und die Altstadt erhebt. Im Inneren glänzt das 1563 vollendete Gotteshaus mit kostbaren Altären aus Renaissance und Barock. Den Ratssaal des im 15. Jh. erbauten **Rathauses** schmücken prächtige Holzschnitzereien. Im **Reichlin-von-Meldegg-Haus** nordöstlich vom Münsterplatz ist das Stadtmuseum eingerichtet, das u. a. Bildhauerarbeiten und eine Sammlung historischer Puppenstuben zeigt (Krummebergstr. 30, Mo geschl., im Winter auch So geschl.).

› Das Münster St. Nikolaus

In Überlingen lässt sich hervorragend Biourlaub machen. (s. S. 197).

› Naturerlebnis-Tipp

Im Kanu übern Überlinger See

Paddel langsam ins Wasser stechen, kräftig durchziehen, leicht drehen und herausheben. Die Technik lernt jeder schnell und schon geht's los, über den idyllischen, Überlinger See genannten Teil des Bodensees, der bei Konstanz vom breiten Obersee abzweigt. Wer nicht auf eigene Faust fahren will, kann eine geführte Tour buchen. Abholung des Kanus an einer anderen Stelle als der Vermietstation ist gegen Gebühr möglich.

Bodensee Trekking Tours: Espachstr. 9, 88662 Überlingen, Tel. 0 75 51/85 83 20, www.bodensee-trekking-tours.de, Anmeldung erforderlich.

Allgemeine Infos

Internationale Bodensee Tourismus GmbH
Hafenstr. 6, 78462 Konstanz,
Tel. 0 75 31/90 94 90,
www.bodensee-tourismus.com

Mit Bus, Bahn und Schiff

Bahn: Im Fernverkehr fahren Züge von Münster über Köln, Mainz, Stuttgart und Ulm nach Friedrichshafen, von Frankfurt via Stuttgart nach Singen und von München nach Lindau. Singen ist auch eine Haltestelle auf der Strecke Offenburg-Konstanz. Regionalexpress-Züge verbinden Ulm und Lindau.
Auf der Linie Ulm-Friedrichshafen-Überlingen-Radolfzell-Singen-Basel Badischer Bahnhof verkehren ebenfalls Regionalexpress-Züge. Regionalbahnen bedienen alle Haltestellen zwischen Friedrichshafen und Radolfzell bzw. zwischen Friedrichshafen und Lindau, u. a. Ludwigshafen, Überlingen, Uhldingen-Mühlhofen, Salem, Eriskirch, Langenargen und Wasserburg.
Bus: Vom Busknotenpunkt Überlingen fährt Buslinie 7395 über Meersburg und Immenstaad nach Friedrichshafen und Buslinie 7396 über Mühlhofen und Salem nach Heiligenberg. In der Hauptsaison (Mai–Anfang Okt.) ist der **ErlebnisBus** im Stundentakt zwischen dem Hafen Unteruhldingen, den Pfahlbauten, dem Affenberg Salem, dem Schloss Salem und den Bahnhöfen Uhldingen-Mühlhofen und Salem unterwegs. Fahrten auf dieser Linie sind in der Bodensee-Erlebniskarte inbegriffen (www.erlebnisbus.de).
In einigen Bodenseegemeinden, z. B. Überlingen, können ortseigene Buslinien mit dem Gästepass (Kurkarte/Meldeschein) kostenlos genutzt werden.
Schiff: Eine Schiffslinie der Bodensee-Schiffsbetriebe verbindet Überlingen, Unteruhldingen, die Insel Mainau, Meersburg und Konstanz (Tel. 0 75 31/3 64 00, www.bsb-online.com).
Euregiokarte: Diese Tageskarte für den Bodensee und die Ufergebiete in Deutschland, Österreich und der Schweiz gibt es für Erwachsene, Kinder und Kleingruppen. Der Gültigkeitsbereich wird aus 7 Zonen gewählt. Zone A (Schifffahrt auf dem Bodensee und dem Rhein, ohne Katamaran) kostet in Kombination mit der Landzone B (Überlingen, Lindau, Isny im Allgäu) 26 € für Erwachsene (www.euregiokarte.de).
Baden-Württemberg-Ticket: Mit diesem Ticket können bis zu 5 Personen einen Tag lang (Mo–Fr ab 9, Sa, So ab 0 Uhr) in allen Nahverkehrszügen der DB und in allen Verkehrsmitteln zahlreicher Verbünde in Baden-Württemberg fahren, u. a. Bodensee-Oberschwaben Verkehrsverbund (bodo), Verkehrsverbund Hegau-Bodensee (VHB). Der Fahrschein gilt außerdem auf einzelnen Strecken außerhalb von Baden-Württemberg, beispielsweise für die Fahrt nach Basel SBB. Preis: 27 € beim Kauf am Automaten und im Internet, plus 2 € in den DB-Reisezentren. Das »Single-Ticket« für Einzelreisende ist ab 18 € zu haben.
Fahrplanauskunft Baden-Württemberg: Tel. 0 18 05/77 99 66, www.3-loewen-takt.de
Bodensee-Oberschwaben-Verkehrsverbund: www.bodo.de
Deutsche Bahn: Tel. 08 00/1 50 70 90, www.bahn.de

Oberallgäu

Unterwegs im südlichsten Zipfel der Republik, durch die Breitachklamm und aufs Nebelhorn, zu Steinadler und Murmeltier.

Die Allgäuer Bergwiesen mit ihrer Blütenpracht und den »glücklichen Kühen« sind längst zum Symbol für frohe Urlaubstage und intakte Natur geworden. Gen Süden wird das liebliche Naturschauspiel dramatischer, dort wachsen die bunten Blumenbuckel zu majestätischen, gezackten Kalkbergen mit tief eingeschnittenen Tälern und einer alpinen Artenvielfalt, wie es sie in Deutschland ähnlich nur im Berchtesgadener Land gibt.

› Naturschutzgebiet Allgäuer Hochalpen

Die Allgäuer Hochalpen sind Teil der Nördlichen Kalkalpen und mit ihren scharfen Graten, gefurchten Steilhängen, Hochmooren, alpinen Flüssen, Felsspalten und Schluchten Lebensraum für zahlreiche gefährdete Tier- und Pflanzenarten. Auch endemische Arten, die nur im Allgäu vorkommen, darunter seltene Schmetterlinge, sind hier zu finden. Schnee- und Birkhühner haben nirgendwo sonst in Bayern eine größere Population. In der Hochalpenregion gedeihen Alpenglöckchen, Gletscherhahnenfuß, Edelweiß und Enzian. Steinböcke und Gämsen klettern um die Wette, Murmeltiere stoßen bei Gefahr ihre charakteristischen Pfiffe aus und Steinadler kreisen majestätisch zwischen hohen Gipfeln.

Das Naturschutzgebiet erstreckt sich über eine Fläche von knapp 21 000 ha zwischen der **Ostrach** bei **Bad Hindelang** und dem 2599 m hohen **Biberkopf,** Deutschlands Südspitze. Zu den bekanntesten und schönsten Bergen der Region gehören das **Nebelhorn** (2224 m) östlich von Oberstdorf, das **Fellhorn** (2038 m) südlich von Oberstdorf und der **Große Daumen** (2280 m) zwischen Oberstdorf und Hindelang.

Für Autos sind die meisten Täler im Naturschutzgebiet gesperrt. Gut markierte Wanderwege führen aus den Tälern durch Hangmischwälder, über Wiesen, an Felsen und Sturzbächen vorbei, zu Bergseen und Almen.

Im Winter verwandelt sich die Region, vor allem rund um Nebelhorn und Fellhorn, das per Lift mit der Kanzelwand verbunden ist, in einen riesigen Skizirkus. Allerdings werden immer mehr Beschneiungsanlagen eingesetzt, selbst an Bergen, die bislang als schneesicher galten. Die Alpen reagieren überdurchschnittlich sensibel auf Klimaveränderungen. In den letzten 120 Jahren ist die Durchschnittstemperatur hier mit über 2 °C um das Doppelte im Vergleich zum globalen Mittel angestiegen.

› Naturerlebnis-Tipps

Ins Reich von Steinadler und Murmeltier

Ein idealer Ausgangspunkt, um raren Alpenbewohnern auf die Spur zu kommen, ist das südlich von Hinterstein gelegene **Giebelhaus,** zu erreichen auf einer Wanderung oder Radtour (15 km ab Hinterstein) oder mit dem Bus (ab Sonthofen bzw. Hindelang nach Hinterstein, dort umsteigen). Von der Ausflugsgaststätte Giebelhaus führt ein Wanderweg ins **Bärgündletal,** wo es gute Chancen gibt, Steinadler zu beobachten. Im Außenbereich der neben dem Giebelhaus stehenden Giebelhütte bieten eine Steinadler-Ausstellung und eine Tierstimmentafel interessante Infos. Mitarbeiter des Landesbunds für Vogelschutz in Bayern informieren an Wochenenden zwischen Mai und Oktober Ausflügler und verleihen Fernrohre. Samstags werden **geführte Wanderungen** »ins Reich des Steinadlers« angeboten.

Im Bärgündletal lassen sich manchmal auch Murmeltiere blicken, die außerdem im benachbarten Obertal, im Hinteren Oytal (südöstlich von Oberstdorf) und im Gebiet um die **Kemptner Hütte** in den Oberstdorfer Bergen unterwegs sind. Ebenfalls bei der Kemptner Hütte kann man mit etwas Glück Steinböcke sehen. Gute Beobachtungsbedingungen für Gämsen bieten das Oytal und das Nebelhorngebiet.

› Gämsen am Nebelhorn

Infos: Für geführte Wanderungen ist eine Anmeldung erforderlich, Tel. 0 83 31/90 11 82.

Wildnisschule

Lernen in den Allgäuer Wäldern zu (über-)leben, das können Kursteilnehmer der Natur- und Wildnisschule »Allgäu Scout«. Alte Methoden, ein Feuer zu entfachen, darunter als Königsdisziplin die Holzreibung, sind Thema des Tageskurses »Rund ums Feuer«, Teil der »Wildniswochenenden« und von Wochenendkursen unter dem Motto »Pflanzengeist und Feuerzauber«. Bei Letzterem werden unter Anleitung einer Kräuterfrau auch verschiedene Pflanzen nicht nur zu Mahlzeiten, sondern auch zu Tees, Ölen und Tinkturen verarbeitet.

Wildniswochenenden geben Einblicke in weitere Künste der Naturvölker, etwa lautlos durch den Wald zu streifen, Schalen und Löffel herzustellen,

Trinkwasser zu gewinnen und aus essbaren Pflanzen Speisen zu bereiten. Höhepunkt des Winterprogramms sind die **Schneehaus-Abenteuer** »Iglu Experience«. Auf Schneeschuhen geht es durch den winterlichen Bergwald in ein abgelegenes Seitental in der Umgebung von Oberstdorf. Dann wird Schnee geschaufelt, gesägt und geschichtet, bis das Iglu steht, das als coole Schlafhütte dient. Aber keine Angst vor Kälte: Die Temperatur im Iglu liegt durch die Körperwärme der Teilnehmer und eine Kerze deutlich über der Außentemperatur.

Allgäu Scout Natur- und Wildnisschule:
Jahnstr. 5a, 87527 Sonthofen,
Tel. 0 83 21/80 04 81,
www.allgaeuscout.de
Preise: »Rund ums Feuer« 49 €, Wildniswochenende 185 €, Wochenendkurse 195 €, »Iglu Experience« 125 €, Termine auf Anfrage und im Internet.

Viehscheid

Die Glocke am Hals, Blumen, Zweige und Bänder auf dem Kopf, so kommen in vielen Orten im Oberallgäu Tausende Kühe zur Viehscheid am 2. Septemberwochenende nach 100 Tagen Sommerfrische auf den Bergen in die Täler zurück. Vorneweg geht der Alphirt mit dem Kranzrind, eine bunte Herde mit Jungvieh und Saisongastrindern im Gefolge. Am Scheidplatz werden die Tiere »geschieden«, d. h. jede Kuh kommt wieder zu ihrem Besitzer. Drumherum steigt ein Volksfest mit Blasmusik, Bier und Scheidwurst.
Allein in Oberstdorf laufen 1000 Kühe von fünf Alpen ein. Der Viehscheidplatz liegt hier am Ried (Renksteg) am südlichen Ortsrand. Es verkehren Sonderbusse vom Bahnhofsvorplatz. Eine andere Kuh-Kolonne zieht am Vortag im Ortsteil Schöllang ein.
Infos: Genaue Viehscheid-Termine für weitere Orte unter
www.oberallgaeu. de
(auf »Themen«, »Kultur & Brauchtum« und »Viehscheid« klicken).

› Bad Oberstaufen

Der zwischen Lindenberg und Immenstadt gelegene mondäne Kurort ist für die frühe Einführung der Schroth-Kuren bekannt. Bei Stoffwechselkrankheiten kann das nach dem Arzt Johann Schroth benannte Naturheilverfahren helfen. Bad Oberstaufen präsentiert sich mit seinem regen Vereinsleben und einem dichten Netz aus Wander-, Mountainbike- und Langlaufrouten als besonders sportliche Gemeinde.

Am Kirchplatz ragt die Pfarrkirche St. Peter und Paul mit einem Turm aus dem 14. Jh. empor. Historische Schindelhäuser und Gasthöfe geben den Gassen rundum einen besonderen Reiz. Da stehen das Gasthaus zum Löwen mit hübsch bemalter Fassade und das Hotel Bayerischer Löwe, das einst eine der ersten Allgäuer Käsereien beherbergte. In einem Allgäuer Bauernhaus von 1788 ist das **Heimatmuseum Beim Strumpfar** eingerichtet (Jugetweg 10, Tel. 0 83 86/13 00, Mi, Fr 15–17, So 10–12 Uhr). Seine Attraktionen sind eine alte Strumpfwirkerei, ein Kurzwarenladen, eine Käserei, eine Schnapsbrennerei und eine Mosterei.

› Berühmt für seine Schroth-Kuren: das mondäne Oberstaufen

Ein Abstecher ins nahe Dorf **Zell** lohnt wegen der Kapelle St. Bartholomä aus dem 15. Jh., die schöne Fresken schmücken. An der Deutschen Alpenstraße östlich von Oberstaufen liegt die Talstation der Sesselbahn zum **Hündlekopf.** Eine schöne Wanderung führt von der Talstation zum Hündlekopf und von dort weiter zum **Buchenegger Wasserfall** (ca. 1,5 Std. Gehzeit). Die Route ist ausgeschildert. Beliebter Ausgangspunkt für Wanderungen ist außerdem der Skiort **Steibis** oberhalb von Oberstaufen. Steibis ist per Sessellift mit dem **Imberg** verbunden und südöstlich schwebt eine Seilbahn zum **Hochgrat,** einem Paradegipfel im Allgäuer Voralpenland.

In Oberstaufen lockt das durch und durch ökologisch konzipierte Biohotel Schratt. Die Alpe Sonnhalde ist ein ganz besonderes Ausflugsziel, und in der Ökoase im nahe gelegenen Immenstadt findet man frische Bioprodukte für die nächste Mahlzeit (siehe S. 212 f.).

› Naturerlebnis-Tipp

Übers »Paradies« nach Aach

Einfach, aussichtsreich und abwechslungsreich ist diese Wanderung von Oberstaufen übers »Paradies« und ein Wegstück auf österreichischer Seite nach Aach (hin und zurück ca. 15 km, 4,5 Std.).

Vom Kurhaus in Oberstaufen führt der Weg »Auf den Kapf« aus dem Ort hinaus und durch den Wald, 200 Höhenmeter ansteigend, auf den 998 m hohen **Kapf-Gipfel** (Aussicht aufs Weißachtal und die Nagelfluhkette). Danach wird ein Stück abwärts Richtung Berg, und am Brunnen beim Café Paradies Richtung Lauffenegg gewandert.

Durch eine Unterführung geht's ins »Paradies«, so heißt das Fleckchen hier. Am Grafhof vorbei, über Wiesen und Weiden, kommt man zur Eibelesmühle hinunter, überquert den Eibelesbach – und ist in Österreich.

Weiter geht es zunächst Richtung Sulzberg und dann an der Hauptstraße links Richtung Riefensberg. Auf einer

› Klettern bei Bad Hindelang

gedeckten Holzbrücke wird die Weißach überquert, um – wieder in Deutschland – auf ansteigendem Weg nach **Aach** zu laufen, das Dorf zu durchqueren und einem Stück der Straße Richtung Oberstaufen zu folgen. Am Wegweiser zum Haus Säntisblick biegt man links ab, wandert zum **Weißachstausee** und überquert dessen Wehr. Dahinter führt der Weißach-Talweg an einem Steinbruch vorbei und durch eine Schlucht zurück nach Oberstaufen.

› Bad Hindelang

Für natürlichen Genuss bürgt der von Bergen umrahmte Kur- und Wintersportort östlich von Sonthofen. Die Hindelanger Bauern haben sich zur Erhaltung der traditionellen Berglandwirtschaft verpflichtet, verzichten auf Kunstdünger, halten das Vieh artgerecht – statistisch gesehen maximal eine Kuh pro Hektar –, erzeugen das Futter selbst, verarbeiten die Rohstoffe in eigener Regie und verkaufen die Waren innerhalb der Region. So bieten Hotels und Restaurants überdurchschnittlich viele heimische Spezialitäten an und der Bauernmarkt hat sich zu einer Institution entwickelt. Eine Brauerei, Käsereien und am Projekt »Offene Stalltür« beteiligte Bauernhöfe gewähren einen Blick hinter die Kulissen.

Hindelang war einst eine wichtige Station an der Salzstraße zwischen Tirol und Oberschwaben. Auf der Route der alten Salzstraße führt die kurvige, aussichtsreiche Jochstraße zum Ortsteil **Oberjoch.** Die Augsburger Fürstbischöfe kassierten Zoll auf der Salzstraße, ihr Jagdschloss aus dem 17. Jh. fungiert heute als Rathaus.

Ein Kur-Kuh-Kaff im positivsten Sinne ist der Ortsteil **Bad Oberdorf,** wo hübsche Holzhäuser mit blumengeschmückten Balkonen um die weiß getünchte Kirche St. Mariä Himmelfahrt und St. Jakob stehen. Die Kirche birgt den bekannten, 1519 von Jörg Lederer geschaffenen **Hindelanger Altar** und ein 1493 von Hans Holbein dem Älteren vollendetes Marienbild.

Zahlreiche Wanderwege führen entlang der Ostrach und auf die Berge. Zum 1656 m hohen **Imberger Horn** schwebt eine Sesselbahn. Im Sommer sorgt das Naturschwimmbad »Prinze-Gumpe« für Erfrischung.

› Naturerlebnis-Tipp

Bergabenteuer

Ein Berg, ein Seil, eine Schlucht – und da soll es rübergehen? Ja! Und das ist nur eine Übung beim Bergabenteuer am Jochpass oberhalb von Bad Hindelang. Gut gesichert mit Helm, Gurt und Seil kraxeln selbst Anfänger und ganze Familien über Felswände und balancieren über schaukelnde Brücken. Treffpunkt um 9.30 Uhr an der Kanzelhütte am Jochpass, Dauer ist 4 Stunden.

Das Hindelanger Bergführerbüro organisiert außerdem geführte **Berg- und Klettertouren** (u. a. auf den Hochvogel und auf dem Hindelanger Klettersteig), im Winter **Eiskletterkurse** und **Schneeschuhwanderungen.**
Hindelanger Bergführerbüro:
Am Bauernmarkt 3, 87539 Hindelang,
Tel. 0 83 24/95 36 50,
www.bergschulen.de,
Anmeldung erforderlich. Termine für Klettern am Jochpass: täglich, sofern sich genügend Teilnehmer angemeldet haben.

› Auf der Schanze in Oberstdorf

› Oberstdorf

Das touristische Zentrum der Region (10 000 Einw.) ist von mächtigen Alpengipfeln umgeben und im Norden bilden die Gebirgsflüsse Breitach, Stillach und Trettach die Iller. Der Kern des einstigen Bergbauerndorfs ist weitgehend autofrei. Im Sommer tummeln sich die Bergwanderer, im Winter die Ski- und Snowboardfahrer in der Fußgängerzone. Nach einem Brand im Jahr 1865 sind nur wenige historische Gebäude erhalten. Die neugotische Pfarrkirche St. Johannes der Täufer überragt mit ihrem weißen spitzen Turm das Zentrum.

Schon von Weitem sind die **Schanzen der Skiarena** am Fuße des Schattenberges zu sehen. Die größte Schanze ist einer der Austragungsorte der Vierschanzentournee, auf den kleineren Schanzen werden im Sommer Mattenspringen veranstaltet. Besucher können ein **Skimuseum** besichtigen, per Schrägaufzug 85 m zum Schanzentisch und mit einem weiteren Aufzug zur Aussichtsplattform am Sprungturm fahren (tgl. 10–18 Uhr).

Im **Stillachtal** südlich von Oberstdorf steht die Heini-Klopfer-Skiflugschanze, »der schiefe Turm von Oberstdorf«. Hier segelte im Jahr 2004 der Norweger Roar Ljøkelsøy 223 m durch die Lüfte – Schanzenrekord. Auch diese Schanze kann man sich von oben anschauen (tgl. 9–18 Uhr, Okt. bis April zeitweise geschl.).

Der 2 km von der Klopfer-Schanze entfernte **Freibergsee** ist mit Strandbad, Bootsverleih und einem Café besonders im Sommer ein beliebtes Ausflugsziel. Zumal es am See eine ganze Reihe von sehr schönen Wanderwegen gibt, darunter den Probstweg und den Ziegelbachweg. Wer längere Wandertouren plant, sollte sich jedoch unbedingt eine Wanderkarte der Region besorgen.

Wer Biourlaub machen möchte, der sollte sich im Gästehaus Rita im nördlich gelegenen Bolsterlang/Kierwang einquartieren (s. S. 213).

Bioadressen

» Relaxhotel Nebelhorn (Biohotels)
Am Herrenberg 10, 87538 Obermaiselstein, Tel. 0 83 26/3 63 80, www.nebelhorn-relax.de
Nobel Wohnen mit Nebelhornblick! In dem Bio-, Design- und Medicalwellness-Hotel ist die Allgäuer Bergwelt allgegenwärtig: auf der Sonnenterrasse, hinter den Panoramafenstern des Thermalbads und beim Blick vom Balkon und aus den Fenstern der Zimmer. Pauschalen wie »Total Entstressen« bringen erschöpfte Gäste wieder auf Trab, durch eine Kombination aus moderner Technik (Stimulationslaser) und Naturheilverfahren (Moorpackungen, Traditionelle Chinesische Medizin). Die Küche erfrischt mit Köstlichkeiten aus erstklassigen Bioprodukten und im Wellnessbereich stehen Biotees und Bergquellwasser bereit. ❍❍❍
Anreise: Der nächste Bahnhof befindet sich in Fischen. Abholung nach Vereinbarung.

» Naturhotel Chesa Valisa (Biohotels)
Gerbeweg 18, A-6992 Hirschegg/Kleinwalsertal, Österreich, Tel. 00 43/55 17/5 41 40, www.naturhotel.at
Familien und Wellnessfreunde fühlen sich in dem Hotel oberhalb von Hirschegg, das Tradition und Moderne vereint, gleichermaßen wohl. Das über 500 Jahre alte Bauernhaus ist mit Bioholzmöbeln und in schickem Design ausgestattet. Kinderbetreuung, Sandkasten und Klettergerüste im Garten sowie der kostenlose Verleih von Geländebuggys sind einige der Extras für Familien. Am Frühstücksbuffet dürfen und sollen sich alle Gäste Proviant mitnehmen. Die »Vitalpension« beinhaltet auch ein raffiniertes Menü für Feinschmecker, die Nutzung des 2008 erweiterten Wellnessbereichs und Aktivprogramme. ❍❍❍
Anreise: Mit der Walserbuslinie 1 ab Bahnhof Oberstdorf zu erreichen.

» Lärchenhof
Schützabühl 2, A-6993 Mittelberg/Kleinwalsertal, Österreich, Tel. 00 43/55 17/65 56, www.naturhotel-laerchenhof.at
Allein für die höchstprämierte Bio-Gourmetküche (»Grüne Haube«) lohnt es sich, im Lärchenhof Station zu machen. Köstlich das Frühstücksbuffet mit hausgemachten Marmeladen, getrockneten Früchten und Milch von Nachbars Bauernhof, noch köstlicher das Menü am Abend. In dem schön gelegenen, von Bergen umgebenen Haus herrscht eine angenehme Atmosphäre, dafür sorgen die freundlichen Gastgeber und Räume mit viel natürlichem Licht, hellen Farben, geschmackvoll ausgewählten Stoffen und Massivholzmöbeln. Zur Revitalisierung werden verschiedene Methoden angeboten, u. a. Yoga und Massagen. ❍❍
Anreise: Nächster Bahnhof Oberstdorf, dort weiter mit Walserbuslinie 1.

» Biohotel Schratt
Sägmühle 19, 87534 Oberstaufen-Steibis, Tel. 0 83 86/9 80 10, www.biohotel-schratt.de
Rundum ökologisch ist das Hotel am Ortsrand von Steibis. Von der hauseigenen Quelle über die Solaranlage bis zur allergikerfreundlichen Einrichtung aus naturbelassenem Holz und Naturtextilien. In der vegetarischen Küche wer-

den aus ökologisch erzeugten Zutaten fantasievolle Schmankerln wie Kartoffelplätzchen, Gemüsekuchen und Sellerieherzen gezaubert. Der Tag beginnt mit einem Obst-Frischkorn-Müsli mit Blütenpollen. Spezialität der Massage- und Bäderpraxis im Biohotel Schratt sind Schroth-Kuren. Vorm Haus laden ein Garten, Kräuterbeete und eine Liegewiese zum Verweilen ein. OO

Anreise: Abholservice vom Bahnhof Oberstaufen.

» **Gästehaus Rita**
Bergweg 16, 87538 Bolsterlang/Kierwang, Tel. 0 83 26/12 11, www.gaestehaus-rita.de

Ein Haus zum Wohlfühlen im Einklang mit der Natur. In den behaglichen Zimmern schaut man, wie sich die Allgäuer Berge bei Sonnenschein, Dämmerung und Sturm verändern, anstatt in den Fernseher – den gibt es nämlich, gemäß der Philosophie des Hauses, nur im Fernsehzimmer. Die Gäste können im Garten und auf der Terrasse entspannen und sich bei einer Hot-Stone-Massage und mit leckeren vegetarischen Vollwertgerichten aus Bioprodukten verwöhnen lassen. Zu den interessanten Arrangements des Hauses gehören Qigong-Tage und Alpin-Kräuter-Seminare mit Kochkurs. OO

Anreise: Abholung vom Bahnhof Fischen nach Vereinbarung.

» **Ökoase**
Landwehrplatz 3, 87509 Immenstadt, Tel. 0 83 23/98 93 36, www.oekoase.com, Mo–Fr 8–18, Sa 8–13 Uhr.

Der große Naturkostladen ist hervorragend sortiert. Ideal für Ferienwohnungsgäste ist der Lieferservice der Ökoase u. a. nach Hindelang, Oberstaufen und Oberstdorf. Im Sortiment sind mehr als 2000 verschiedene ökologisch erzeugte Artikel, darunter frische Produkte von 20 Biobauernhöfen der Region. Neben vielen Gemüse- und Obstsorten und leckeren Backwaren sind besonders die Delikatessen der drei bekannten Allgäuer Biokäsereien empfehlenswert, der Käserei Zurwies in Wangen, der Käsküche Isny und der Käserei Wiggensbach (Spezialitäten: Bärlauch- und Weinkäse).

» **Alpe Sonnhalde (Demeter)**
Salzstr. 42, 87534 Oberstaufen, Fax 0 83 25/6 40, www.alpe-sonnhalde.de, April–Okt.

Ab Anfang April werden Ziegen, Kühe, Schweine, Enten, Hühner und der Esel Johann Schorsch Karl aus dem Tal auf die Alpe getrieben und bleiben den Sommer über auf den Wiesen in etwa 1000 m Höhe. Aus der Milch wird leckerer Alpkäse hergestellt, den auch Teilhaber eines Fonds zur Refinanzierung des Kaufs der Alpe statt monetärer Zinsen erhalten. Die Alpe wird nach Demeter-Richtlinien unter Regie des »Vereins zur Erhaltung Allgäuer Kulturlandschaften« bewirtschaftet. Ausflügler genießen hier Brotzeiten und Spezialitäten wie gebackenen Ziegenkäse und schauen beim Käsen zu (nach Vereinbarung). Wer tiefer in die Alpwirtschaft reinschnuppern will, kann bei Garten-, Weide- und Waldarbeiten, bei der Jungviehbetreuung, beim Melken und Käsen helfen.

Anfahrt: Wanderung zur Alpe (etwa 45 Min.) vom Parkplatz an den Buchenegger Wasserfällen.

› Naturerlebnis-Tipps

Wanderung zur Kemptner Hütte

Die Alpenetappe des **Europäischen Fernwanderwegs E 5** verbindet Oberstdorf mit Meran. Als Schnuppertour kann man auf dem ersten Teilstück von Oberstdorf bis zur Kemptner Hütte (Übernachtungsmöglichkeit) durch berauschende Täler und über imposante Höhen wandern. Die mit »E 5« markierte Route führt via Renksteg, Spielmannsau, durch das Trettachtal und den Sperrbachtobel und dauert etwa 5 Stunden, bei Linienbusnutzung bis zum Renksteg knapp 4 Stunden und bei der Anfahrt per Kutsche oder Taxi (nur zu bestimmten Zeiten gestattet) bis Spielmannsau 2,5 Stunden.

› Spektakuläre Breitachklamm

Breitachklamm

Die Breitachklamm, die »Große Zwing«, wie sie früher hieß, ist eines der großen Naturspektakel im Alpenraum. Zwischen fast 100 m hohen, senkrecht aufschießenden und überhängenden Felswänden donnert die Breitach talwärts. Auf einem Rundweg kann man die Klamm aus verschiedenen Perspektiven erleben. Los geht's beim Gasthof Walserschanz an der österreichischen Grenze auf einem steilen Pfad abwärts zur düsteren Schlucht. Hinter dem Kassenhäuschen (Eintritt 3 €) führt ein Steg durch die Klamm. Etwa eine Stunde dauert die Durchquerung, rechts, links, oben bizarre Felsformationen, steile Gesteinsmassen, tief unten der wild über Felsbänke brausende und durch Gumpen strudelnde Fluss.

Am unteren Ende der Schlucht steht der Gasthof Breitachklamm, wo man entlang des Parkplatzes zur Christophoruskapelle läuft und dort den Pfad aufwärts Richtung Alpe Dornbach nimmt. Weiter weist ein Schild den Weg zum Zwingsteig. Die Route führt am Gasthof Gsessel vorbei zurück zur Klamm, die man hier aus schwindelerregender Höhe erlebt, denn der Zwingsteig überquert die Schlucht. Der Weg, der dahinter links abzweigt, leitet zur Bundesstraße 19, wo es rechts am Straßenrand nur noch ein kurzes Stück zurück zum Gasthof Walserschanz ist.

Im 2005 eröffneten **Eingangsgebäude Tiefenbach** (am unteren Eingang) gibt's ein naturgetreues Modell und Informationen zur Entstehung und Ökologie der Klamm. Im Winter werden bei Dunkelheit an bestimmten

› Ein beliebtes Wanderziel ist der Seealpsee

Terminen **geführte Fackelwanderungen** angeboten.
Infos: Wintersaison 9–16, Sommersaison 8–17 Uhr, wegen schlechter Begehbarkeit z. B. bei Regen, Schneefall und während der Schneeschmelze zeitweise geschl., Tel. 0 83 22/48 87, www.breitachklamm.com.
Anfahrt: Walserbuslinie 1 bis Walserschanz (oberer Eingang) oder Bus nach Tiefenbach (unterer Eingang).

› Nebelhorn

Gemächlich schwebt die Gondel der Nebelhornbahn dem Gipfel entgegen, und mit jedem Meter gewinnt der Blick aus der Kabine an Faszination. Ganz oben, auf 2224 m Höhe, erwartet einen dann ein grandioses Panorama. 400 andere Gipfel, heißt es, sind bei klarem Wetter zu sehen, was freilich kaum ein Ausflügler nachprüft.

Die Nebelhornbahn ist die höchste Bergbahn des Allgäus und führt in drei Teilstrecken zum Gipfel. Kinder, die sich auskennen, wollen bereits an der **Station Höfatsblick** aussteigen, wo ein großer Spielplatz mit einer 300 m langen Seilrutsche und einer Kletterwand für Spaß sorgt. Hier beginnt auch ein ausgeschilderter Weg zum schönen, zwischen grünen Mulden eingebetteten **Seealpsee** (Hin- und Rückweg 3 Std.). Rund um die Seealpe an der gleichnamigen Station führt der 3 km lange Wanderweg »Uff d'r Alp«. An seinen interaktiven Informationssäulen kann man Naturthemen studieren und erfährt allerhand Wichtiges zu Lawinen, Wildtieren und Kühen der Region.

Im Winter ist das Nebelhorn ein Dorado für Ski- und Snowboardfahrer. Anspruchsvolle Buckelpisten und eine Snowcross-Strecke mit Wellen, Sprungplätzen und Steilkurven fordern selbst Könner heraus. Die Snowcross-Strecke befindet sich an der Station Höfatsblick, die auch Startpunkt für einen 1500 m langen Schneeschuhwanderweg ist.

› Ein Paradies für Bergsteiger und Gleitschirmflieger: das Nebelhorn

In Obermaiselstein lässt sich Biourlaub mit Wellness und Blick aufs Nebelhorn kombinieren (s. S. 212).
Anfahrt: Vom Bahnhof Oberstdorf ist die Talstation der Nebelhornbahn gut in 15 Minuten zu Fuß zu erreichen.

› Naturerlebnis-Tipp

Vom Nebelhorn zum Großen Daumen

Für viele Bergsteiger ist der **Hindelanger Klettersteig** der schönste Klettersteig im Allgäu. Die Ausblicke, etwa in die Nordwände der Wengenköpfe, sind fantastisch, das Terrain ist allerdings sehr anspruchsvoll. Man sollte fit, trittsicher und schwindelfrei sein.
Wer auf schwierigem Gelände unerfahren oder sich nicht wirklich sicher ist, zieht besser in Begleitung eines Bergführers los.
Beispielsweise bietet das Hindelanger Bergführerbüro Touren auf dieser Route an (s. Naturerlebnistipp Bergabenteuer, S. 210 f.). Bei schlechtem Wetter und im Winter ist die Begehung auch für erfahrene Bergsteiger schwierig. Der Klettersteig verbindet den **Nebelhorngipfel** über einen schmalen, zerklüfteten Felsgrat mit dem **Großen Daumen** (Wanderzeit ab Nebelhorngipfel etwa 5 Std. plus 2 Std. für den Abstieg zum Giebelhaus). Ein Abstieg bereits nach etwa 2 Stunden ist möglich, andererseits kann man vom Großen Daumen über den Kleinen Daumen zum Breitenberg weiter und direkt nach Hindelang hinunter wandern. Leitern, Drahtseile, Griffe und Trittklammern erleichtern das Vorankommen, es gibt aber auch mehrere ungesicherte Steilpassagen.

› Fellhorn

Das 2038 m hohe Fellhorn, einer der schönsten Blumenberge im Allgäu, entfaltet im Juni und Juli seine ganze Pracht. Dann blühen die Alpenrosen, die dem bunten Blütenmeer der Hänge, vor allem im Bereich des

› Bunte Blumenteppiche verleihen dem Fellhorn einen ganz besonderen Reiz

Schlappoldsees, ihr leuchtendes Rot beimischen. Im Namen der Alpenrose wird alljährlich Anfang Juli ein zünftiges Bergfest mit Trachtlern, Blaskapellen und Alphornbläsern gefeiert.

Die leicht begehbaren Höhenwege am Fellhorn mit gutem Blick auf zig Alpengipfel und das Kleinwalsertal sind vor allem bei Familien beliebt. Für Kinder ist die 25 m lange Tunnelrutsche an der Fellhornbahnstation Schlappoldsee ein riesiger Spaß. Die Haltestelle ist zugleich Ausgangspunkt für eine Wanderung zur **Schlappoldalpe** (30 Min.). Etwa 100 Kühe werden alljährlich Anfang Juni auf die Alpe und zur Viehscheid im September wieder ins Tal getrieben. Aus ihrer Milch, fast 1000 Liter täglich, stellt der Senn Peter Ritter würzigen Bergkäse her. Die Schlappoldalpe ist eine Sennalpe, also eine Alpe (= Alm), auf der die Milch gleich zu Käse verarbeitet wird, im Gegensatz zur Kuhalpe, bei der die Milch zur Verarbeitung ins Tal kommt, und zur Galtalpe, auf der nur Jungtiere (Galtvieh) und keine Milchkühe leben.

Anfahrt: Zur Talstation der Fellhornbahn besteht eine Busverbindung vom Oberstdorfer Ortskern.

› Naturerlebnis-Tipp

Lehrreiche Wanderung

Wandern bildet, besonders wenn Informationssäulen zu Flora und Fauna entlang des Weges stehen, so beim **Naturerlebnispfad am Fellhorn** (1,5 Std.). Die Route führt von der Gipfelstation der Fellhornbahn entlang des Fellhorngrats zum Guntsattel, dann an der Alpe Obere Bierenwang vorbei, über Blumenmatten und durch das Schutzgebiet Scheidtobel zum Schlappoldsee. Die Info-Säulen klären über verschiedene Lebensräume und ihre Bewohner auf, beispielsweise über Alpen-Schneehuhn und Schneehase, die sich am Grat am wohlsten fühlen.

› Kleinwalsertal

Das schöne, von der Breitach durchflossene Kleinwalsertal südwestlich von Oberstdorf ist ein Kuriosum. Seit 1453 gehört es politisch zu Österreich, wird aber dem deutschen Wirtschafts- und Zollgebiet zugerechnet. Nach Österreich gibt es keine direkte Bahntrasse oder Straße. Nur nach Norden öffnen sich die Bergketten. Das Hochtal zählt zu den beliebtesten Wander- und Wintersportregionen im nördlichen Alpenraum. Seine Orte, **Riezlern,** Hirschegg, Mittelberg und Baad, haben sich nach dem Namen des ältesten Ortes zur Großgemeinde Mittelberg zusammengeschlossen. Am Talanfang liegt der Hauptort Riezlern mit einem kleinen Spielkasino und der **Talstation der Kanzelwandbahn.** In **Hirschegg** talaufwärts beginnen die Ifen-Lifte. Am Dorfplatz befindet sich das Gemeindezentrum Walserhaus mit dem Tourismusbüro und der **Bergschau,** einer interaktiven Ausstellung zu Flora und Fauna der Gegend (www.walserhaus.at). Mit dem Naturhotel Chesa Valisa hat Hirschegg eine empfehlenswerte Adresse für Biourlaub (s. S. 212).

Weiter oben im Tal liegt **Mittelberg** mit der Pfarrkirche St. Jakob, das über eine Seilbahn mit dem 1993 m hohen **Walmendinger Horn** verbunden ist. Auch hier lässt sich bio wohnen (s. S. 212). Das Dorf Baad am Talende ist Ausgangspunkt für anspruchsvolle Wanderungen auf und über die Berge.

› Zum Biourlaub ins Kleinwalsertal

Die Walser kamen Anfang des 14. Jhs. aus dem Kanton Wallis in der Schweiz hierher und rodeten das Tal. Auf Schautafeln an verschiedenen typischen Gebäuden und wichtigen Punkten informiert der **Walser Kulturweg** über Geschichte und Kultur der Volksgruppe. Eine Broschüre mit Wegskizzen ist im Walserhaus in Hirschegg erhältlich. In einem alten Walserhaus in Riezlern ist ein **Walser Museum** eingerichtet (Walserstr. 54).

› Naturerlebnis-Tipp

Im Kräuterreich

Das Kleinwalsertal ist für seinen Kräuterreichtum bekannt. Was hier alles gedeiht, zeigt geballt der Heilkräuter-, Schau- und Lehrgarten beim Alpengasthof Hörnlepass. Über 400 Heil- und Küchenkräuter von A wie Arnika bis Z wie Zitronenmelisse sind zu sehen. Auf Täfelchen steht Wissenswertes zu Herkunft, Mythologie und Verwendung der Pflänzchen, z. B. dass Muskatellersalbei entspannend, kräftigend und aphrodisierend wirkt und Bärlauch gegen Arteriosklerose, Bluthochdruck und bei Magen- und Darmbeschwerden hilft. Jeden Mittwoch um 11 Uhr findet eine kostenlose Kräuterführung statt. Besucher können am Kraftfeld im Garten Energie tanken und auf dem »Pfad der Sinne« barfuß übers Hochmoor spazieren.

Alpengasthof Hörnlepass: Außerwald 1, A-6991 Riezlern, Tel. 00 43/ 55 17/5 70 70, www.hoernlepass.at

Anfahrt: Mit der Walserbuslinie 1 bis Riezlern, weiter mit Linie 2 bis Schwende, von dort 30 Minuten Fußweg.

Allgemeine Infos

Oberallgäu Tourismus Service
Hindelanger Str. 35, 87527 Sonthofen, Tel. 0 83 21/8 00 45 40, www.oberallgaeu.de

Mit Bus und Bahn

Bahn: Im Fernverkehr gibt es eine Direktverbindung mit einem Intercity von Hamburg über Hannover, Fulda, Würzburg, Immenstadt, Sonthofen und Fischen nach Oberstdorf. Eine Verbindung ohne Umstieg wird auch von Dortmund über Köln, Mainz, Mannheim, Stuttgart und Ulm nach Oberstdorf angeboten. Wer von Berlin oder Dresden kommt, kann in Nürnberg umsteigen, von wo ein Regionalexpress über Augsburg nach Immenstadt und Oberstdorf fährt. Ab München fahren ebenfalls Regionalzüge nach Oberstaufen und via Sonthofen nach Oberstdorf. In Sonthofen starten Busse nach Hindelang.

Bus: Das Kleinwalsertal ist sehr gut mit Oberstdorf verbunden. Vom Oberstdorfer Bahnhof verkehrt die Walserbuslinie 1 über Grenzstation Walserschanz, Riezlern, Hirschegg und Mittelberg nach Baad am oberen Talende. In Oberstdorf fahren Busse zur Talstation der Fellhornbahn, zur Breitachklamm und nach Schöllang.

ÖPNV-Urlaubskarte: Urlauber mit einer **Allgäu-Walser-Card,** die jeder Ferien- oder Kurgast vor Ort erhält, können bei ihrem Gastgeber oder beim Verkehrsbüro eine vergünstigte Urlaubskarte kaufen, die für einen Zeitraum von 7 bzw. 14 aufeinanderfolgenden Tagen für beliebig viele Fahrten in Bussen und Bahnen im südlichen Oberallgäu (u. a. rund um Hindelang, Oberstaufen und Oberstdorf) und im Kleinwalsertal gilt (außer IC-Züge), Preis 17 € (14 Tage: 25 €), für Kinder unter 15 Jahren in Begleitung eines Elternteils kostenlos.

› Nebelhornbahn

Grenzenloses-Urlaubsticket: Mit diesem Fahrschein für 7 Tage (ab 63 €) dürfen Inhaber der Allgäu-Walser-Card Buslinien in Oberstdorf und im Kleinwalsertal sowie mehrere Bergbahnen (u. a. Fellhornbahn, Nebelhornbahn) beliebig nutzen und haben freien Eintritt bei verschiedenen Attraktionen, z. B. der Breitachklamm.

Gästekarte: Für Urlauber im Kleinwalsertal gilt die Gästekarte (Kurkarte) ohne Aufpreis für die Nutzung der Walserbusse (außer für die Strecke Grenzstation Walserschanz-Oberstdorf, für die es aber auch Fahrkarten zum Sonderpreis gibt).

Bayern-Ticket: s. S. 234; die Bayern-Tickets gelten nicht in den Walserbussen.

Regionalverkehr Allgäu (RVA): Betrieb Oberstdorf, Poststr. 4, 87561 Oberstdorf, Tel. 0 83 22/9 67 70, www.rvo-bus.de

Deutsche Bahn: Tel. 08 00/1 50 70 90, www.bahn.de

Bayerischer Wald

Über Jahrhunderte galt der Wald an der bayerisch-böhmischen Grenze als undurchdringlich und gefährlich. Heute ist die intakte Natur das Kapital der beliebten Ferienregion.

»Mir san vom Woid dahoam – da Woid is schee« singen die »Waidler«, die Bayerwäldler. Sie sind tief mit der rauen Landschaft nördlich der Donau verbunden. 1970 wurde hier Deutschlands erster Nationalpark gegründet, damit sich die Natur weiterhin großflächig nach ihren ureigenen Gesetzen entwickeln kann. Allerdings wurde nirgendwo so hart um den Leitgedanken »Natur Natur sein lassen« gestritten wie im Bayerischen Wald, wo Mitte der 1990er Jahre eine Borkenkäferplage für hitzige Diskussionen sorgte.

› Nationalpark Bayerischer Wald

Deutschlands ältester Nationalpark schützt seit 1970 den wildesten Teil des Bayerischen Waldes, 20 Jahre später wurde das angrenzende Gebiet auf tschechischer Seite zum Nationalpark Sumava (Böhmerwald) erklärt. 1997 erfolgte auf deutscher Seite in nordwestlicher Richtung die Ausweitung des Nationalparks, der nun eine Fläche von 24 250 ha besitzt. Das Rachel-Lusen-Gebiet war bis vor Kurzem zugleich Biosphärenreservat.

Entlang der Grenze zu Tschechien ragen die gewaltigen Gipfel von **Falkenstein, Rachel** und **Lusen** empor. Hohe Tannen, Fichten und Buchen bedecken die Hänge und schlingen ihre Wurzeln kunstvoll um Granitblöcke. Dazwischen liegen Filze, so heißen hier die Moore, und öffnen sich Schachten, alte Weideflächen.

› Wege durchs Filz

»Drei Viertel Jahr Winter, ein Viertel Jahr kalt, so ist das Klima im Bayerwald«, beschreibt eine nicht mehr ganz aktuelle Redewendung die rauen Mittelgebirgsverhältnisse, die auch die Tier- und Pflanzenwelt prägen. Im feucht-kühlen Klima wächst eine Vielzahl von Farnen, Bärlappen, Moosen, Flechten und Pilzen. Der Luchs ist vom benachbarten Nationalpark Sumava wieder zugewandert, Schwarzstorch und Wanderfalke sind ebenfalls zurückgekehrt und Habichtskauz sowie Kolkrabe wurden erfolgreich wieder angesiedelt. Auch Fischotter, Raufußhühner und Kleineulen sind im Nationalpark heimisch.

Dass der Wald stellenweise über Jahrhunderte nicht bewirtschaftet wurde, hat verschiedene Gründe. Einige felsige Steillagen sind nur schwer zugänglich. Andere Bereiche blieben aus militärischen Gründen ungenutzt, um im Konfliktfall Wege durch Anlage eines »Verhaus« unpassierbar zu machen, so beim Urwaldgebiet Mittelsteighütte am Falkenstein.

Idealer Ausgangspunkt für Wanderungen auf den Großen Falkenstein ist die Ortschaft **Zwieslerwaldhaus.** In

› Luchse sind wieder heimisch

Bayerisch-Eisenstein beginnen mehrere Wanderwege in den Nordwestteil des Nationalparks, z. B. die mit einem stilisierten Lindenblatt markierte Route über das Eiserne Kreuz zum Schwellhäusl und weiter zum Bahnhof Ludwigsthal. In der Nähe des Bahnhofs befindet sich das Nationalpark-Informationszentrum **Haus zur Wildnis** mit dem Tier-Freigehege. Das zweite große Informationszentrum, das **Hans-Eisenmann-Haus,** steht im alten Teil des Nationalparks bei **Neuschönau** (beide im Winterhalbjahr sporadisch geschl.). Das auf einer kleinen Anhöhe gebaute Haus ist umgeben von einem Naturgarten, in dem alleine 700 verschiedene Pflanzenarten gedeihen, einem Gesteins-Freigelände mit den typischen Gesteinen der Region sowie einem Tier-Freigelände.

› Naturerlebnis-Tipps

Mit dem Ranger unterwegs

Spannende Wanderungen mit einem Ranger, Tierpfleger oder Förster bietet die Nationalparkverwaltung an. Themen sind u. a. »Zu Uhu, Luchs und Wolf«, »Tierspurensuche in der Dämmerung«, »Vogelstimmenwanderungen« und Urwalderkundungen.
Nationalparkverwaltung: Freyunger Str. 2, 94481 Grafenau, Nationalpark Führungsservice: Tel. 07 00/00 77 66 55, www.nationalpark-bayerischer-wald.de

Tier-Freigelände

In zwei großzügig angelegten Gehegen lassen sich Tiere beobachten, die heute zum natürlichen Artenspektrum des Bayerischen Waldes gehören oder einst hier zu Hause waren. Im kleineren Freigelände am Informationszentrum Haus zur Wildnis leben Auerochsen, Wildpferde, Luchse und Wölfe.
Ein 7 km langer Rundweg (Abkürzungen möglich) erschließt das 200 ha große Freigelände in der Nähe des Informationszentrums Hans-Eisenmann-Haus. Dort werden die Besucher mit 45 verschiedenen Tierarten, ihrer Lebensweise und Bedeutung vertraut gemacht, u. a. mit Wolf, Wisent, Luchs, Bär, Biber, Otter, Wildschwein und Marder.
Anfahrt: Mit der Waldbahn zum Bahnhof Ludwigsthal (Haus zur Wildnis) bzw. mit Buslinie 6119 oder den Igelbussen zum Hans-Eisenmann-Haus.

Urwald am Falkenstein

Besonders urtümliche Wälder aus mächtigen Buchen, Fichten und Tannen erstrecken sich am wuchtigen Gneismassiv des Großen Falkensteins. Leicht auf dem Rundweg »Ameise« zu erreichen ist das Urwaldgebiet **Mittelsteighütte** hinter der Ortschaft Zwieslerwaldhaus. Weitere Wanderrouten

durchqueren das Gebiet, z. B. der mit einem Eibenblatt markierte, knapp 2,5-stündige Aufstieg ab Zwieslerwaldhaus zum Großen Falkenstein via Steinbachfälle und dem Kleinen Falkenstein. **Höllbachgespreng** heißt ein düsteres Waldstück mit einem Wasserfall und von der Schwefelflechte gelb gefärbten Felsüberhängen oberhalb der Höllbachschwelle (Kleiner Stausee), zu erreichen auf der Route »Heidelbeere« (4-stündiger Aufstieg ab Zwieslerwaldhaus zum Großen Falkenstein). Bei nasser Witterung und im Winter sind die Wege über Höllbachgespreng bzw. Steinbachfälle oft glitschig und deshalb nicht zu empfehlen.
Vom Wanderweg »Zwieslerwaldhaus-Bayerisch-Eisenstein« und vom Rundweg »Schwarzstorch« ab Schwellhäusl zweigt ein **Urwald-Erlebnisweg** zu den Baumriesen des Watzlik-Hains ab.
Anfahrt: Mit dem Falkensteinbus ab Zwiesel bis Zwieslerwaldhaus bzw. bis Schwellhäusl.

› Naturpark Bayerischer Wald

Der Naturpark Bayerischer Wald umfasst die an den Nationalpark grenzenden Gebiete Niederbayerns, bis hin zu den Donau-Auen. Die Region nördlich davon gehört zur Oberpfalz und ihrem eigenen Schutzgebiet, dem Naturpark Oberer Bayerischer Wald.

Bei **Bodenmais** erhebt sich der höchste Gipfel des Bayerischen Waldes, der **Große Arber** (1456 m). An seinem Fuß liegen die Arberseen, und in der Südflanke des Arbermassivs stürzen die **Rieslochfälle** schäumend eine bewaldete Schlucht hinunter. Sie sind die größten Wasserfälle der Region. Auch die **Ilz** strömt schäumend talwärts. In der Dießensteiner Leite bei Perlesreut wird sie während der Schneeschmelze zum reißenden Wildwasser. Gebildet wird die Ilz bei Schönberg aus der Kleinen, der Großen und der Mitternacher Ohe, die im Nationalpark entspringen. Weiter südlich kommt noch das Wasser der Wolfsteiner Ohe dazu.

Eine geologische Besonderheit der Region ist der **Pfahl,** im Volksmund Teufelsmauer genannt. Dieses Quarzriff an einer tektonischen Bruchzone erstreckt sich in nahezu schnurgerader Linie von der Oberpfalz bis ins österreichische Mühlviertel. Beeindruckende Teile sind westlich von Viechtach sichtbar. Bei Regen thront die **Burgruine Weißenstein** auf einem Felsen des Pfahls.

Bereits im Mittelalter begann im Bayerischen Wald die **Glasherstellung,** da die Grundstoffe, Holz und Quarz, reichlich vorhanden waren. In berühmten Glashüttenorten wie Zwiesel, Bayerisch-Eisenstein, Bodenmais, Frauenau und Spiegelau fertigen Glasbläser und Glasmaler noch heute filigrane Kunstwerke.

Biourlauber kommen hier voll und ganz auf ihre Kosten: in Bodenmais, in Geiersthal sowie in Regen (s. S. 228).

› Naturerlebnis-Tipp

Auf Goldsuche

Goldrausch in **Riedlhütte.** Auf der Suche nach dem kostbaren Edelmetall siebten einst die Goldwäscher tonnenweise Bachsand an der Ohe. Der Gold-

› »Brust der Mutter Gottes« wird der Große Osser genannt

waschplatz an dem Gebirgsbach ist heute ein beliebtes Ausflugsziel und zwischen Mai und Oktober, immer donnerstags um 13 Uhr, können Glücksritter sich in die Goldwaschtechniken einführen lassen, eine Goldwaschpfanne ausleihen und sieben bis es glitzert (die fleißigen Goldwäscher erwartet am Ende sogar ein Diplom!). Seitens der Organisatoren wird übrigens versichert, dass immer mal wieder Stecknadelkopf große Stückchen des Edelmetalls gefunden werden.

Bei **Perlesreut** setzt sich zwischen Pfingsten und August montags um 14.30 Uhr ein Treck mit Familien und Packpferden in Bewegung, zieht in ein Wäldchen zu einem Bach, wo ebenfalls mit Waschpfannen nach dem begehrten Gold gesucht wird.

Tourist-Service Sankt Oswald-Riedlhütte: Schulplatz 2, 94566 Riedlhütte, Tel. 0 85 53/60 83, www.sankt-oswald-riedhuette.com

Anfahrt: Buslinie 6119 fährt ab Grafenau nach Riedlhütte.

Tourist-Information Perlesreut: Unterer Markt , 94157 Perlesreut, Tel. 0 85 55/96 19 10, www.perlesreut.de

Anfahrt: Buslinie 6182 fährt ab Freyung nach Perlesreut.

› Naturpark Oberer Bayerischer Wald

Auf der oberpfälzischen Seite, zwischen Tiefenbach im Norden und Großem Arber im Süden, Wackersdorf im Westen und der Grenze zu Tschechien im Osten, liegt der Naturpark Oberer Bayerischer Wald. Landschaftlicher Höhepunkt ist der **Große Osser** (1293 m), nördlich des Großen Arber, auf dem die deutsch-tschechische Grenze verläuft. An seinem markanten Doppelgipfel ist er schon von Weitem gut zu erkennen. »Brust der Muttergottes« wird er wegen seiner Form in Böhmen genannt.

Der **Lamer Winkel** am Fuße des Ossers ist ein idyllisches Tal mit Wald und Wiesen. Es wird vom Weißen Regen durchflossen, der sich bei Blaibach mit dem Schwarzen Regen vereint und fortan nur noch Regen heißt. Die Regensenke trennt die Gebirge des Hinteren Bayerischen Waldes von denen des Vorderen Bayerischen Waldes. Sie wird vom Pfahl durchzogen. An manchen Stellen treten Felsen dieses Quarzriffs zutage.

Nördlich des Lamer Winkels erhebt sich der **Hohe Bogen.** Von oben schweift der Blick über Felder und Wiesen zur **Wallfahrtskirche von**

Neukirchen beim Heiligen Blut, einem der beliebtesten Marienwallfahrtsorte Bayerns.

In **Lohberg,** östlich von Lam, sind im **Bayerwald-Tierpark** typische Tiere der bayerisch-böhmischen Grenzregion zu sehen: Marder, Luchs, Otter, Auerhahn, Raufußkauz, Uhu und Falke. Auch Wölfe, die einst im Bayerischen Wald heimisch waren, und Elche, die in Südböhmen sogar wieder in freier Wildbahn unterwegs sind, leben in diesem Park. Attraktionen sind der Abenteuerspielplatz und der Streichelzoo (Schwarzenbacher Str. 1 A, tgl. 9–17 Uhr).

› Bad Kötzting

Das Kneippheilbad am Weißen Regen besitzt aufgrund seiner Kuranlagen, der hübschen Altstadt und Kirchenburg große Anziehungskraft. Zwei Befestigungsringe schützen den Komplex aus Kirche und Schloss, das im 12. Jh. Stammsitz der Chostinger, der Dienstmannen der Markgrafschaft Cham, war. Oberhalb der Stadt thront die **Wallfahrtskirche Weißenregen,** ein Rokokobau aus dem 18. Jh. mit reicher Innenausstattung und kunstvoll gefertigter Kanzel. Ein Schopfwalmdach mit zweigeschossigem Kuppelturm deckt das barocke Rathaus, wo täglich

› Ein Wanderweg führt um den Großen Arbersee

um 11 Uhr 18 Spielglocken und zwei Schlagglocken ertönen und sich ein Figurenspiel mit Gestalten des Pfingstritts dreht. Der Ursprung des berühmten **Kötztinger Pfingstritts,** einer Männerwallfahrt am Pfingstmontag mit 1000 Reitern, liegt im Mittelalter. Damals gaben die Kötztinger Burschen einem Pfarrer, der zu einem Sterbenden im benachbarten Steinbühl gerufen wurde, schutzvolles Geleit.

Ein Baumriese namens **Wolframslinde** ziert den Ortsteil Ried. Stammumfang: 16 m, Alter: 1000 Jahre! Benannt wurde der Koloss nach dem Minnesänger Wolfram von Eschenbach, der um 1200 auf der nahen Burg Haidstein weilte, die im 15. Jh. zerstört wurde. Im Parzival besingt er die Schönheit der Markgräfin von Haidstein.

Erholung pur bieten der 12,6 ha große Kurpark und das **Erlebnisbad Aqacur** mit Solebecken, Wellenfreibad, Dampfbad, Vital- und Kräutersauna (Bgm.-Seidl-Platz 1).

Die Adresse für familienfreundliche Bioferien: der Ulrichshof in Bad Rimbach (s. S. 228).

› Arber

Der höchste Gipfel und »König des Bayerwalds« (1456 m) steigt aus den Tälern von Weißem und Schwarzem Regen auf. Straßen, Skipisten und Seilbahnen sorgen im Sommer wie im Winter für regen Ausflugsverkehr rund um den Arber. Auf dem felsigen Plateau thronen die Kugeln zweier Radarstationen. Der Blick reicht weit in den Bayerischen Wald und den Böhmerwald, an klaren Tagen sogar bis zu den Alpen.

Auch am **Großen Arbersee** in der Südostflanke des Bergmassivs herrscht oft Hochbetrieb, er kann mit Tret- und Ruderbooten befahren und auf einem 2 km langen Weg umrundet werden. Beschaulicher geht es am **Kleinen Arbersee** zu. Der von Felswänden überragte Quellsee des Weißen Regen wurde im 19. Jh. aufgestaut. Dabei lösten sich große Rasenteile vom Boden, die heute noch auf der Wasseroberfläche treiben.

› Zwiesel

Dicht am Nordwestrand des Nationalparks und am Zusammenfluss von Großem und Kleinem Regen zum Schwarzen Regen liegt die Glasstadt Zwiesel (10 000 Einw.). Bereits im 15. Jh. gab es hier Glasmacher, die Butzenscheiben, gläserne Knöpfe und Rosenkranzperlen fertigten. Die 1836 von Franz Steigerwald gegründete **Glasmanufaktur Theresienthal** erlangte Weltruhm. Zu ihren Kunden gehörten europäische Fürsten und russische Zaren gleichermaßen. Wie aus einer glühenden Masse die fragilen Kunstwerke entstehen, wird bei einer Führung durch die Hütte anschaulich erläutert (Mo–Do 10–14.30 Uhr, Fr 10–13 Uhr).

Das Museum im **Schlösschen Theresienthal,** dem ehemaligen Herrenhaus der Manufaktur, zeigt eine Sammlung kostbarer Gläser, u. a. Goldrubingläser (Theresienthal 15, am Nordende von Zwiesel, Mo–Fr 10 bis 14 Uhr).

Eine Glasabteilung besitzt auch das **Waldmuseum** am Stadtplatz. Neben 1000 gläsernen Exponaten aus fünf Jahrhunderten gibt es hier Informationen zur Geschichte der Glasindustrie im Bayerischen Wald und zur Glasfachschule Zwiesel. Darüber hinaus widmet sich das in einem historischen Brauhaus eingerichtete Museum den Themen »Naturraum« und »Bäuerliches Leben« (Nov. geschl.).

› Naturerlebnis-Tipps

Winterwanderungen

Schneegestöber, tief verschneite Wälder und unberührte weiße Felder auf Schneeschuhen erleben. Im Bayerischen Wald laden mehrere Veranstalter zu **Schneeschuhwanderungen** ein, beispielsweise die Touristinformation Bayerisch-Eisenstein (Infos und Anmeldung beim Nationalpark-Führungsservice: Tel. 07 00/00 77 66 55, 3 €, Schneeschuhverleih 5 €).

Romantisch: Die Kurverwaltung Zwiesel organisiert für Familien **nächtliche Laternenwanderungen** durch den Winterwald inklusive Glühwein- bzw. Kinderpunsch-Umtrunk. Mehrere Termine im Dez. und Jan. Treffpunkt: Schlossparkplatz in Rabenstein.

Kurverwaltung Zwiesel: Stadtplatz 27, 94227 Zwiesel, Tel. 0 99 22/17 31, www.zwiesel-tourismus.de

Musher-Diplom

Wie ein Trapper in Alaska mit einem Schlittenhunde-Gespann über Schneepisten preschen – Waldschrat's Adventure Company, »Die Schule der Welt-

› Hält fit: Schneeschuhwanderung

Bioadressen

» Ulrichshof (Biohotels)
Baby & Kinder Bio-Resort, Zettisch 42, 93485 Rimbach, Tel. 0 99 77/95 00, www.ulrichshof.com
Für viele Familien ein Traumhaus. Die Kinder können in der Bobby-Car-Lobby, einer Spielscheune oder im Erlebnisbad auf der Riesenrutsche toben und werden vormittags und nachmittags von Kindergärtnerinnen betreut. Derweil entspannen sich die Eltern bei einer Massage oder Aromatherapie oder sie reiten mit den hauseigenen Pferden aus. Komfort für Kinder bis ins Detail: Badehöschen mit integrierter Windel liegen bereit. In drei Restaurants werden die Familien mit exquisiter Biokost verwöhnt. Zahlreiche Freizeitangebote, teilweise gegen Gebühr. Verschiedene Arrangements und Sonderangebote. Nur für Gäste mit Kindern. ❍❍❍
Anreise: Rimbach ist ab Bad Kötzting mit Buslinie 650 zu erreichen.

» Pausnhof (Biohotels)
Goldener Steig 7, 94568 St. Oswald, Tel. 0 85 52/40 88 60, www.pausnhof.de
Ein Biohotel und ökologischer Musterbetrieb in Nationalparknähe, das zudem leckere saisonale und regionale Bioküche mit vielen Zutaten aus dem weitläufigen Hofgarten serviert. Unbehandeltes Holz und handgewebtes Leinen sind vorherrschende Materialien in den stilvoll eingerichteten Zimmern. Erholsame Stunden versprechen ein Wintergarten, ein Ruheraum mit Kachelofen und drei Saunen (Finnische Sauna, Biosauna, Kräuterdampfsauna). ❍❍
Anreise: Busanbindung mit Linie 6119 ab Grafenau. Nach Grafenau fährt die Waldbahn ab Zwiesel.

» Sport- und Ferienpension Adam
Hirtenweg 1, 94249 Bodenmais, Tel. 0 99 24/90 22 70, www.sportpensionadam.de
Gepflegte Frühstückspension in Südhanglage mit Wald- und Wiesenblick. Komfortable Zimmer und Appartements (4 bzw. 5 Sterne). Wellnessangebote, z. B. Bürsten-, Sport- oder Aromaöl-Massage. Alle Behandlungen mit Naturprodukten, Biofrühstücksbuffet. Viele sportliche Extras sind im Übernachtungspreis enthalten: Sauna, Natur-Zuberbad, Reitmöglichkeit, Fahrradverleih, Angeln im hauseigenen Forellenteich, Verleih von Nordic-Walking-Stöcken, Schneeschuhen, Schlitten, Langlaufausrüstung. ❍
Anreise: Mit der Waldbahn ab Zwiesel.

» Biohof Unterberging
Unterberging 4, 94244 Geiersthal, Tel. 0 99 23/80 23 18, www.biohof-unterberging.de, Fr 14–17, Sa 9–12 Uhr.
Hofladen mit Naturkost-Lieferservice im Landkreis Regen und in Teilen der Landkreise Straubing-Bogen, Deggendorf und Cham. Großes Sortiment mit hofeigenen Produkten (Kartoffeln, Fleisch, Gemüse), Backwaren, Getränken, Drogerieartikeln u. a.

» Zellertaler Biomarkt-Stadl (Bioland)
Thalersdorf 27, 93471 Arnbruck, Tel. 0 99 45/6 07, www.biohofmarkt-schaffer.de, Do 15–20, Fr 9–20 Uhr und nach Vereinbarung.

Mehrfach für seine Sortimentsvielfalt ausgezeichneter Biomarkt. Je nach Jahreszeit bis zu 40 Obst- und bis zu 40 Gemüsesorten, 60 verschiedene Hart- und Weichkäse. Rindfleisch aus hofeigener Aufzucht und Spezialitäten wie Kaminwurzen. Kinderspielstube beim Laden.
Anfahrt: Buslinie 6196 ab Bodenmais oder Bad Kötzting.

» **Bayerwald Obst (Naturland)**
Oleumhütte 2, 94209 Regen,
Tel. 0 99 21/85 26,
www.bayerwald-obst.de,
Fr 9–18, Sa 9–13 Uhr.
Köstliches Obst ernten die Mitarbeiter des Naturland-Betriebs auf 6 ha Fläche, 500 bis 550 m über dem Meeresspiegel. Alles Bio, versteht sich, zur Schädlingsbekämpfung auf einer Obstplantage werden sogar Hühner eingesetzt und deren Eier bereichern gleich das Sortiment des Hofladens. Dort gibt's ganzjährig außerdem Äpfel, Brot, Honig, Salate, Destillate, Liköre und je nach Saison frisches Obst: Erdbeeren, Himbeeren, Brombeeren, Heidelbeeren, Quitten und Kirschen.
Anfahrt: Vom Bahnhof Regen mit Buslinie 6195.

meister«, macht es möglich. Beim Schnupperkurs an einem Wochenende wird alles, vom Anlegen des Geschirrs bis zu Lenktechniken, gelernt, inklusive Probefahrten mit einem 3-Hunde-Gespann (ab 369 €). Die Kenntnisse können in 1-wöchigen Diplom-Kursen vertieft werden. Zum Programm des Outdoor-Spezialisten gehören auch Schneeschuh-Wanderwochenenden und ein Wildnis-Training.
Waldschrat's Adventure Company:
Flanitzmühle 9, 94258 Frauenau,
Tel. 0 99 26/7 31,
www.waldschrat-adventure.de
Anfahrt: Abholung der Teilnehmer vom Bahnhof Zwiesel.

› Frauenau

Unter den Glasmacherorten im Bayerischen Wald ist Frauenau eine Perle, dank seiner berühmten **Glashütten, Glaskünstler** und seines bedeutenden Glasmuseums. Bis heute kann man sich hier mit schönen mundgeblasenen Unikaten eindecken. Bereits 1420 entstand die erste Glashütte in dem Ort im Tal der Flanitz. Im Jahr 1605 erwarben die Freiherrn von Poschinger die Glashütte und das zugehörige Gut in Frauenau, deren Gläser vor allem zur Zeit des Jugendstils in aller Welt Bewunderung und reißenden Absatz fanden. Die Jugendstil-Künstler Joseph Maria Olbrich, Hans Christiansen und Peter Behrens arbeiteten für das Unternehmen. König Ludwig III. von Bayern und König Friedrich August III. von Sachsen ließen sich in der Poschinger Hütte Service aus feinstem Kristallglas fertigen. Frauenaus zweite berühmte Glasmanufaktur ist die von Erwin Eisch, dessen Werke prägend für die moderne Glaskunst, insbesondere für die internationale Studioglasbewegung, sind.

Im **Glasmuseum** wird ausgehend von einem Schmelzofen, Pinseln, Schleif- und Gravurmaschinen die Arbeits- und Lebenswelt der Hüttenleute und Glasmacher veranschaulicht. Bei einer Zeitreise durch die Epochen der europäischen Glaskultur sind beispielsweise Luxusgläser des Barock in einem gläsernen Gartenlabyrinth zu sehen. Zur einzigartigen Sammlung historischer Gläser gehören Schmankerl wie Bixl, wie die Bayerwäldler ihre feinen Schnupftabakgläser nennen (Am Museumspark 1, Mo–Fr 9–17, Sa, So 10–16 Uhr, Mitte Nov–Mitte Dez. geschl.).

Kunstvoll ist auch Frauenaus **Rokokirche »Zur lieben Frau«** (1759 bis 1767), die Fresken von Anton Rauscher zieren. Am Ortsrand liegt ein **Wildgehege,** ein beliebtes Ausflugsziel besonders zur Brunftzeit, wenn Geweihe aneinanderkrachen und gewaltiges Röhren durch den Wald schallt. Ein Naturlehrpfad führt vom Kinderspielplatz rund um das Wildgehege.

› Im Glasmuseum Frauenau

› Rachel

Nördlich des Glashüttenorts Spiegelau erhebt sich der höchste Berg des Nationalparks, der Rachel (1453 m). Uriger Wald, die Fernsicht und der sagenumwobene **Rachelsee** machen ihn zum beliebten Ausflugsziel. Am Gfäll (Igelbus-Haltestelle) beginnt der Rundweg »Auerhahn« (10 km, 4 Std.), der via Waldschmidthaus steil zum Gipfel führt. Felsblöcke aus Gneis bedecken das Plateau. Dahinter geht es über steile Felsstufen abwärts zur Rachelkapelle und weiter hinunter zum Rachelsee, der im Bett eines eiszeitlichen Gletschers liegt.

› Naturerlebnis-Tipps

Seelensteig

»Ist ein Wald etwa nur zehntausend Klafter Holz? Oder ist er eine grüne Menschenfreude?« (Bertolt Brecht). Der märchenhafte Seelensteig am Fuße des Rachels regt wie kaum ein anderes Waldstück zum Nachdenken über das Werden, Wachsen und Vergehen in der Natur an. Ein 1,3 km langer Holzsteg führt durch einen Bergmischwald, zu 400 Jahre alten Tannen und Fichten, aber auch zu Stellen, die durch Borkenkäfer und heftige Stürme in den 1980er Jahren zerstört und dann sich selbst überlassen wurden und wo mittlerweile wieder frisches Grün sprießt. Aus Anlass des 25-jährigen Nationalpark-Jubiläums wurde der Seelensteig 1995 eingerichtet

Anfahrt: Der Seelensteig liegt an der Schwarzachstraße (Igelbus-Haltestelle »Seelensteig« zwischen Spiegelau und Gfäll).

Waldspielgelände
»Spielend die Natur begreifen« ist das Motto des Waldspielgeländes nördlich von Spiegelau. Vor allem Familien mit Kindern tummeln sich in dem 50 ha großen, parkartig angelegten Waldgebiet. Hauptattraktion ist ein 2 km langer Naturerlebnispfad mit zehn Stationen, an denen die Besucher den Waldklängen lauschen, mit Naturmaterialien musizieren, Pflanzen ertasten und erriechen und sich »mit Tieren messen können«: im Balancieren, Kriechen, Klettern und im Weitsprung.
Anfahrt: Die Waldbahn von Zwiesel hält in Spiegelau.

› Lusen

Silbrig-grau leuchtet der Gipfel des 1373 m hohen Lusen. Die Farbe kommt von den Granitblöcken auf seiner Kuppe, aber auch von Tausenden von Baumskeletten seiner Hochlagen. Am Lusen hat der Borkenkäfer besonders arg gewütet. Ab 1995 vermehrten sich die reiskorngroßen Insekten explosionsartig und attackierten die vor allem durch die Klimaerwärmung geschwächten Bergfichten. Die Nationalparkverwaltung verhinderte nur am Rand des Schutzgebiets durch Einschläge ein Übergreifen der Seuche auf die benachbarten, wirtschaftlich genutzten Forste. Bürgerinitiativen forderten, auch im Nationalpark einzugreifen, mit Drohungen und einem Brandanschlag auf ein Gebäude der Nationalparkwacht.

Dass mittlerweile ein neuer Wald nachwächst, ist vom **Hochwaldsteig** aus gut zu sehen. Um die verwitternden Bäume wachsen Himbeeren, Siebenstern, Flechten und kleine Fichten. Eidechsen huschen durchs Gestrüpp und Schmetterlinge flattern übers frische Grün. Der Hochwaldsteig zweigt von der sogenannten Himmelsleiter ab. So wird der Aufstieg zum Lusengipfel ab Schutzhütte am Böhmweg genannt. Die **Himmelsleiter** ist gleichzeitig Teil des Rundwegs »Luchs« ab Lusenparkplatz, an dem auch die Igelbusse halten.

› Freyung

Mit »Freyung« wurde ursprünglich ein Gebiet bezeichnet, auf dem Siedler keine Steuern zahlen mussten. So lockten die Landesherren um 1300 Bauern in das kleine, hoch gelegene Rodungsdorf (658 m) nahe Burg Wolfstein. Das mittlerweile eingemeindete Kreuzberg entwickelte sich um 1400 zum Hauptwallfahrtsort im Hochstift Passau und zum wichtigen Zoll- und Säumerplatz am Goldenen Steig, einer alten Handelsroute zwischen Passau und Böhmerwald.

Heute ist das am südöstlichen Rand des Nationalparks gelegene Freyung (7000 Einw.) ein anerkannter Luftkurort. Im Zentrum stehen schmucke Bürgerhäuser um die neugotische Pfarrkirche Mariä Himmelfahrt (1877). Auf einem Felsen nördlich der Stadt thront **Schloss Wolfstein,** einst Jagdschloss der Passauer Fürstbischöfe, heute Galerie und Jagd- sowie Fischereimuseum (Wolfkerstr. 3, Mo sowie Ende Herbstferien bis Weihnachten und Ende Faschingsferien bis Ostern geschl.).

› Erlebniswandern: Buchberger Leite

› Naturerlebnis-Tipp

Buchberger Leite

Die Buchberger Leite, eine tiefe Schlucht mit hohen Felswänden, ist eines der schönsten Geotope Bayerns. Am Saußbachstausee in Freyung beginnt ein 9 km langer Wanderweg (3 Std.) zu dieser Wildbachklamm. Die Route führt zunächst rechts des Saußbachs dorthin, wo er sich mit dem Reschbach zur Wolfsteiner Ohe vereinigt. Dahinter geht es durch den Schluchtwald, über Wurzeln und Felsen, durch einen Felstunnel und über eine Hängebrücke bis nach Ringelai. **Rückfahrt:** Mit Buslinie 6182, Freyung-Perlesreut.

› Waldkirchen

Die Anfänge des beliebten Einkaufs- und Tourismusstädtchens (10 500 Einw.) liegen im 12. Jh., als nahe am Goldenen Steig ein neuer Pfarrsitz, eine »Kirche im Wald«, gegründet wurde. Bald begann ein reges Markttreiben zwischen Bauern der Region und Säumern, die auf dem Goldenen Steig zwischen Passau und Böhmen vor allem Salz transportierten und in Waldkirchen Station machten. Zwischen 1460 und 1470 ließ der Passauer Fürstbischof den Markt mit einer Ringmauer umbauen, die heute noch stellenweise erhalten ist. Große Teile der Altstadt wurden allerdings durch Brände und zuletzt 1945 durch amerikanische Truppen zerstört.

Im Zentrum am Marktplatz steht die neugotische **Pfarrkirche St. Peter und Paul,** die wegen ihrer Größe auch Dom des Bayerischen Waldes genannt wird. Ein Steinmetz hat an einem Haus am Markt für alle Junggesellen ein Denkmal geschaffen: mit der Figur »Ewiger Hochzeiter«. 100 Jahre später bekam der »Ewige Hochzeiter« dann doch eine Braut, die steinerne »Gretl« am Haus schräg gegenüber. Das **Museum Goldener Steig** dokumentiert die Geschichte des Handelsweges, ergänzt durch Exponate zur Volksfrömmigkeit und zum bürgerlichen Leben in Waldkirchen.

Erholung finden Besucher im **Karoli-Badepark** (mit Salzwasserbecken und tollem Blick in den Bayerischen Wald) und im **Kurpark am Erlauzwieseler See** (mit Kneippanlage, Bauerngarten und Feuchtbiotop).

Am Tourismusbüro beginnt ein Rundweg (6 km, 1,5 Std.) zur **Saußbachklamm,** einer unter Naturschutz stehenden Schlucht mit großen Granitblöcken. Und im Ortsteil Schiefweg ist im **Geburtshaus der Schriftstellerin Emerenz Meier** (1874–1928) eine Ausstellung zur Dichterin zu sehen.

› Naturerlebnis-Tipp

Eskimotage

Beim Eskimotag lernen die Teilnehmer, ein richtiges Iglu zu bauen. Der genaue Ort des Geschehens, nahe Waldkirchen, wird je nach Schneelage kurzfristig festgelegt. Nach einer Wanderung durch die Winterlandschaft und einer Bauanleitung wird der Schnee mit Werkzeugen bearbeitet, geformt und geschichtet, bis die Hütte steht. Anschließend macht es sich die Gruppe in dem Kühlhaus gemütlich, es gibt einen wärmenden Imbiss und wer will, kann sogar im Iglu übernachten.

Tauchschule Stefan Berger: Passauer Str. 28, 94110 Wegscheid, Tel. 0 85 92/ 93 50 26, www.blub-blub.de

Der Eskimotag kostet 55 € pro Person. Der Veranstalter organisiert auch Schneeschuhwanderungen.

› Dreiburgenland

Drei Höhenburgen standen bei der Namensgebung für die traumhafte Hügellandschaft zwischen Passau und dem Nationalpark Pate: Schloss Fürstenstein, Schloss Englburg und die Saldenburg. Das wehrhafte **Schloss Fürstenstein** überragt auf einem Granitfelsen den gleichnamigen Ort. Die mehrmals zerstörte Anlage ließ der Passauer Bischof Heinrich von Hofstätter 1860 wieder herrichten. Seit 2007 ist das Schloss in Privatbesitz. Das **Schloss Englburg** (14. Jh.) war lange in Besitz der Herren von Taufkirchen und wird heute als Pension und Tagungshaus genutzt. In der Ritterveste **Saldenburg,** im Volksmund als Waldlaterne bezeichnet, ist eine Jugendherberge eingerichtet. »Schwarze Perle« wird das idyllische **Tal der Ilz,** östlich der drei Burgen, genannt. In der **Dießensteiner Leite** bei Perlesreut ist die Ilz, besonders zur Schneeschmelze, ein reißendes Wildwasser.

Ein anschauliches Bild davon, wie die Waidler früher lebten, vermittelt das **Museumsdorf Bayerischer Wald.** 150 Gebäude aus der Zeit von 1580 bis 1850 stehen auf dem 20 ha großen Gelände am malerischen **Dreiburgensee,** 3 km nordwestlich von **Tittling.** Seinen Ursprung hat das Freilichtmuseum in der Rothaumühle, die sich seit mehr als 500 Jahren an diesem Ort befindet. Um sie gruppieren sich Bauernhöfe, Sägewerke, Kapellen und die älteste Volksschule Deutschlands (Herrenstr. 11, Tittling, www.museumsdorf.com, Mitte April–Nov. tgl. 9 bis 17 Uhr, im Winter ist keine Besichtigung der Häuser, nur ein Spaziergang über das Gelände möglich.

› Freilichtmuseum am Dreiburgensee

Allgemeine Infos

Tourismusverband Ostbayern
Luitpoldstr. 20, 93047 Regensburg, Tel. 09 41/58 53 90 oder 08 00/1 21 21 11, www.ostbayern-tourismus.de

Mit Bus und Bahn

Bahn: Plattling, für Bahnreisende das Tor zum Bayerischen Wald, ist mit Regional- und Fernzügen von Nordwesten via (Nürnberg-) Regensburg zu erreichen und mit Regionalzügen vom südwestlich gelegenen München. Ab Plattling fährt die Waldbahn über Regen, Zwiesel und Ludwigsthal (Haus zur Wildnis und Tier-Freigelände im Nationalpark) nach Bayerisch-Eisenstein (guter Ausgangspunkt für Wanderungen im Nordwestteil des Nationalparks). Vom Knotenpunkt Zwiesel gibt es Verbindungen per Waldbahn nach Bodenmais und, via Frauenau und Spiegelau, nach Grafenau. Außerdem startet in Zwiesel der Falkensteinbus nach Theresienthal, Ludwigsthal (Haus zur Wildnis), Zwieslerwaldhaus und Schwellhäusl. Nach Cham, Bad Kötzting und Lam verkehren Regionalzüge ab Schwandorf, das gut von Nürnberg bzw. Regensburg aus zu erreichen ist.
Bus: Zwischen 15. Mai und 2. Nov. sind die erdgasbetriebenen Igelbusse im Rachel-Lusen-Gebiet unterwegs: der Rachel-Bus von Spiegelau nach Gfäll, mit Halt am Seelensteig, der Lusen-Bus von Grafenau bzw. vom Eisenmann-Haus bis unterhalb des Lusengipfels, der Finsterau-Bus von Spiegelau via Eisenmann-Haus nach Finsterau an der Grenze zu Tschechien und der Freyung-Bus von Freyung zum Eisenmann-Haus. Weitere wichtige Buslinien: Nr. 590 Bayerisch-Eisenstein-Arber Bergbahn-Lam, Nr. 6119 Grafenau-Riedhütte-St. Oswald-Eisenmann-Haus.
Bayerwald-Ticket: Busse und Bahnen der Region können einen Tag lang genutzt werden für 6 € pro Person, 2 Kinder bzw. alle eigenen (Enkel-)Kinder können kostenlos mitfahren. Von/nach Plattling kostet das Bayerwald-Ticket 12 € pro Person.
Bayern-Ticket: Mit dem Bayern-Ticket können bis zu 5 Personen einen Tag lang Nahverkehrszüge der Bahn, Busse, S-, U- und Straßenbahnen der Verkehrsverbünde und fast alle sonstigen Linienbusse in ganz Bayern nutzen. Auch einzelne Strecken außerhalb von Bayern sind inklusive, z. B. nach Ulm Hauptbahnhof und Salzburg, außerdem die Zugspitzbahn auf der Schienenstrecke Garmisch-Partenkirchen – Grainau. In zahlreichen Bergbahnen, Schiffen, Museen, Erlebnisbädern und Freizeitparks werden Ermäßigungen gewährt. Der Fahrschein gilt Mo–Fr ab 9, Sa, So, Fei ab 0 Uhr und kostet am Automaten und im Internet 27 €, in DB-Reisezentren 29 €, als Single-Ticket für Alleinreisende 19 bzw. 21 €. Das Bayern-Ticket Nacht (19/21 €) können bis zu 5 Personen zwischen 18 Uhr und 6 Uhr des Folgetages nutzen .
Igelbus-Ticket: Wer nur die Igelbusse nutzen will, kann auch ein Igelbus-Tagesticket kaufen (4 € fürs Rachel-Lusen-Gebiet).
RBO Regionalbus Ostbayern GmbH: Von-Donle-Str. 7, 93055 Regensburg, Tel. 09 41/6 00 00, www.rbo.de, www.bayerwald-ticket.com
Deutsche Bahn: Tel. 08 00/1 50 70 90, www.bahn.de

Berchtesgadener Land

Im südöstlichen Zipfel Deutschlands erwartet Wanderer ein gewaltiges alpines Spektakel – im Bann des sagenumwobenen Watzmanns.

Gezackte Berggiganten, scharfkantige Felswände und tief eingeschnittene Täler, Gletscher, glitzernde Seen und saftig grüne Almwiesen – das Berchtesgadener Land ist voller Extreme. Hier liegt der Kältepol der Republik und hier stürzt der höchste deutsche Wasserfall zu Tal. Bei Höhendifferenzen von stellenweise über 2000 m sind zahlreiche Tier- und Pflanzenarten auf engstem Raum vertreten, die seit Gründung des Nationalparks im Jahr 1978 unter besonderem Schutz stehen.

› Nationalpark und Biosphärenreservat Berchtesgaden

Deutschlands einziger Nationalpark in den Alpen umfasst eine Fläche von 210 km^2 südlich einer Linie zwischen Hohem Göll und Hintersee. Zum 1990 ausgewiesenen Biosphärenreservat gehören die Flächen des Nationalparks und sein nördliches Vorfeld bis Bad Reichenhall.

Drei tiefe Kerben durchziehen das Hochgebirge: das **Klausbachtal** im Westen, das **Wimbachtal** in der Mitte und der **Königssee** im Osten. Zwischen den Kerben ragen mächtige Gipfel himmelwärts: der **Hohe Göll** (2522 m) östlich des Königssees, der **Watzmann** (2713 m) zwischen Königssee und Wimbachtal und der **Hochkalter** (2607) zwischen Wimbach- und Klausbachtal.

Um den Handel mit Alpenpflanzen einzuschränken, wurde bereits 1910 auf einem Teilgebiet der »Pflanzenschonbezirk Berchtesgadener Alpen« eingerichtet. Mehrere Enzianarten sind hier heimisch, beispielsweise der Frühlingsenzian, auch Schusternagel genannt, mit seinen leuchtend blauen, sternförmigen Blüten, und der Stengellose Enzian mit blauen, glockenförmigen Blüten. Eine Besonderheit ist die auf der Reiteralm wachsende Zirbe (Zirbelkiefer) mit ihrem gedrungenen Wuchs und der rauen, grauen Rinde. Wissenschaftler haben etwa 400 Moos-, 640 Flechten- und 2000 Pilzarten gefunden. 100 Vogelarten brüten in der Gegend, bis zu sechs Steinadler-Brutpaare wurden in den letzten Jahren gezählt.

Nahe dem **Obersee,** südlich des Königssees, leben 60–80 Steinböcke, und viele Gämsen klettern in den Hochlagen umher. Murmeltiere lassen sich rund um den **Funtensee** im Süden des Nationalparks, an der Gotzenalm, östlich des Königssees, und – mit dem geringsten Aufwand – am **Jenner** (1874 m) beobachten. Der Berg am Nordostrand des Schutzgebiets ist dank seiner Seilbahn und fantastischen Aussicht ein beliebtes Ausflugsziel. Unten liegt der Königssee, gegenüber füllt der Watzmann das Bild. Pläne, eine Seilbahn auf den Watzmann zu bauen, wurden nach heftigen Diskussionen in den 1960er Jahren aus Naturschutzgründen wieder verworfen.

Die Kernzone des Nationalparks, die zwei Drittel der Gesamtfläche umfasst, bleibt von menschlichen Eingriffen vollkommen unberührt. Dagegen sind in der sogenannten Pflegezone traditionelle Nutzungen gestattet, wie die Schifffahrt auf dem Königssee, die

› Tosend stürzt das Wasser in der Wimbachklamm in die Tiefe

Fischerei, die Alm- und Waldbewirtschaftung. Durch Anpflanzung von Buche, Tanne, Bergahorn und in höheren Lagen Lärche sollen sich Fichten-Monokulturen künftig zu naturnahen Bergmischwäldern entwickeln.

Im **Nationalpark-Haus** in Berchtesgaden wird Wissenswertes über das Schutzgebiet multimedial vermittelt (Franziskanerplatz 7, tgl. 9-17 Uhr). An Computerstationen kann man Tierstimmen erraten, Pflanzen bestimmen und einen virtuellen Flug über die Berchtesgadener Alpen unternehmen.

Weitere Informationsstellen befinden sich an den Haupteingängen des Nationalparks. Attraktion der **Informationsstelle Hintersee** am Eingang des Klausbachtals ist ein **Naturerlebnis-Gelände** mit Bauern- und Alpenblumengarten, Balancierstrecke, Schleichpfad und Baumxylophon (tgl. 9–17 Uhr). Vor dem Haus startet der **Almerlebnisbus,** der durch das gesamte Klausbachtal fährt (s. »Mit Bus und Bahn«). Am Eingang des Wimbachtals gibt es ebenfalls eine Anlaufstelle, und eine weitere auf der Kühroint-Alm (1400 m), geöffnet zwischen Mai und Oktober täglich von 9 bis 17 Uhr.

Ein Netz von insgesamt **230 km Wanderwegen** erschließt den Nationalpark, von der leichten Schnuppertour durchs Tal bis zur ausgedehnten Hochgebirgskraxelei ist für jeden Wanderertyp etwas dabei. Besonders bei der Planung von Wanderungen in höherem Gelände sollte der Rat der Bergwacht und der Hüttenwirte, etwa zur Wetterlage und Lawinengefahr, eingeholt werden. Schnell kann der Wind Sturmstärke erreichen, ein Gewitter heranziehen oder, selbst im Sommer, Schneefall einsetzen. Festes Schuhwerk, Kleidung für alle Wetterlagen, Proviant und gute Karten sind unerlässlich. Ein Großteil der Wanderwege ist im Winterhalbjahr witterungsbedingt nur schwer begehbar.

›Naturerlebnis-Tipps

Wimbachklamm

In einer engen Schlucht am Eingang des Wimbachtals rauscht der ungezähmte Wimbach talwärts und stürzen Wasser-

› Der Hintersee ist Ausgangspunkt für Touren durchs Klausbachtal

fälle von den steilen Klammwänden, was besonders nach starken Regenfällen und in der Zeit der Schneeschmelze ein grandioses Spektakel ist. Den Steg durch die Schlucht legten einst die Ramsauer Holzknechte zur Erleichterung der Trift an, um die Baumstämme besser durch die Engstelle bugsieren zu können. Weiter oben im Tal fließt der Wimbach unter einem breiten, kilometerlangen Geröllstrom, der seinen Ursprung im Steinernen Meer hat.
Eine beliebte, rund 3-stündige Wanderung führt von der Wimbachbrücke an der Klamm vorbei durch das Wimbachtal bis zum Gasthaus Wimbachschloss und wieder zurück.
Eine botanische Rarität gedeiht im hinteren Wimbachtal: die Spirke, eine aufrecht wachsende Form der Latschenkiefer.
Infos: Geöffnet Mai–Okt. 8–17, Juni–Sept. bis 18 Uhr, Zutritt nur durch den unteren Eingang mit Chip, erhältlich für 1 € nebenan in Wimbach's Wollstadel.
Anfahrt: Buslinie 846 ab Berchtesgaden.

Klausbachtal

Was Naturgewalten anrichten können, lässt sich im Klausbachtal studieren. Das Tal erstreckt sich auf 7 km Länge vom Hintersee bis zum Hirschbichlpass an der Grenze zu Österreich. Im September 1999 brach ein Stück vom Gipfel des Kleinen Mühlsturzhorns ab. 250 000 m^3 Gestein donnerten ins Tal. Teile des alten Wanderwegs und Brücken verschwanden, der Klausbach musste einen neuen Lauf um Felsblöcke und Geröll nehmen. Auf der anderen Talseite ging am Hochkalter eine riesige Lawine ab und die vorausschnellende Druckwelle riss mit bis zu 300 km/h insgesamt 20 ha Wald nieder.
Eine reizvolle Wanderung führt vom Hintersee über die Blaueishütte zum Fuß des **Blaueisgletschers,** des nördlichsten Gletschers der Alpen (ca. 7 Std. hin und zurück). Er liegt geschützt auf der Nordseite hoher Berggipfel und ist dennoch infolge des Klimawandels im Laufe der letzten 100 Jahre um mehr als die Hälfte geschrumpft.
Anfahrt: Buslinie 846 fährt ab Berchtesgaden zum Taleingang und mit dem Almerlebnisbus geht's durchs Tal.

Expeditionen ins Tierreich

Den Steinadler beobachten, wenn er seine Kreise zieht, Tierspuren suchen und lernen, sie zu bestimmen, oder mit Pferd, Esel, Ziege und der ganzen Familie durchs Wimbachtal ziehen. Die Nationalparkverwaltung bietet übers ganze Jahr eine Fülle geführter Wanderungen an. Ins Revier des Steinadlers im Klausbachtal geht's jeden Donnerstag zwischen Juni und Mitte Oktober (kostenlos, Anmeldung nicht erforderlich). Treffpunkt: Nationalpark-Infostelle Hintersee 10 Uhr, Rückkehr 13.30 Uhr, Fernglas mitbringen!
Die von Tieren begleitete Familienwanderung findet jeden Montag zwischen Juli und Mitte September statt (ebenfalls kostenfrei und ohne Anmeldung). Treffpunkt 9.30 Uhr an der Nationalpark-Infostelle Wimbachbrücke, Ende um 12.30 Uhr am Wimbachschloss.
Nationalparkhaus: Tel. 0 86 52/6 43 43, www.nationalpark-berchtesgaden.bayern.de. Das Veranstaltungsprogramm umfasst auch Botanische Wanderungen, Lagerfeuerabende, Waldindianer-Abenteuer und Ausflüge wie »Murmeltieren auf der Spur«.
Im Winter: Schneeschuhtouren und Pferdeschlittenfahrten.
Anfahrt: Mit Buslinie 846 ab Berchtesgaden.

Klettern lernen in der Bergschule

Für alle, die sich auf heikles alpines Terrain wagen wollen, ist es ratsam, mit einem einheimischen Bergführer loszuziehen. Die Bergschule Watzmann betreut Kletterkurse und Touren verschiedener Schwierigkeitsgrade. Beim familiengeeigneten Schnupperklettern erlernen die Teilnehmer erst einmal die notwendigen Kletter- und Abseilmethoden. Am Watzmann wird sowohl die Überschreitung vom Watzmannhaus über Hocheck, Mittel- und Südspitze und hinab zur Wimbachgrieshütte in 8 Stunden angeboten (ab 100 €), als auch die Ostwand-Durchsteigung (ab 440 €). Trittsicherheit, Kondition und Bergwander- bzw. Kletter-Erfahrung auf ähnlich schwierigem Gelände sind Voraussetzung. Gleichwohl warnt der Veranstalter, dass bei allen Watzmann-Unternehmungen »Gefahren wie Steinschlag, Eisschlag oder unvorhersehbare Wetterumstürze, trotz sorgfältiger Planung, nicht ausgeschlossen werden können«.
Zum Winterprogramm gehören ein- und mehrtägige Schneeschuhwande-

› Steinbock im Nationalpark

rungen (ab 25 €) und Eiskletter-Wochenenden an gefrorenen Wasserfällen (ab 130 €).
Bergschule Watzmann:
Am Forstamt 3, 83486 Ramsau,
Tel. 0 86 57/7 11,
www.bergschule-watzmann.de,
Anmeldung für alle Veranstaltungen erforderlich.

› Bad Reichenhall

Salz überall, im Boden und in der Luft … Das Mineral hat seit Jahrhunderten die Geschichte des Alpenortes (18 000 Einw.) im Talkessel der Saalach bestimmt. Vermutlich wurden in der Gegend schon in vorgeschichtlicher Zeit Solequellen zur Salzgewinnung genutzt. Kirchliche und weltliche Herrscher stritten beständig um den Besitz der Reichenhaller Salzsudpfannen. Die durch Holzverbrennung erhitzten Pfannen brachten das Wasser der Sole zum Verdampfen, übrig blieb das Salz. Stollen, Quellen, Wasserräder und Pumpen können in der **Alten Saline,** einer 1834 unter Ludwig I. erbauten Salzproduktionsanlage, besichtigt werden. Die Solequellen unter dem Hauptbrunnenhaus sind in Marmor gefasst. Im **Freiluftinhalatorium** im 1870 angelegten Kurpark rieseln zwischen April und Oktober täglich 400 000 l Sole über Schwarzdornreisigbündel. Dabei zerstäubt das salzhaltige Wasser und ein feiner Solenebel steigt auf. Da heißt es: hinsetzen und durchatmen! Die feuchte, salzhaltige Alpenluft wirkt reinigend und wie Balsam auf Nase und Rachen. Am Marmorbrunnen der nahen Wandelhalle gibt's verdünntes, warmes Salzwasser zum Gurgeln und Nasespülen.

Im Nordosten der Stadt liegt das 1136 gegründete und 1803 säkularisierte **Augustiner-Chorherrenstift St. Zeno.** Aus der Anfangszeit des Klosters stammt die romanische, spätgotisch umgebaute, dreischiffige Basilika. Neben dem von zwei Löwen flankierten Marmorportal beeindruckt besonders der romanische Kreuzgang mit gotischer Einwölbung. Auf den Hausberg **Predigtstuhl** schwebt eine historische Großkabinenseilbahn. Sie ist seit 1928 in Betrieb und bewältigt eine Höhendifferenz von 1150 m.

Bad Reichenhall bietet sich für einen erholsamen Biourlaub an (s. S. 244).

› Berchtesgaden

Vor imposanter Bergkulisse, zwischen Watzmann, Untersberg und Hohem Göll, liegt die Kur- und Marktgemeinde Berchtesgaden (7650 Einw.). Bayerische Könige verbrachten hier ihre Sommerfrische, Schriftsteller und Maler folgten, später Bergsteiger, und spätestens mit Ludwig Ganghofers Romanen, die in und um Berchtesgaden spielen und verfilmt wurden, kamen die Touristen in Scharen.

Den Marktplatz umrahmen mittelalterliche Häuser, einzelne mit bemalten Fassaden. Doch das Ortsbild wird von der romanisch-gotischen **Stiftskirche** mit ihrer Doppelturmfassade beherrscht. Im Innern ist sie u. a. mit Marmor reich ausgestattet. Die Pröpste des 1102 gegründeten Augustinerchorherrenstifts kamen schnell zu Macht, erlangten das Schürfrecht auf Salz, die Blutgerichtsbarkeit, bis sie schließlich zu Fürstpröpsten aufstiegen. Ein Fürstprobst gründete auch das Berchtesgadener **Salzbergwerk,** als er 1517 den Petersberg-Stollen anschlagen ließ. Das Bergwerk ist bis heute ununterbrochen in Betrieb. Ab 1817 rann die Sole zur Weiterverarbeitung über eine Leitung nach Bad Reichenhall. Dem Verlauf der alten Rohre folgt ein 12 km langer Wanderweg nach Ramsau. Ausgangspunkt: Gasthaus Zipfhäusl (s. S. 248).

Das einstige **Klostergebäude neben der Stiftskirche** verwandelten nach der Säkularisation die Wittelsbacher in eine Sommerresidenz. Ein lauschiges Plätzchen ist der romanische Kreuzgang mit Arkadenflügeln und plätscherndem Brunnen im Zentrum der Anlage. Besucher können im Rahmen einer Führung das frühgotische, ehemalige Dormitorium (Schlafsaal) und Räume mit Gemälden, Möbeln, Wandteppichen, Porzellan und Waffen besichtigen. Die Exponate stammen aus der Sammlung von Kronprinz Rupprecht (im Sommer Sa, im Winter Sa, So geschl.).

Wer sich mit Bioprodukten eindecken möchte, der wird garantiert im Naturkostladen Keimling in Berchtesgaden fündig. Bio wohnen kann man in Bischofswiesen (s. S. 244 f.).

› Naturerlebnis-Tipp

Hinein ins Salz

In Bergmannskluft gekleidet, fährt man mit der Grubenbahn in den Berg ein. Salzkristalle glitzern, von buntem Kunstlicht beleuchtet. Durch Stollen

› Salzzeitreise

und über Rutschen geht es immer tiefer, zu einer Salzgrotte und weiter zu einem unterirdischen See des ausgelaugten Sinkwerks. Bizarre Salzzapfen spiegeln sich darin, per Fähre wird übergesetzt. So sieht eine Tour durchs Erlebnisbergwerk Berchtesgaden in einem stillgelegten Teil der bald seit 500 Jahren tätigen Salzgewinnungsanlage aus. Unter Tage beträgt die Temperatur ganzjährig konstant 12 °C, also: warm anziehen und feste Schuhe nicht vergessen!

Im Salzlabor gibt's spielerisch Antworten auf alle Fragen rund ums »Weiße Gold« und dessen Abbau, beispielsweise, dass hier das Salz im »Haselgebirge«, einem Mischgestein, gebunden ist. Moderne Bohrspülwerke lösen das kostbare Mineral mit Hilfe von Süßwasser heraus.

Salzbergwerk Berchtesgaden:
Bergwerkstr. 83, 83471 Berchtesgaden, Tel. 0 86 52/60 02 20, www.salzzeitreise.de, Mai–Okt. 9–17, Nov.–April 11.30–15 Uhr.

› Obersalzberg und Kehlstein

Auf diesen Bergen einfach die Aussicht zu genießen, ohne sich mit ihrer Geschichte auseinanderzusetzen, ist kaum möglich. Der Obersalzberg war Hitlers zweiter Regierungssitz und »Führersperrgebiet«. Dort diktierte er Teile von »Mein Kampf« und bereitete mit seinen Günstlingen Terror, Krieg und millionenfaches Morden vor. Neben Hitlers Wohnsitz, dem Berghof, ließen sich Hermann Göring, Martin Bormann und Albert Speer Häuser errichten. 1945 zerstörten alliierte Bomber die meisten Gebäude.

Heute können Teile eines ebenfalls von den Nationalsozialisten angelegten, kilometerlangen Tunnel- und Bunkersystems besichtigt werden. Eine **Dokumentationsstätte** zeigt u. a. die Schnittstellen zwischen dem Geschehen auf dem Obersalzbergs, der mit seiner grandiosen Naturkulisse auch für Propagandazwecke herhalten musste, und Terror, Krieg und Holocaust.

Nebenan sollen Gäste im 2005 auf Hitlers Bunkern eröffneten Luxushotel »ein unwiderstehliches Gefühl der Leichtigkeit« spüren. Zuvor gab es jahrelange Diskussionen, ob das Hotel gebaut werden soll. Der jüdische Schriftsteller Ralph Giordano warf den Verantwortlichen im Zusammenhang mit dem Hotelbau vor: »Entweder die Leute wissen nicht, was Obersalzberg bedeutet, das wäre schon schlimm genug. Oder sie wissen genau, was das für ein Ort war – nämlich Hitlers zweiter Regierungssitz – und tun es trotzdem.« Bis heute pilgern auch immer wieder Alt- und Neonazis auf den Berg, was Fernsehreporter im August 2007 erneut öffentlich machten.

Auf dem Gipfel des benachbarten **Kehlsteins** steht noch das unzerstörte Haus, das Funktionäre der nationalsozialistischen Partei Hitler zu dessen fünfzigsten Geburtstag geschenkt hatten. Heute befindet sich hier ein Ausflugslokal!

› Königssee

In einem Kessel aus steilen, hohen Kalksteinwänden liegt die viel bedichtete, besungene, gemalte und fotografierte Naturschönheit.

› Am Westufer des Königsees erhebt sich der sagenumwobene Watzmann

Von der Wasseroberfläche des Königssees, 603 m über dem Meeresspiegel, bis zum Gipfel des vom Westufer emporsteigenden Watzmanns sind es 2110 Höhenmeter. Ein Gletscher hobelte an einer Bruchzone im Fels das 8 km lange und 200 m tiefe Trogtal aus. Das grüne Schimmern des Sees kommt von der Brechung des Sonnenlichts an im Wasser gelösten Kalkteilchen. Barsch, Hecht und seltenere Fischarten, wie Seeforelle und Seesaibling, tummeln sich im sauberen Wasser.

Wer von **Schönau** kommt, wo sich mit der Pension Krennleiten (s. S. 244) ein Biohotel befindet, kann links dem Wanderweg entlang des Ostufers folgen und erreicht schnell den **Aussichtspunkt Malerwinkel,** wo Künstler im 19. Jh. bevorzugt ihre Staffelei aufstellten. Mit leisem Elektromotor angetriebene Boote der Bayerischen Seenschifffahrt durchqueren fahrplanmäßig den See und halten an insgesamt drei Stationen. Die Fahrtzeit nach St. Bartholomä in der Mitte des Westufers beträgt ziemlich genau 35 Minuten. Salet am Südende des Sees wird nur zwischen Mitte April und Mitte Oktober angesteuert, Kessel am Ostufer nur bei Bedarf. Unterwegs bläst der Kapitän die Trompete Richtung Watzmannmassiv, das berühmte Echo ertönt und dann denken die begeisterten Passagiere erst recht: »Der Königssee iis schee.« An jeder Haltestelle kann man zu herrlichen Wanderungen aufbrechen.

Die Wallfahrtskirche **St. Bartholomä** mit den weinroten Kuppeldächern wurde im 12. Jh. errichtet und um 1700 barockisiert. Sie steht auf Verwitterungsschutt der Watzmannwände. Im Laufe der letzten 10 000 Jahre schob der Eisbach immer wieder Ge-

Bioadressen

»Biohotel Kurz
Schulstr. 1, 83483 Bischofswiesen,
Tel. 0 86 52/98 00,
www.biohotel-kurz.de
Eine Bio-Spitzenküche erwartet Gäste des Hotels Kurz, und das Beste: Sie können hier in Seminaren die vegetarische Kochkunst auch gleich lernen. Beim Kurs »Wildkräuter, Wildgemüse und Wildblüten sammeln, bestimmen und zubereiten« stehen Köstlichkeiten wie »Brennnessel-Kartoffelschnee auf Löwenzahnsalat« und »Gänseblümchen-Suppe mit Tripmadam-Beignet« auf dem Speiseplan. Die Gastgeberinnen, Christel und Gabi Kurz, verwenden fast ausschließlich Produkte aus eigenem biologischem oder aus Demeter-Anbau. Das Mehl für die Semmeln, Brot, Kuchen und Nudeln wird direkt vor der Verarbeitung frisch gemahlen. Nach Anmeldung können auch externe Gäste im Restaurant speisen.
Die 15 Hotelzimmer sind gemütlich im ländlichen Stil eingerichtet. Ein großer Garten mit Teich, Kräuterspirale und Liegestühlen lädt zum Verweilen ein. Entspannung findet man außerdem im Meditationsraum und bei einer Aroma-Massage. ❍❍❍
Anreise: Bischofswiesen liegt an der Bahnstrecke Freilassing-Bad Reichenhall-Berchtesgaden.

»Hotel Hansi
Rinckstr. 3, 83435 Bad Reichenhall,
Tel. 0 86 51/9 83 10,
www.hotel-hansi.de
Kleines Hotel mit familiärer Atmosphäre in ruhiger Lage neben dem Kurpark von Bad Reichenhall. Das Haus wurde schon mehrmals als besonders umweltfreundlicher Betrieb ausgezeichnet, u. a. weil eine Photovoltaikanlage auf dem Dach einen Großteil des Stroms erzeugt. Gäste können sich kostenlos Fahrräder ausleihen. Das Biofrühstücksbuffet bereichern hausgemachte Marmeladen und Semmeln. Die meisten der behaglich eingerichteten Zimmer haben einen Balkon. Das Nichtraucher-Haus bietet Wander-, Gesundheits- und Kulturpauschalen. ❍❍
Anreise: Von Freilassing fahren Regionalzüge nach Bad Reichenhall.

»Pension Krennleiten
Krennstr. 9, 83471 Schönau am Königssee, Tel. 0 86 52/6 28 82,
www.krennleiten.de
Eine Pension zum Wohlfühlen. Bei der Anreise wartet ein kleines Betthupferl auf dem Buchweizen-Kopfkissen und am nächsten Morgen ein leckeres Frühstücksbuffet mit Zutaten aus biologischem Anbau, Früchten und selbst gesammelten Kräutern des Hausgartens. Die elf Zimmer sind individuell eingerichtet und frei von der »Medienberieselung« durch Fernseher und Radio. Ein Raum steht für Meditationsübungen zur Verfügung. Gesundheitsfördernde Anwendungen wie eine Ohrenkerzenbehandlung und »bioenergetische Aromawickel« werden angeboten. ❍
Anreise: Schönau ist von den Bahnhöfen Bad Reichenhall und Berchtesgaden mit Buslinie 841 zu erreichen.

»Milchwerke Berchtesgadener Land Chiemgau (Demeter/Naturland)
Hockerfeld 5–8, 83451 Piding,
Tel. 0 86 51/7 00 40,
www.molkerei-bgl.de

Die Produkte der Milchwerke Berchtesgadener Land sind bundesweit ein Renner in Bioläden. Zum Sortiment gehört die beste Milch der Republik: Die frische Alpenmilch in Demeter-Qualität war 2006 Testsieger der nationalen Milchstudie der Uni Kassel und 2007 bestes getestetes Produkt beim Milchtest der Stiftung Warentest.
Die Molkerei erfasst Milch von knapp 1000 Bergbauernhöfen in den Alpen und am Alpenrand. Die Kühe futtern Gräser, Alpen- und Heilkräuter, im Winter würziges Almheu, was, zusammen mit einer schonenden Verarbeitung, der Milch einen besonders hohen Gehalt an lebensnotwendigen Omega 3- und CLA-Fettsäuren bringt.
Mitte 2009 soll auf dem Werksgelände in Piding ein neues Gebäude mit einem Informationsraum für Besucher eröffnet werden. Ab einem Einkaufswert von 50 € liefert die Molkerei Milchprodukte und Käsespezialitäten täglich frisch an Großverbraucher im Berchtesgadener Land und darüber hinaus bis Altötting, Rosenheim und Salzburg.
Anfahrt: Piding hat einen Bahnhof an der Strecke Freilassing-Bad Reichenhall.

»Naturkostladen Keimling
Nometal 8, 83471 Berchtesgaden,
Tel. 0 86 52/32 78, Mo–Fr 9–13, 14.30–18, Sa 9–12.30 Uhr.
Im Berchtesgadener Naturkostladen Keimling gibt's alles, was man zur Grundversorgung mit Biolebensmitteln braucht: frisches Obst und Gemüse, Backwaren, Milchprodukte, Fleisch und ein Trockensortiment.

»Bio Peter
Sägewerkstr. 1, 83395 Freilassing,
Tel. 0 86 54/6 42 00, www.bio-peter.de, Mo–Fr 8–19, Sa 8–14 Uhr.
Großer Biomarkt mit Bistro in Freilassing, im Norden des Berchtesgadener Lands. Reiche Auswahl schon an der Käsetheke mit 125 Sorten, darunter Spezialitäten wie Weißbier-, Winzer- oder Steinpilzkäse. Selbst bei den Backwaren hat man die Qual der Wahl, ob man das Vollkorn-Knödelbrot mitnimmt oder das Ayurveda-Brot aus gekeimtem Dinkel mit Radieschen und Bockshornkleesprossen!
Im Bistro werden täglich frische Mittagsmenüs zubereitet und den Kuchen und Torten kann kaum einer widerstehen.

› Das Steinerne Meer: voller Fossilien

röll in den Königssee, so bildete sich an dieser Stelle ein Landvorsprung.

Von der Anlegestelle **Salet** führt ein Weg zum **Obersee** (20 Min.). Eine Endmoräne, Relikt eines Gletschervorstoßes der letzten Eiszeit, trennt beide Gewässer. Die Gesteinstrümmer am Wegesrand stammen von einem Felssturz.

Einen atemberaubenden Blick aus der Vogelperspektive auf den Königssee bietet der **Aussichtspunkt Feuerpalfen,** oberhalb der Gotzenalm (von Pfingsten bis Anfang Okt. bewirtschaftet, Übernachtungsmöglichkeit). Eine steile Aufstiegsmöglichkeit dorthin gibt es ab der Bootsanlegestelle **Kessel** über die Gotzentalalm (3 Std.). **Schifffahrt Königssee:** Seestr. 55, 83471 Schönau am Königssee, Tel. 0 86 52/ 9 63 60, www.seenschifffahrt.de

› Naturerlebnis-Tipp

Naturrekorde rund um den Königssee

Der **Röthbachfall,** der höchste Wasserfall in Deutschland, stürzt an einer fast senkrechten Wand 470 m in die Tiefe. Wer sich das Spektakel aus der Nähe ansehen möchte, wandert von der Anlegestelle Salet zum Obersee und weiter Richtung Fischunkelalm, bis rechts ein rot markierter Steig abzweigt, der über schöne Almwiesen zum stürzenden Wasser führt (Hin- und Rückweg insgesamt ungefähr 1,5 Std.).

Weihnachten 2001 wurde am **Funtensee** Deutschlands Kälterekord gemessen: -45,9 °C! Der See liegt auf 1601 m Höhe in einer Doline, einer trichterförmigen Vertiefung, entstanden beim Einbruch einer Höhle.

Ein guter Ausgangspunkt für eine Tour zum »Kältepol« ist die Kirche St. Bartholomä. Von hier geht's zunächst am Königsseeufer südwärts, dann rechts die Saugasse hinauf, einen steilen, steinigen Anstieg mit zahlreichen Kehren, bis nach etwa vier Stunden das Kärlingerhaus am Funtensee erreicht wird. Zwischen Mitte Mai und Mitte Oktober ist die Hütte bewirtschaftet und bietet schlichte Schlafplätze.

Wer auf dem benachbarten kargen Plateau versteinerte Muscheln findet, sollte sich nicht wundern, denn die **Steinernes Meer** genannte Hochgebirgsfläche war vor 200 Mio. Jahren tatsächlich ein Meer.

Anfahrt: Mehrere Buslinien verbinden Berchtesgaden mit dem Königssee, z. B. Linie 841.

Watzmann

»Südöstlich von Salzburg streckt, mit ewigem Schnee bedeckt, hoch über sieben niedrigere Zinken ein Berg zwei riesige Zackenhörner gen Himmel, das ist der über neuntausend Fuß hohe Watzmann«. So beginnt Ludwig Bechsteins Erzählung vom Schreckensherrscher »König Watzmann«, der samt seiner Familie zu Stein verwandelt wurde. »Watzmann, Watzmann, Schicksalsberg,/du bist so groß und i nur a Zwerg«, reimte Wolfgang Ambros über das sagenumwobene Wahrzeichen und glitzernde Kitschobjekt vieler Heimatschnulzen.

Genau genommen ist der »Berg« ein Dachsteinkalkmassiv, das mit einer ganzen Gipfelgruppe, der sogenannten »Gipfelfamilie«, gen Himmel ragt. Die durch einen Grat verbundenen Hauptspitzen, Mittelspitze (2713 m), Südspitze (2712 m) und Hocheck (2651 m), überragen den Kleinen Watzmann (»Watzmannfrau«) und die »Watzmannkinder«.

Die Ostwand ist mit fast 2000 m Höhe der höchste Felsabbruch der Ostalpen. Johann Grill aus Ramsau, genannt der Kederbacher, gelang 1881 die Erstdurchsteigung der Barthlomäwand, wie sie früher genannt wurde. Bis heute sind an dem schroffen Fels fast 100 Alpinisten ums Leben gekommen.

Selbst der markierte und stellenweise mit Drahtseilen gesicherte Weg vom Watzmannhaus zum Hocheck und weiter zur Mittelspitze ist, auch für geübte Kletterer, nicht ungefährlich, immer wieder muss die Bergwacht anrücken. Aber das Gipfelkreuz lockt, wie der faszinierende Ausblick auf Hochkönig, Zugspitze und die Gletscher des Alpenhauptkammes.

Naturerlebnis-Tipp

Wanderung zum Watzmannhaus

Wenn der Watzmann ruft, muss nicht gleich der Gipfel das Ziel sein. Das Watzmannhaus, das spektakulär in 1928 m Höhe auf dem Falzköpfl, am Fuß des Hochecks thront, tut es auch – und schon diese Tour verlangt Kondition und Trittsicherheit.

Los geht's an der Wimbachbrücke bei Ramsau, die überquert wird, um direkt dahinter rechts abzubiegen und auf dem Weg Nr. 441 durch Wald und über

Zum Gipfelkreuz auf dem Watzmann

› Inspiration für unzählige Maler: die Pfarrkirche von Ramsau

Weideflächen, an der Stubenalm vorbei zur Mitterkaseralm aufzusteigen. Weiter führt ein enger steiler Bergsteig zur Falzalm und schließlich schlängelt sich ein Pfad zum Watzmannhaus empor. Das Alpenvereinshaus ist zwischen Pfingsten und Anfang Oktober geöffnet, Übernachtung möglich. Der Aufstieg dauert 4 Stunden, 1300 Höhenmeter sind zu überwinden. Eine kürzere Abstiegsvariante ab der Falzalm ist der steile, aber gesicherte Falzsteig (Markierung Nr. 442) zur Kührointhütte.
Anfahrt: Zur Wimbachbrücke mit Buslinie 846 ab Ramsau.

› Ramsau

Wie gemalt steht sie da, im Tal, am Bach, vor den Bergen – die Ramsauer **Pfarrkirche St. Sebastian.** Sie wurde zigmal auf Leinwand gebannt und als Postkartenmotiv in die ganze Welt geschickt. Die Maler trafen sich im 19. Jh. im Gasthof »Auzinger«. Das Lieblingsmotiv von Carl Rottmann, dem Hofmaler Ludwigs I., war der **Hintersee.** Sein Hinterseegemälde »Der Hohe Göll im Alpenglühen« kaufte der König spontan und notierte: »Mich ergriff das herrliche Bild.« Heute führt ein **Maler-Rundwanderweg** während 3 Stunden zu den Entstehungsorten vieler Werke. Eine Broschüre mit Informationen zu Künstlern und Motiven ist bei der Tourist-Information erhältlich (Im Tal 2, Tel. 0 86 57/98 89 20, www.ramsau.de).

Ein anderer **Themenweg** folgt dem **Verlauf der alten Soleleitung.** Zwischen Söldenköpfl und Zipfhäusl sind noch historische Solerohre zu sehen. Schautafeln erklären die technische Meisterleistung, im Jahr 1817 ohne topografische Karten eine 29 km lange Leitung für salzhaltiges Wasser zwischen Berchtesgaden und Bad Reichenhall zu verlegen und dabei 356 Höhenmeter bergauf zu überwinden. Ein kleines Solegradierwerk steht im Bergkurgarten, wo man sich auch im Kneippbecken und an einem plätschernden Mini-Wasserfall erholen kann.

Für Naturfreunde liegt Ramsau ideal, zwischen den Eingängen zum

Wimbachtal und zum Klausbachtal, nah am Zauberwald und am Blaueisgletscher.

› Naturerlebnis-Tipp

Zauberwald

Wenn das Sonnenlicht morgens übers Moos streicht, es abends still wird, Schnee fällt oder Nebel aufzieht, wirkt dieser urwüchsige Wald am Hintersee wahrlich zauberhaft. Am Boden liegen große Felsblöcke, zwischen denen sich Farne, Alpen-Heckenkirschen und Traubenholunder ausbreiten, überragt von Fichten. Das Gestein donnerte bei einem Felssturz vor Jahrtausenden ans Ostufer des Hintersees. Wegen der Felsblöcke konnten Förster den Wald kaum nutzen, so blieb er urtümlich erhalten. Auf dem Rundwanderweg am Hintersee (1,5 Std.) gelangt man automatisch zum Naturlehrpfad Zauberwald.

Anfahrt: Busverbindung ab Berchtesgaden; mit Linie 846 zum Hintersee.

Allgemeine Infos

Berchtesgadener Land Tourismus

Bahnhofplatz 4, 83471 Berchtesgaden, Tel. 0 18 05/86 52 00, www.berchtesgadener-land.com

Mit Bus und Bahn

Bahn: Ab Hamburg gibt es eine direkte Intercity-Verbindung nach Berchtesgaden über Hannover, Kassel, Fulda, Würzburg, Augsburg, München-Ost, Freilassing, Piding, Bad Reichenhall und Bischofswiesen. Von München-Hauptbahnhof fahren Züge des Regional- und Fernverkehrs auf der Strecke Richtung Salzburg über Freilassing, wo Anschluss ins südliche Berchtesgadener Land über Piding, Bad Reichenhall und Bischofswiesen besteht.

Bus: Wichtige Buslinien des Regionalverkehrs Oberbayern (RVO) im Berchtesgadener Land: Linie 838 Berchtesgaden-Dokumentationsstätte auf dem Obersalzberg, Linie 840 »Watzmann-Express« Berchtesgaden-Salzburg, Linie 841 Jennerbahn-Königssee-Berchtesgaden-Bischofswiesen-Bad Reichenhall, Linie 845 »Rundwanderbus« Berchtesgaden-Schönau-Ramsau-Bischofswiesen-Berchtesgaden, Linie 846 Berchtesgaden-Schönau-Ramsau-Hintersee. Ein RVO-Tagesticket gibt's für 8,50 €, es gilt jedoch nicht im Almerlebnisbus.

Almerlebnisbus: Er verbindet zwischen Mai und Oktober den Nationalpark Berchtesgaden mit Österreichs Naturpark Weißbach und bedient auf der Strecke ab der Nationalpark-Infostelle Hintersee mehrere Haltestellen im Klausbachtal.

Urlaubsticket Berchtesgadener Land: Das Ticket (21 €) gilt in Verbindung mit einer Kurkarte an sechs im Zeitraum des Aufenthalts wählbaren Tagen auf fast allen RVO-Linien, aber ebenfalls nicht im Almerlebnisbus.

Bayern-Ticket: s. S. 234

Regionalverkehr Oberbayern (RVO): Niederlassung Berchtesgaden, Im Stangenwald 1, 83483 Bischofswiesen, Tel. 0 86 52/9 44 80, www.rvo-bus.de, berchtesgaden@rvo-bus.de

Deutsche Bahn: Tel. 08 00/1 50 70 90, www.bahn.de

Register

Orts- und Sachregister

› Bildnachweis

Alamy/Arco Images GmbH: 165; Alamy/M. del Grosso: 191; Alamy/W. Otto: 133; Alamy/tbkmedia.de: 36; Alamy/f1 online: 53, 168, 248; Berchtesgadener Land, Presse: 245; Bildagentur Huber: 207; Bildagentur Huber/Bäck: 31; Bildagentur Huber/Gräfenhain: 43, 44, 55, 57, 62, 65, 129, 135, 143, 209, 243; Bildagentur Huber/Kolley: 237; Bildagentur Huber/Kreder: 69, 71; Bildagentur Huber/Pinn: 210, 211, 216; Bildagentur Huber/Radelt: 195; Bildagentur Huber/Römmelt: 235, 246; Bildagentur Huber/R. Schmid: 2, 72, 82, 84, 87, 90, 145, 150, 154-1, 155, 157, 159, 163, 177, 186, 188, 190, 193, 198, 200-2, 215, 217, 218, 219, 238; Bildagentur Huber/Spiegelhalter: 5, 173; Bildagentur Huber/Stadler: 171; Conceptagentur Joachim Rehbein: 61; M. Delpho: 222; W. Dieterich: 203; S. Engl: 220, 221, 224, 226; Erlebnisbergwerk Berchtesgaden: 241; Farbdia-Archiv Gunda Amberg/O. Schraml: 233; Fotolia – M. Bazin: 21; Fotolia – A. Dietschy: 18-1; Fotolia – J. Franzen: 8; Fotolia – F. Hartl: 105; Fotolia – jltfoto: 13; Fotolia – J. Klingebiel: Umschlagrückseite Mitte; Fotolia – kwr: 20; Fotolia – r. mitterlechner: 14; Fotolia – Dirk R: 17; Fotolia – S. Richter: 48; Fotolia – P. Skubisz: 18-2; Fotolia – Sunny3: 51; Fotolia – S. Tikhonova: 12; Ralf Freyer: 175, 180, 181, 189, 202; G. Hartmann: 99; Hof Klostersee: 67; Holderhof: 109; T. Kliem: 11, 75; koenigsstuhl.com: 74; Eva-Maria Krauss: 151; Kräutergarten Burg: 117; B. Kreißl: 230; laif/Barth: 153, 154-2; laif/Emmler: 176, 185; laif/Futh: 122; laif/GAFF/Maecke: 89 unten, 247; laif/Hahn: 40; laif/Hub: 110; laif/H.-B. Huber: 34; laif/Kaiser: 24; laif/Kirchgessner: 140; laif/Kirchner: 76, 78, 79, 125; laif/Kürschner: 184; laif/Modrow: 1, 95; laif/Raach: 58; laif/Stand: 205; laif/Zinn:199; LOOK/J.D. Dallet: 26; lueneburger-heide.de: 104; mauritius-images/imagebroker: Umschlagrückseite oben; mauritius-images/R. Knöll: 161; mauritius-images/T. Krüger: 106; maxwood.de: 103; NABU-Wasservogelreservat Wallnau: 59, 70; Nationalparkverwaltung Berchtesgaden: 239; Natur- und Umweltpark Güstrow: 96; Naturschutzzentrum Südschwarzwald: 174, 179; Noctalis Fledermaushaus: 64; pixelio – Albrecht E. Arnold: 158; pixelio – A. Bermüller: 32; pixelio – G. Giebener: 194, 201; pixelio – guedo: 101; pixelio – Andrea L.: 200-1; pixelio – R. Plümer: 112; pixelio – T. Ruhlig: 169; pixelio – D. Schmidt: 214; pixelio – H. Schneider: 107; pixelio – U. Weber: 54; pixelio – x-ray-andi: 9; pixelio – zerfe: 167; Schäferei Hullerbusch: 93; D. Scherf: 35, 49, 81, 97, 160, 178; Sea Life Center: 68; I. Studre: 23, 127; Tourismusreferat Lkr. Regen: 227; Touristinfo / Kurverwaltung Freyung: 232; urlaubsranger.de: 77; M. Weigt: 29, 113, 114, 115, 118-1, 118-2; R. Weisflog: 119, 124; Wildtierpark Bad Mergentheim: 149; E. Wrba: 131, 136, 139, 142, 147, 148; Titelbild: IFA-Bilderteam/Jan Peter Lahall.

› Unsere Preissymbole

bedeuten (pro DZ/Ferienwohnung):

❍ bis 60 Euro ❍❍ bis 110 Euro ❍❍❍ ab 110 Euro

› Impressum

Alle Informationen stammen aus zuverlässigen Quellen und wurden sorgfältig geprüft. Für ihre Vollständigkeit und Richtigkeit können wir jedoch keine Haftung übernehmen. Ergänzende Anregungen bitten wir zu richten an:

Polyglott Verlag, Redaktion, Postfach 40 11 20, 80711 München, redaktion@polyglott.de

Herausgeber: Polyglott-Redaktion
Autor: Dietmar Scherf
Redaktion: Gudrun Raether-Klünker
Layout und Satz: Ute Weber, Geretsried
Karten und Pläne: Polyglott Kartografie
Titelkonzept-Design: Studio Schübel Werbeagentur GmbH, München
Druck: Himmer AG, Augsburg

Erste Auflage 2008

Dieses Buch wurde auf chlorfrei gebleichtem Papier gedruckt
ISBN 978-3-493-60117-6

demeter
Reisen
Jetzt anfordern! Gesamtkatalog „Reisen mit allen Sinnen"